你应该了解的
1200个
西方典故大全集

宋 歌/编著

知识性更强 趣味性更浓 包容量更大

中国华侨出版社

图书在版编目(CIP)数据

你应该了解的1200个西方典故大全集/宋歌编著.—北京：
中国华侨出版社,2010.12
ISBN 978-7-5113-1095-8

Ⅰ.①你… Ⅱ.①宋… Ⅲ.①典故–西方国家–通俗
读物 Ⅳ.①H033–49

中国版本图书馆 CIP 数据核字(2010)第 256098 号

你应该了解的 1200 个西方典故大全集

编　著 / 宋　歌
责任编辑 / 文　心
责任校对 / 钱志刚
经　销 / 新华书店
开　本 / 787×1092 毫米　1/16 开　印张/ 20　字数/ 396 千字
印　刷 / 北京金秋豪印刷有限责任公司
版　次 / 2011 年 3 月第 1 版　2011 年 3 月第 1 次印刷
书　号 / ISBN 978-7-5113-1095-8
定　价 / 33.80 元

中国华侨出版社　北京市朝阳区静安里 26 号通成达大厦 3 层　邮编：100028
法律顾问：陈鹰律师事务所
编辑部：(010)64443056　　64443979
发行部：(010)64443051　　传真：(010)64439708
网址：www.oveaschin.com
E-mail：oveaschin@sina.com

前　言

　　在西方影视作品与经典著作中，我们经常会接触到一些源于国家或民族的精彩典故，如伊甸园、诺亚方舟、特洛伊木马、斯芬克斯之谜、潘多拉的盒子、鳄鱼的眼泪、达摩克利斯之剑、丘比特神箭、象牙塔、多米诺骨牌、山姆大叔等等，这些精妙词语在《圣经》、《天方夜谭》、《浮士德》、《伊索寓言》等文学作品中比比皆是，还有相当部分源于历史故事、民间传说、俗语谚语等。由于故事本身即带有深厚的民族历史与鲜明的民族色彩，因此阅读起来更显得字字珠玑、妙趣横生，它们有的歌颂勤劳质朴的劳动人民，有的无情揭露剥削阶级的残酷与罪恶，有的反映时代潮流，有的折射处世哲理，有的针砭时弊，有的寄托理想……点点滴滴映射出西方各个国家与民族的语言魅力。

　　为便于读者更细致深入地了解西方文明，本书编撰者参考了大量的西方史料,广泛取材重点选编,将1200多条常见典故收录、编辑成这本《你应该了解的1200个西方典故大全集》。该书涉及范围包括希腊、罗马、美国、英国、德国等西方诸多国家,囊括了政治、军事、法律、经济、科技、教育、医学、宗教、人物等多个方面。全书总计约二十五万字,信息量较大,为便于读者参考阅读,特以字母索引为准。每条目细经考证与修订,分为"溯源"与"释义"两部分,清楚介绍了每则典故的由来与含义,其行文活泼有趣,说理言简意赅,是读者认知、探求西方文明的必选读本。

目 录

B/19

把某人摆渡到盐河上游去

把某人抬上盾牌

把某人拖到炭火上

把某人装进袋里

把某物挂低些

把钱缝在衣服里

把纱给人捻线

把舌头松开

把手从背篓移开

把手放在火上

把头埋入沙土中

把希望永远抛弃吧

把小孩连同洗澡水一起泼掉

把心卸下来

白色恐怖

白色希望

白乌鸦

百牛大祭

柏拉图婚姻

摆脱尘世的烦扰

拜金艺术

半铁半泥的脚

邦葛罗斯的乐观

保持火药干燥

保罗·布尼安

宝岛

豹岂能改变斑点呢

背着自己的十字架

杯葛

杯水风暴

贝奥武甫

贝德兰姆

贝莱特和牛奶罐

贝罗格鲁留的预言

被投黑球

被置于篮子之中

鼻孔冒烟

比尔·赛克斯的道理

比灵斯盖特

比骆驼穿过针眼还难

比若莫斯与蒂斯贝

彼得巢中的雄鹰

彼得的痛哭

彼得·潘

B 字号人物

必不可少的痛苦

必须擦洗干净

避开雨淋又遭檐水

闭一只眼

鞭刑柱上的骑士

便雅悯

变色龙

宾果

冰山尖

并非所有的日子都已黄昏

波尔多来的法国人

波将金村庄

波摩娜和佛罗拉的礼物

波塞冬

波提乏

吃乌鸦

吃鱼时有奶油

赤裸的真实

赤身而来　赤身而去

赤身裸体的皇帝

充当尾灯

崇拜巴力

崇拜的是官服

崇拜你曾经烧毁的东西

重返伊塔刻岛

抽头不够买蜡烛

筹码兑现钱

丑小鸭

出生时头上有胎膜

出售罗宾汉的便宜货

除了乏味的　一切体裁都是好的

触及所有垒位

触及痛处

穿紧身上衣的狗

穿上丝袍

穿着亚当和夏娃的衣服

床上的后生

吹灭将残的灯火

吹起牛角号

从轭下走过

粗的一头在后面

翠鸟时光

错将雅各当以扫

错认树木而乱吠

D /61

达尔杜弗

达佛尼斯

达拉斯贡城的达达兰

达蒙与皮提阿斯

达米安斯的铁床

达摩克利斯的剑

达那俄斯人的礼物

打扮得如同圣灵降临节的牛

打狗吓狮

打进平底锅

打空气

打了一只山羊

打上烙印

大棒加胡萝卜

大贝尔塔

大车至今原地未动

大洪水时代

大假发

大利拉

大拇指

大闹谷仓的人

大山生了一只小老鼠

大天使的号角

大卫

大卫和约拿单

大斋期的杰克

袋子里的小棍子

你应该了解的 1200 个 西方典故大全集

你应该了解的 1200 个 西方典故大全集

凡事都有定期 天下万事都有定时

凡自高的必降为卑 自卑的必升为高

反腓力辞

房角石

放到驴背上

放进蓝色里

菲勒蒙和包客斯

菲尼克斯

分而治之

分小铜钱

粉墙上的手指

粉饰的坟墓

风又旋转返回原道

风中芦苇

丰裕之角

弗利特大街

弗罗伦斯·南丁格尔

佛罗拉

孚里埃

浮士德

福杯满溢

福尔摩斯

福耳图娜

福图内特斯的钱袋

扶上马

斧子已经放在树根上

G / 87

该下筹码的时候

该隐

干瘪的骑士

甘泪卿提的问题

赶出殿外

赶上琼斯家

橄榄枝

刚揭去脓疱盖

高里奥

高纳里尔

歌利亚

割掉狗的尾巴

格雷特纳格林的婚姻

葛朗台

给刻耳柏罗斯一块肉饼

给骡子钉铁掌

给某人一支香烟

给人放血

给一个人指明什么是钉耙

给自然照镜子

根据亚当·里泽的算法

跟着别人的笛声跳舞

公共马车夫的生活

公鸡巷的幽灵

公鸡在粪堆里发现一颗珍珠

公平的脚步

沟的尽头是跟头

骨中的骨肉中的肉

故事性人物

寡妇的小钱

寡妇的油瓶

挂别人的旗帜出航

挂在脖子上

观察鼻相

观其果而知其树

硅谷

龟兔赛跑

贵族中的小市民

桂冠

滚木头

H / 97

哈利大街

哈利路亚

哈伦·赖世德

哈曼的胜利

哈默尔恩的捕鼠人

哈姆莱特

还不如回过头来瞧瞧自己的尊容

还是皮子的最好

还未开花就已凋谢

海伦

海燕

海妖塞壬

含的儿子

汗流满面

汉尼拔的誓言

好酒何须挂树枝

喝干海水

何蒙古鲁士

和平鸽

和平烟斗

赫柏

赫尔墨斯

赫淮斯托斯

赫淮斯托斯的楔子

赫卡忒

赫剌克勒斯

赫剌克勒斯石柱

赫利孔山

赫列斯塔科夫

赫罗斯特拉特

黑暗王国中的一线光明

黑暗掌权

黑马

黑森盲人

红豆汤

红帆

哄骗田鼠

后楼梯的影响

糊涂思想

狐狸嘴上粘着鸡毛

华尔街

滑铁卢

怀疑的多马

幻梦不可觅　岁月如流水

8

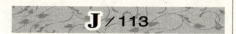

浪子

老底嘉教会的政策

老近卫军

老卡萨诺瓦

勒安得耳与赫洛

勒忒河

泪谷

鲤鱼池中的狗鱼

李尔王

利德福德法律

连皮带头发

连猪也看不懂

两个埃阿斯

两击不中 只剩一击

两刃的利剑

列彼季洛夫

鳞从眼睛上掉下来

林叩斯

林中孩儿

吝啬的骑士

灵魂的锚

令人钦佩的克赖顿

硫磺与火

楼梯上的智慧

卢库鲁斯的宴席

路得拾麦穗

露出犄角

驴影之争

吕西安

滤出蠓虫 吞下骆驼

绿色贝雷帽

绿眼妖魔

伦巴第人

罗宾汉

罗得的妻子

罗累莱

罗密欧与朱丽叶

罗亭

M／143

马大

马丹失驴

马蒂尔德

马蜂腰

马弗里克

马伏里奥

马口铁锅巷

马拉松

马尼洛夫

马其诺防线

马太效应

吗哪

玛尔斯

玛卡翁

玛丽·安布莉

玛士撒拉的年岁

埋葬战斧

买下一头袋中猪

11

N／159

上帝不偏待人

上帝赐给亚伯拉罕的地方

上帝的选民

上帝对该隐的惩罚

上帝恩赐的

烧不毁的荆棘

舌头贴在我的牙床上

舌头最难制伏

伸出白蹄

深渊

深陷凯里街

深哉

神经战

神祇的食物

生存竞争

生活在天府之中

生在紫色中

圣安东日和奥奴弗里日

圣洁的气味

圣马丁之夏

狮坑中的但以理

狮子的一份

狮子也有感激老鼠的时候

施给乞丐的稀汤

施普卡平静无事

失去酒花和麦芽

时间就是金钱

石雕客人

石头必要呼叫起来

十一点钟的饮料

十字架

食忘忧果人的国家

示巴女王

事关香肠

事实是顽强的东西

收刀入鞘

收到佩尔西尔证书

手持长矛的市民

手放在心窝上

手扶着犁向后看

手洁心清

受夹笞刑

鼠疫流行时的宴会

双十佳人

双幺

谁能得着的妇人

谁能领受 就可以领受

谁笑在最后 才笑得最好

水的黑暗 天空的厚云

睡得像木鞋

吮吸饥饿的爪子

硕大无朋的白菜

斯巴达人

斯蒂弗尔该死

斯芬克斯之谜

斯卡洛茹勃

斯屯托耳的嗓子

死荫的幽谷

四万个兄弟

送某人到四月份去

同风车搏斗

同用一只碗吃饭

铜额头

偷看的汤姆

头顶奶油

图利大街的三个裁缝

徒爱空想的蠢人

兔子的记忆力

吞吃了扫帚柄

吞下游蛇

拖着衣衫走路

驼背小人

鸵鸟的胃

W / 219

瓦格纳

外邦人

豌豆色大衣

豌豆上的公主

玩霍克斯博克斯

婉言可以释怒

汪达尔人

往慕尼黑运啤酒

往账单上撒盐

往爪子上抹油

往嘴里放甘草

威廉·退尔

维吉尔

维纳斯

维特与绿蒂

未经刨过的人

未识之神

为柏隆娜效力

为了过路的人

为了李子

为了漂亮的眼睛

为某人拿棍子

为某人把地狱之火烧旺

文士和法利赛人

闻到烤肉香

吻婴儿的人

吻自己的手

我报给你们大喜的信息

我不愿走这座桥

我的杯子不大 但我是用自己的杯子喝水

我的小拇指比我父亲的腰还粗

我的胸中有两个灵魂

我另外有羊 不是这圈里的

我没有唾液了

我们的兄弟以撒基

我们的祖先拯救过罗马

我们耕了地

我们没在一起放过猪

我是剑 我是火焰

我思考 所以我存在

我所写的 已经写上了

我要写上一个大写字母 P

我也踢了它一蹄子

像来自丛林的齐顿

像诺曼底人那样答话

像热面包那样畅销

像受难的灵魂在游荡

像修士等候院长

像杨树叶一样颤抖

像夜间的贼一样

像一根红线贯穿着

向鹿报仇的马

向四面墙啼叫

向月亮狂吠

消失在活板门里

小老好人还活着

小绳子在路上也用得着

小箱子本来很容易打开

小鱼是会长大的

写在耳朵后面

心掉在裤子里

心灵的主宰

新大陆

新的房子　旧的脑筋

信心没有行为就是死的

信心能移大山

信者得福

星期五

幸福曾经是这样可望而又可及

幸福的人儿不看钟

凶恶的七

熊的效劳

熊市

熊与茶炊

许德拉

许墨奈俄斯

寻城的人

押沙龙的头发

雅各的梯子

雅歌

雅尔纳克的一剑

雅努斯

亚伯拉罕的怀抱

亚伯拉罕人

亚当

亚当吃下的禁果

亚当之子

亚历山大

亚历山大与海盗

亚伦的口才

亚马西斯的戒指

亚拿尼亚

压伤的苇杖

淹死在格拉潘的水塘里

盐约

演四鬼戏

眼睛就是身上的灯

眼中的刺

宴席上的骷髅

羊脂球

要爱你们的仇敌

要叫孩子真名

耶利哥城墙

野马也休想从我这里得到口风

夜间的猫都是灰色

夜莺 我听到了你的脚步声

医生 你医治自己吧

衣服里子

衣袖里藏着一张爱司牌

伊阿古

伊甸园

伊里斯

伊利亚特

伊洛斯

伊西斯的面纱

一半无花果 一半葡萄

一磅肉

一杯凉水

一点不疑惑

一粒芥菜种

一粒麦子

一仆二主

一千零一夜

一时的哈里发

一双鞋子她还没有穿坏

一物在手胜于两物在望

一燕不成春

一只兔子在我面前蹿过街

以利亚的外衣

以色列出了埃及

以实玛利

以眼还眼 以牙还牙

因胃口不清

音乐血管

银叉派

引起纠纷的苹果

引起争端的石块

印第安之夏

樱草花间的小径

硬币终于落下

永世流浪的犹太人

用发烫的针缝

用浮石磨光某人

用钩刀或弯头牧杖

用钩子钩上鼻子

用帽子表态

用木棍敲打脑壳

用石头做面包

用拖缆系住某人

用言语把人心燃亮

犹大

犹大的亲吻

犹杜什卡·戈洛夫廖夫

有九条命的猫

有人打你的右脸 连左脸也转过来由他打

有手有脚

有我自己酿造的一滴蜂蜜

幼年的罪孽

A

阿宾顿的法律

【溯源】 阿宾顿位于泰晤士河与奥克河的汇流之处，是英格兰牛津郡怀特霍斯谷区的一个教区和城镇。在1649年至1660年的英国共和政体时期，阿宾顿的市长常常先将犯人处以绞刑，然后再进行审判，后人将这种做法称为"阿宾顿的法律"。

【释义】 喻指未经正式审判，便将被告处以极刑的司法行为。

阿波罗

【溯源】 古希腊神话传说中十二主神之一，全名为福玻斯·阿波罗，意为光明、光辉灿烂，是主神宙斯与暗夜女神勒托的儿子，阿尔忒弥斯的孪生兄弟。阿波罗为太阳神，掌管着光明、青春、医药、音乐和诗歌，外貌高大端正，发长无须，标志为七弦琴、弓箭或竖琴、神盾，因多才多艺、风度翩翩及代表宙斯宣告神旨而深受世人敬仰。

【释义】 喻指相貌英俊、博学多才的青年人。

阿多尼斯

【溯源】 古希腊神话传说中的美少年，植物凋谢和复苏的化身。传说他由没药树而生，生下时相貌非常俊美，深受爱神阿佛洛狄忒的宠爱，将他交给冥后珀尔塞福涅抚养。阿多尼斯长大后，爱神和冥后都爱上了他，两位女神互不相让，请天神宙斯裁决。宙斯下令，阿多尼斯每年在两位女神处各生活四个月，剩下的四个月由他自己安排。后来，阿多尼斯在打猎时受伤而死，流出的鲜血化为玫瑰花。爱神悲痛欲绝，冥后很同情她，允许阿多尼斯的魂灵回来与爱神生活了六个月。

【释义】 阿多尼斯与爱神的传说故事，常常是文学家和画家的创作源泉，阿多尼斯也成为"美男子"、"美少年"的同义词。

阿尔法和俄梅戛

【溯源】 语出《圣经·新约·启示录》，希腊字母首尾α和ω两个字母的译音，用以表示上帝的兼容性，意指上帝包容在时间上一切可能的存在。

【释义】 用以表示从开始到结束、一切、全部等意。

❀ 阿耳戈船英雄

【溯源】 古希腊神话传说中乘阿耳戈船寻取金羊毛的英雄们。伊俄尔科斯王国的国王埃宋被同父异母的兄弟珀利阿斯篡夺了王位，半人半马的喀戎收养了埃宋的儿子伊阿宋。二十年后，高大俊美的伊阿宋回到故乡，要求珀利阿斯交还王位。珀利阿斯提出还位的条件，让伊阿宋到埃厄忒斯王国取来价值连城的金羊毛，其实他是想让看守金羊毛的毒龙除掉伊阿宋。伊阿宋邀请了希腊各地的英雄们，乘着阿耳戈船，历经了各种惊涛骇浪、生死考验，终于带着金羊毛回到了伊俄尔科斯。

【释义】 喻指勇敢的航海家，或不畏艰难险阻寻求珍宝的人。

❀ 阿耳戈斯

【溯源】 古希腊神话传说中的百眼巨人，腓尼基国王阿革诺耳的儿子。传说天神宙斯追求月神伊俄时，他的第七个妻子赫拉非常嫉妒，企图加害伊俄。于是，宙斯将伊俄变成一头雪白的小母牛，作为礼物赠给赫拉，企图骗过赫拉。赫拉看穿了丈夫的诡计，假装很喜欢小母牛，还给它拴上带子，牵着它形影不离，并派阿耳戈斯看守它。阿耳戈斯的额前脑后共有一百只眼睛，睡觉的时候只闭上两只，其余的都闪闪发光地睁着，日夜监视着小母牛，使宙斯根本无法得到它。宙斯大怒，派爱子赫尔墨斯去解救伊俄。赫尔墨斯用悠扬的笛声和动人的故事，使阿耳戈斯依次闭上眼睛酣然入睡，然后用锋利的镰刀砍下了他的头。

【释义】 后来，赫拉将阿耳戈斯的百只眼睛安在了孔雀尾部的羽毛上，"阿耳戈斯"成为"警惕的卫士"的代名词。

❀ 阿尔巴贡

【溯源】 出自法国剧作家莫里哀的讽刺喜剧《吝啬鬼》，是一位视财如命、吝啬刻薄、极度自私的财主。他虽然拥有万贯家财，却为了不花一文钱，让儿子娶阔寡妇，让女儿嫁给不要嫁妆的老头，甚至为了节省些马料，亲自在半夜去偷喂马的荞麦，被马夫发现痛打一顿。当儿子偷走他埋藏的一万金币要挟他时，他痛不欲生，导致精神狂乱，抓住自己还以为抓住了贼。最后以归还金币为条件，才允许儿女与各自相爱的人结婚。

【释义】 吝啬鬼和守财奴的代名词。

❀ 阿尔卡狄

【溯源】 俄国作家屠格涅夫的长篇小说《父与子》中的人物，是一位贵族地主的儿子，主人公巴扎罗夫在医学院的同学。因深受贵族家庭的影响，阿尔卡狄有着浓厚的贵族习气，喜欢夸夸其谈，滥用华丽的词藻，而且思想不稳定，感情也很脆弱。最后，他跟其他贵族追求的一样，成为倾力经营田庄的贵族地主。

【释义】 用来比喻和讽刺喜欢堆砌华丽辞藻的空谈家和梦想家。

❀ 阿尔库俄涅的日子

【溯源】 阿尔库俄涅是古希腊神话中风神埃俄罗斯的女儿，嫁给特剌喀斯城的国王刻宇克斯做妻子，夫妻俩非常恩爱。刻宇克斯因为弟弟的意外发疯而烦恼，想到克拉洛斯城求得神的启示以图获得安慰。深爱妻子的刻宇克斯舍不得她去分担惊险，两个人只得挥泪惜别。后来，刻宇克斯在海风肆虐下葬身海底，阿尔库俄涅仍在家一天天算计着日子，祷告天后赫拉保佑丈夫平安归来。赫拉命睡神将刻宇克斯沉船而死的消息告诉阿尔库俄涅，满怀悲痛的阿尔库俄涅见到漂到岸边的刻宇克斯尸体，哀恸地跳入大海。宙斯深受感动，将夫妻俩变成了一对翠鸟。每年的冬季，翠鸟都有七天要在海上的浮巢中产卵。为了不让它们冲出去，风神便在那几天关起所有的风，使海面上风平浪静，不起丝毫波澜。

【释义】 人们把海上风平浪静的时候称为"阿尔库俄涅的日子"，也用来代指海面的平静。

❀ 阿尔米达

【溯源】 意大利诗人塔索的长诗《解放的耶路撒冷》中的女主人公。她美貌绝伦，擅长魔法，信奉伊斯兰教。出于对基督教的仇恨，她用美色和魔法勾引了基督教十字军的大将利纳尔多，将他安置在"幸福乐园"中，使他日夜沉迷于自己的爱恋，把使命忘记得一干二净。

【释义】 喻指风骚的美女或举止轻浮的女人。

❀ 阿尔米达的花园

【溯源】 即"幸福乐园"。这座花园位于偏僻的小岛上，凡人无法进入。岛上有猛狮、蟒蛇、恶兽护卫，还有一滴就能致命的喷泉水。花园里群芳斗艳，百鸟争鸣，枝头上挂满各种各样的鲜果，令人惊赞而流连忘返。

【释义】 喻指奇妙无比的地方或事物。

阿法纳西·伊万诺维奇

【溯源】 俄国作家果戈理的小说《旧式地主》中的主人公。阿法纳西·伊万诺维奇和普里赫利娅·伊万诺夫娜是一对年迈的地主夫妇,过着富足却闭塞、平静却孤寂的生活。他们居住的房子非常矮小,每个房间里都有座巨大的炉灶,几乎占据了三分之一的地方,使室内常常暖和得令人难受。他们的日常生活遵循着固定的习惯,老头子唯一的爱好就是吃,老太婆除了打理田庄外,就是给老头子准备各种各样的食物,虽然他们没有孩子,两个人却一直相敬如宾,直到相继去世。

【释义】 指代那些过着淳朴平庸、愚昧孤寂生活的人。

阿佛洛狄忒

【溯源】 古希腊神话传说中主司性爱与美貌的女神,也是航海女神和丰饶女神之一,传说是天神宙斯和狄俄涅的女儿,曾深爱上美少年阿多尼斯。在古典造型艺术中,她被塑造为美丽健康的年轻妇女。从公元四世纪开始,她常常被塑造成裸体美女,相当于古罗马的维纳斯。

【释义】 美女的同义词,与她的儿子和使者丘比特的金箭一样,象征着美丽纯洁的爱情。

阿荷拉与阿荷利巴

【溯源】 《圣经·旧约·以西结书》中的一对姐妹,被描绘成在埃及到处卖淫的荡妇。先知以西结声称上帝把她们分别比喻成撒玛利亚与耶路撒冷,并预言将审判、惩罚她们邪恶的罪行,让更多的人攻击她们,让她们被人们抢夺着抛来抛去,用石头打死、用刀剑杀害,再杀死她们的儿女,烧毁她们的房屋。这样,才能使妇女们都能够接受警戒,不效法她们的淫行。

【释义】 在文学作品中,阿荷拉与阿荷利巴常用来代指妓女或淫妇。

阿基米德杠杆

【溯源】 阿基米德(前287~前212)出生在叙拉古,是古希腊杰出的数学家、科学家和发明家。他发现杠杆定律后,曾自豪地说:"给我一个支点,我能撬动地球。"据传,罗马人围攻叙拉古时,他运用杠杆原理设计了投石机来打击敌人,还制造了聚光镜烧毁了敌人的战舰,使罗马军队蒙受了巨大的损伤。罗马人攻陷叙拉古后,阿基米德不幸被杀害。

【释义】 后人常用阿基米德杠杆喻指去完成某项事业、任务或解决某个困难时所需的动力。

阿卡迪亚

【溯源】 又译为阿尔卡迪、阿卡狄亚，是一座位于伯罗奔尼撒半岛中部山区的古希腊城邦，名称为"熊"的意思。这里的居民大都从事农业和畜牧业，过着安居乐业，自得其乐的生活。

【释义】 在古希腊罗马的田园诗和文艺复兴时期的文学作品中，阿卡迪亚成为田园牧歌式生活、田园诗、田园小说的代名词。1960 年，罗马成立了一个以"阿卡迪亚"命名的文学院，其成员追求自然单纯的诗风，尤其将希腊罗马的牧歌作为楷模。

阿卡忒斯

【溯源】 古希腊神话传说中达尔达尼亚人的统治者、特洛亚战争后饱经艰难险阻的埃涅阿斯的朋友和同伴。在古罗马诗人维吉尔的史诗《埃涅阿斯记》中，多次提到过阿卡忒斯的名字。他忠心耿耿地跟随着埃涅阿斯，陪着朋友并肩作战，陪着朋友一起喜怒哀乐，常被冠以忠心、忠诚、忠实等的赞誉。

【释义】 忠实的同伴或形影不离的好朋友的代名词。

阿喀琉斯的脚踵

【溯源】 古希腊神话传说中密耳弥多涅国王珀琉斯和海中神女忒提斯的儿子。他出生时，母亲为了使他成为长生不老的神人，每到夜间就把他放到天火中，让天火烧毁父亲遗传给他的凡人成分，白天则用膏油为他治愈烧伤。为了使儿子刀枪不入，忒提斯还捏住儿子的脚踵，把他倒浸在冥河水中。阿喀琉斯的脚踵因为被母亲捏住而没有浸到河水，成为他致命的软肋。在特洛亚战争中，特洛亚王子帕里斯在阿波罗的帮助下，一箭射中了阿喀琉斯的脚踵，杀死了阿喀琉斯。

【释义】 喻指事物薄弱的环节或致命的弱点。

阿喀琉斯之盾

【溯源】 在特洛亚战争中，阿喀琉斯把自己的武器和盔甲借给密友使用，后因密友被杀，武器和盔甲都被敌人夺走。他的母亲忒提斯请神匠赫淮斯托斯为儿子制造一顶战盔、一面盾、一具胸甲和一副可以护住脚踵的胫甲。赫淮斯托斯为阿喀琉斯造了一面五层厚的大盾，上面镶有三道金环，还装置了一条白银盾带。盾面上刻绘着日月星空、海洋、土地、一座正在举行婚礼的城市、一座正在进行激战的城市,还有翠绿的草地、肥壮的牛羊、怀抱竖琴的青年、头戴花冠的少女……整面盾牌完美而辉煌,使敌人见了胆颤退缩。

【释义】 喻指尽善尽美、令人赞叹不已的艺术品。

阿里阿德涅的线

【溯源】 古希腊神话传说中克里特国王弥诺斯和帕西淮的女儿。帕西淮和一头雄牛生了个半人半牛的怪物弥诺陶洛斯,弥诺斯为了遮丑,把他藏在迷宫里。雅典每年都要向怪物进贡一次,贡品是七对童男童女,送进迷宫被怪物吞噬。雅典王子忒修斯决心为民除害,扮作童男与其他童男童女来到克里特岛。阿里阿德涅爱上了英俊勇敢的忒修斯,她偷偷地跟他约会,向他表白爱慕之情。为了心上人的安全,阿里阿德涅将修建迷宫的代达罗斯给她的线团和一把魔剑送给了忒修斯。忒修斯把线团的一端系在迷宫的大门上,进入迷宫用魔剑杀死了怪物,又顺着线走出了迷宫。

【释义】 喻指解决难题或摆脱困境的办法。

阿洛布罗热人

【溯源】 古代时居住在纳尔榜高卢东北部及日内瓦附近地区的凯尔特部落,据传他们是将当地土著居民赶走后定居此地,所以"阿洛布罗热人"有"外邦人"的意思。公元前 122 年,罗马执政官多米提乌斯·阿赫诺巴布斯率领军队越过阿尔卑斯山,在罗纳河与索恩河的汇合处打败了阿洛布罗热人,在罗纳河流域建立起罗马的统治。

【释义】 在古罗马时代,"阿洛布罗热人"为粗鲁、野蛮人的同义语。在现今法语中,喻指粗鲁、野蛮、缺少教养的人。

阿玛宗人

【溯源】 古希腊神话传说中居住在亚速海岸或小亚细亚的女人部落。阿玛宗人能骑善射,非常好战。为了繁衍后代,她们定期与邻近部落的男人结合,再把男人送回家乡。如果生的是男孩,就送还其父抚养;如果生的是女孩,则留在部落中抚养,从小传授她武艺。

【释义】 女骑士或女骑手的代名词。

阿密利斯在干蠢事

【溯源】 相传在古希腊时期,在今意大利南部塔兰托湾附近有座繁华富庶的锡巴里斯古城,城里有位名叫阿密利斯的人。有一天,他到阿波罗神庙拜请神灵谕示,神谕示他的家乡不日必有大劫。惊恐万状的阿密利斯赶紧跑回家,打点行装离开锡巴里斯城,迁到遥远的爱奥尼亚海东岸的伯罗奔尼撒半岛。邻居们都嘲笑他在干蠢事,竟然从富裕之地迁徙到陌生的贫穷之地。然而时隔不久,锡巴里斯城便惨遭异族的血洗,阿密利斯对神示的笃信救了他的性命。

【释义】 常用以讽喻那些看似愚蠢、令人不解,实则别有用心的人或事。

❀ 阿那克里翁诗派

【溯源】 阿那克里翁为公元前六世纪时的希腊抒情诗人。他的诗作大都描写宫廷中轻松愉快的生活,美酒和爱情是最常见的主题,而且写作手法注重技巧与优美,韵律简洁明快、格调甜美优雅,对后期欧洲诗歌的发展有很大影响。

【释义】 后世把模仿阿那克里翁风格,以描写玫瑰、爱情、美酒为主的诗人称为"阿那克里翁诗派",现常喻指御用诗人。

❀ 阿瑞俄帕戈斯

【溯源】 古代雅典卫城西北的一座小山,山上供奉着战神阿瑞斯的神庙。智慧女神雅典娜曾聘请了雅典城内最睿智和纯良的人在这里组织法庭,审判杀母的俄瑞斯忒斯,最后以无罪释放。雅典娜宣布,要永远保留阿瑞俄帕戈斯法庭,来防止人民犯罪。法官们应该严肃、公正、清廉,不贪图私利,不接受贿赂,全力保护所有人民的权益。

【释义】 在雅典初期,阿瑞俄帕戈斯是召开贵族会议的场所,所以代指贵族会议本身。现喻指最高法庭或最高权力机构。

❀ 阿斯克尔与埃姆布拉

【溯源】 古斯堪的纳维亚神话中的人类始祖。据记载,挪威的至高神奥丁与两位兄弟维利、维埃合力杀死了霜怪伊米尔,然后用他的肌肤造成大地,骨骼造成山峦,头发造成森林,鲜血造成环绕陆地四周的盐海。他们在海边发现了两根分别略具男女人形的树干,奥丁赐予它们呼吸与生命,维利赐予它们智慧、行动和感知能力,维埃赐予它们血液、语言和美丽的外貌。他们按照树干的材质,把世间这第一位男人称为阿斯克尔,意为"梣木";称这第一位女人为埃姆布拉,意为"桤木"。人类便由此诞生。

【释义】 同《圣经》中的亚当与夏娃一样,被用来喻指人类的始祖。

◎ 阿斯克勒庇俄斯

【溯源】 古希腊神话传说中的医神,太阳神阿波罗与佛勒癸亚国王之女科洛尼斯的儿子。阿波罗将儿子交给马人喀戎教养,使他跟喀戎学到精湛的医术,成为能令人起死回生的神医。后来,宙斯因阿斯克勒庇俄斯破坏神律,用雷电杀死了他。悲痛的阿波罗将为宙斯制造闪电的独目巨人全部杀死,结果被宙斯罚到凡间服役七年。

【释义】 "阿斯克勒庇俄斯"或"阿斯克勒庇俄斯的后代"喻指医生、郎中。

◎ 阿斯特赖亚时代

【溯源】 古希腊神话传说中天神宙斯的女儿,正义女神狄刻的别称。在黄金时代,她曾经治理世界,后因世风日下而回到天上,化为室女星座。

【释义】 阿斯特赖亚时代喻指幸福时代。

◎ 阿特拉斯

【溯源】 古希腊神话传说中提坦巨人伊阿珀托斯和克吕墨涅的儿子,普罗米修斯的兄弟。阿特拉斯因为参加提坦神反对奥林波斯诸神的斗争,被罚去支撑天宇。

【释义】 在艺术作品中,阿特拉斯常被描绘成背负天体的形象。在欧洲文学中,"阿特拉斯"喻指肩负重任或坚强不屈的人。

◎ 埃阿科斯

【溯源】 古希腊神话传说中埃阿喀得斯族的始祖。传说天神宙斯看中了河神阿索波斯的女儿埃癸娜,便化作一只鹰把她掠到厄诺庇亚岛(后称为埃癸那岛)。埃癸娜在岛上生下了儿子埃阿科斯,长大后做了岛上的国王。天后赫拉因为嫉妒埃癸娜,降下可怕的瘟疫,岛上居民都未能幸免遇难。悲痛的埃阿科斯呼喊宙斯把居民都还给他,宙斯便将蚂蚁变成人,使岛上再次人群熙攘。埃阿科斯死后,众神认为他为人公正无私,派他做了冥界的判官,

【释义】 喻指刚直不阿的法官或公正无私的人。

◎ 埃阿斯

【溯源】 古希腊神话传说中萨拉密斯国王忒拉蒙的儿子。传说在他出生前,希腊的大英雄赫剌克勒斯前来拜访,便以身上所披的狮皮相赠,祝愿忒拉蒙未来的孩子英勇强壮。埃阿斯出生后即用狮皮包裹身体,凡是接触到狮皮的地方刀枪不入,成人后身材高大魁梧,性格勇猛莽撞,是仅次于阿喀琉斯的英雄。阿喀琉斯死后,埃阿斯与俄底修斯夺回了他的尸体。阿喀琉斯的母亲决定把他的铠甲和武器赠给抢

出儿子尸体的最勇猛的英雄,结果有勇无谋的埃阿斯输给了能言善辩的俄底修斯。埃阿斯气得突然发了疯,冲进羊群屠杀起来,最终在悲愤和绝望中拔剑自刎。

【释义】 喻指鲁莽的英雄或勇而无谋的人。

◎ 埃俄罗斯

【溯源】 又译为"伊奥拉斯",古希腊神话传说中的风神,埃俄利亚岛的统治者。特洛亚城毁灭后,俄底修斯在回国途中乘船漂泊到埃俄利亚岛,受到埃俄罗斯的热情款待。临走时,埃俄罗斯赠给他一只彭涨的皮袋,里面装着可以吹遍全世界的风,只需将和缓的西风留在外面吹动船帆,他们就可以顺利在海上航行。航行的第十天,疲累的俄底修斯不知不觉睡着了。船上的同伴们都以为皮袋子里装的是金银财宝,于是解开风袋。顿时,狂风奔涌而出,把船吹得迷失了方向,又回到了埃俄利亚岛。

【释义】 在文学作品中,"埃俄罗斯"常用作风的代名词。

◎ 埃尔多拉多

【溯源】 西班牙文 El Dorado 的音译,意为"镀金的人",传说中波哥大附近一座印第安城镇的统治者。每逢节日时,他必先将全身涂抹金沙,然后再主持各种仪式。仪式完毕后,他便跳进瓜塔维塔圣湖中将金沙洗净,臣民们也纷纷将金器、珠宝等贵重物品投入湖中,于是这一带成为传说中的黄金国。

【释义】 任何可以迅速发财致富的"天府之国"的代名词。

◎ 埃夫里卡

【溯源】 希腊语"我发现了"的音译,据传是阿基米德在发现浮力定理时说的一句话。据传,叙拉古僭主希伦怀疑首饰匠在制造金冠时用了过量的白银,要求阿基米德测定王冠的含金度。阿基米德用了很长时间,试过很多办法都没有成功。有一天,他在洗澡时偶然得到灵感,想到了解决的办法,便高兴地叫起来:"埃夫里卡!"然后连衣服都没顾上穿,就跑去检验自己的办法了。

【释义】 用来表达当发现或突然出现美好的灵感或思想时,内心的欣喜及兴奋之情。

◎ 埃及惩罚

【溯源】 《圣经·旧约·出埃及记》中记载,以色列人在埃及沦为奴隶后,上帝选召摩西率领以色列人逃离埃及,遭到埃及法老的拒绝。上帝一怒之下,对埃及施行十种最残酷的惩罚:将河水变为血水、在河里孳生青蛙、把尘土变为虱子、使成群的苍蝇遍布埃及、让牲畜传染瘟疫、将炉炭变成有毒的尘土、普降冰雹、令蝗虫进入埃及、用黑暗笼罩埃及、灭绝埃及的长子。

【释义】　常用以形容可怕的、毁灭性的灾难。

◎ 埃及的黑暗

【溯源】　《圣经·旧约·出埃及记》中记载，以色列人在埃及惨遭压迫，上帝让摩西带领同胞逃出埃及，却遭到埃及法老的阻拦和刁难，而后承受着更多的磨难。上帝决定对埃及降临灾祸，惩罚长老。他指示摩西向天伸杖，埃及顿时连续三天陷入黑暗。三天之中谁都不能相见，也不敢离开本处，只有以色列人的家中才有亮光。

【释义】　比喻暗无天日、一片漆黑，也比喻愚昧无知或对某个事物一无所知。

◎ 埃及的苦工

【溯源】　《圣经·旧约·出埃及记》中记载，以色列人第三代祖宗雅各率领子孙七十人来到埃及，在埃及的歌珊地区牧羊。埃及国王见他们繁衍甚速，日益兴旺，担心久必为害，于是用尽一切办法迫害他们，使他们加重苦难，变得苦不堪言。

【释义】　喻指非常艰苦的劳动。

◎ 埃及的粮食

【溯源】　《圣经·旧约·创世记》中记载，雅各的儿子约瑟因为圆了埃及法老的梦而受到重用，在埃及担任宰相。在约瑟的治理下，埃及连续七年获得丰收，粮仓里积蓄的粮食如同海边的沙般无法计算。七个丰年过后，饥荒横扫天下，约瑟开仓放粮，赈济灾民，各地的人都纷纷来到埃及，以求度过灾荒。

【释义】　喻指丰盛的食物、富饶的收成或充裕的供应。

◎ 埃及的肉锅

【溯源】　《圣经·旧约·出埃及记》中记载，摩西率领以色列人逃出埃及后，在旷野中进行艰难的长途跋涉。两个多月后，他们携带的粮食全都吃光，饥饿难耐的大家开始埋怨摩西，说原本他们还可以坐在埃及的肉锅旁吃饱喝足，他却带领大家到荒野中受苦。摩西安慰大家，上帝会给他们送来食物的。果然，晚上飞来无数只鹌鹑，让以色列人美美地吃了顿晚餐。

【释义】　原指以色列人在埃及所过的生活，后用来讽喻不值得留恋的旧生活、旧事物。

◎ 埃及的灾难

【溯源】　《圣经·旧约·出埃及记》中记载，以色列人进入埃及后，人口大增。埃及国王担心他们人口众多,将来会威胁到埃及,于是指派监工,强迫以色列人做苦工。同时,他还命令接生婆杀死以色列人的男婴,或将男婴扔到尼罗河,只准女婴活着。

【释义】 原指以色列人在埃及所遭受的奴役、迫害和蹂躏,后用来喻指巨大的殃祸和劫难。

◎ 埃涅阿斯

【溯源】 又译为"亚尼雅士",古希腊神话中达尔达尼亚的国王,安喀塞斯与阿佛洛狄忒的儿子。特洛亚战争爆发后,他被赶出家园,为了抵抗希腊人的入侵,他参加了战争,在战争中受了重伤。战争结束后,他拖家带口离开特洛亚,先后到过色雷斯、克里特岛和西西里岛。刚离开特洛亚时,他的妻子就按照神旨消失得无影无踪,他的父亲也死在西西里岛。他被天后赫拉的狂风吹到迦太基,受到女王狄多的爱慕和款待。因为宙斯的反对,狄多在悲愤中饮刃自焚而死。最后,他到达拉丁姆,国王拉丁努斯按照神示,要将女儿拉维尼亚嫁给他。可拉维尼亚早已许配给鲁图利亚王,赫拉在他们之间挑拨起战争,几经回合,埃涅阿斯终于杀死鲁图利亚王,结束了战争,随即升天为神。

【释义】 用以喻指饱经艰难险阻的人。

◎ 埃忒耳

【溯源】 旧译为"以太"。据《神谱》记载,宇宙间最先出现的卡俄斯(混沌),然后是该亚(地神)、塔耳塔罗斯(冥界之神)、厄洛斯(爱神)。该亚生了乌剌诺斯(天神)和蓬托斯(海神),卡俄斯生了倪克斯(夜神)和厄瑞波斯(黑暗之神)。夜神和黑暗之神结合后生了光明的太空之神埃忒耳和白昼之神赫墨拉,所以埃忒耳即为太空的化身,传说是第三代天神宙斯居住的地方。

【释义】 指宇宙的最高层,太空、苍穹的代名词。

◎ 爱邻舍如同自己

【溯源】 语出《圣经·新约·路加福音》。据记载,耶稣偕同门徒经撒玛利亚前往耶路撒冷时,有个犹太律法师向耶稣求教说:"请问我需要做什么才能承受永生呢?"耶稣问他:"律法上写的是什么?您念的又怎么样?"律法师回答:"律法上写的是'你要尽心、尽性、尽力、尽意去爱主你的上帝,还要爱邻舍如同自己。'"耶稣说:"你回答的很正确,照着这样去做,必然可以得到永生。"

【释义】 基督教最重要的教义之一,指对待邻舍要像爱自己一样用心尽力,喻指人要具备大爱之心。

☺ 爱玛

【溯源】 法国作家福楼拜的长篇小说《包法利夫人》中的女主人公。爱玛出身于乡下,自幼丧母,父亲是田庄主。她十三岁时,被父亲送到修道院读书,接受贵族思想教育,养成了不切实际的幻想和追求奢侈生活的虚荣心。后来,爱玛的父亲濒于破产,只好把她嫁给不求嫁妆的丧偶医生包法利。爱玛对平庸的丈夫非常失望,她整日无所事事,流连于贵族家庭里的宴会和舞会中,脾气也变得乖戾任性,而且再三失足,做别人的情妇。为了尽情行乐,爱玛不惜挥霍大量金钱,最后在高利贷者的逼迫下走投无路,服毒自尽。

【释义】 喻指爱慕虚荣、贪图享受的堕落女人。

☺ 爱情如死之坚强,嫉恨如阴间之残忍

【溯源】 语出《圣经·旧约·雅歌》:"求你将我放在心上如印记,带在你臂上如戳记,因为爱情如死之坚强,嫉恨如阴间之残忍。所发的电光,是火焰的电光,是耶和华的烈焰。爱情,众水不能熄灭,大水也不能淹没。即使有人拿家中所有的财宝来换爱情,也会被众人藐视。"

【释义】 此言是新郎、新娘互表爱情的诗句,极尽所能地表达了爱情、嫉恨之力量的强大。

☺ 爱说谎话的克里特岛人

【溯源】 语出公元前六世纪的克里特先知兼诗人埃庇米尼得斯之口。他说:"克里特岛人经常说谎话,像恶兽一样又懒又馋。"使徒保罗在给克里特岛从事教会工作的助手提多写的信中,曾引用了这句话,来证明克里特岛人道德的低下,并告诉提多怎么防备和教导他们。

【释义】 常用来喻讽爱说谎话的人。

☺ 爱筵

【溯源】 又译"爱席",基督徒表示团结友爱的一种集体聚餐活动。早期的基督教信徒认为,他们同为基督所拯救,同为上帝之子,可以不分贫富贵贱,大家团聚在一起,共享"爱筵"。

【释义】 喻指友好的聚餐、联谊宴会等活动。

❀ 艾尔涅赛之梦

【溯源】 源自阿拉伯民间故事集《一千零一夜》。艾尔涅赛原以乞讨为生,后来从遗产中得到一百块钱,便买进一篓子各式各样的玻璃器皿,拿到集市上贩卖。到了集市后,他将篓子放下,便靠着墙壁开始想入非非。他幻想自己通过这些玻璃器皿的赢利,像滚雪球似的,越赚越多,渐渐变成了豪商巨贾,还娶了貌美如花的宰相女儿。只是这位名门千金总是缠着奉承艾尔涅赛,惹得他大发雷霆,伸脚就向她踢去,不料把一篓子玻璃器皿踢得翻倒在地,摔个粉碎。这时候艾尔涅赛才从幻梦中醒来,看到打碎的一篓子玻璃器皿,禁不住号啕痛哭。

【释义】 常用来嘲讽和告诫那些做事不切实际、喜欢想入非非的人切勿把事情想得太美,免得落个空欢喜。

❀ 安德鲁·艾古契克

【溯源】 英国作家莎士比亚的喜剧《第十二夜》中一个胆小、蠢笨的骑士。安德鲁无功受封,平日只会喝酒、跳舞、耍剑、斗熊,而且为人胆小怕事,做事毫无主见、人云亦云,使大家都很蔑视他,甚至当面叫他傻瓜。

【释义】 喻指愚钝、蠢笨的人。

❀ 安德洛玛刻

【溯源】 荷马史诗《伊利亚特》和古希腊诗人欧里庇得斯的悲剧《安德洛玛刻》中的女主人公,特洛亚战争中特洛亚英雄赫克托耳的妻子。安德洛玛刻对丈夫满怀深情,丈夫参加战争后,她有种不祥的预感,担忧着丈夫的安危,于是天天带着孩子在城墙上张望,伤心地流着眼泪。丈夫回来看她的时候,她恳求丈夫在她身边率领士兵抵御希腊人的进攻,她不能没有他,希望丈夫不要让自己成为寡妇,失去他还不如死了好。可赫克托耳为了保卫国家,毅然重返战场,安德洛玛刻望着丈夫的背影,大颗大颗的泪珠滴落下来,引得女仆们也情不自禁地哀哭起来。当听到丈夫死去的噩耗时,她眼前一黑便失去了知觉。

【释义】 在文学作品中,安德洛玛刻是对丈夫情深意重的忠贞妻子的典范。

❀ 安东尼的猪

【溯源】 安东尼(1195~1231),葡萄牙天主教方济各会修士,先后在波伦亚、蒙彼利亚、图卢兹等地讲授神学,后因患水肿死于前往意大利帕多瓦的途中。1234 年,被教皇追谥为圣徒,帕多瓦和葡萄牙把他奉为主保圣人。1946 年,教皇庇护十二世又封他为教义师、贫民和牧猪人的主保圣人，并把 6 月 13 日定为他的纪念日。于是在造型艺术中，安东尼被塑造成怀抱着一本书、一颗心、一条火舌、一朵蔷薇花或婴儿耶稣，身旁伴有一只小猪的形象。

【释义】 喻指跟班、应声虫、食客、奴才等人，以及经常效仿别人的人。

◎ 安妮·奥克莉

【溯源】 美国民间杂技团一名女神枪手的艺名，原名为安妮·摩西（1860~1926)，生于俄亥俄州，在幼年时便精于枪法。她在辛辛那提与当时著名的神枪手巴特勒比赛，因获胜而名闻遐迩，后来嫁给了巴特勒，夫妻俩一起参加杂技团的巡回表演。奥克莉的绝技是枪打三十步外的扑克牌、抛向半空的银币、或丈夫叼在口中的烟头，精湛的枪法令美国人惊叹不已。

【释义】 美国人用安妮·奥克莉的名字代称戏院或体育比赛的免费入场券，因为这类入场券事先都被打个圆孔标记，看上去就如被奥克莉击穿的扑克牌。此外也代指优惠餐券、免费火车票，也喻指棒球运动中的保送上垒。

◎ 安泰俄斯

【溯源】 古希腊神话传说中的巨神、利比亚国王，海神波塞冬与地神该亚的儿子。安泰俄斯住在北非的山洞里，好食生狮肉，闲暇时便躺在光秃的土地上，汲取大地母亲该亚的力量，因而力大无穷，所向无敌。希腊英雄赫剌克勒斯与他格斗的时候，每次将他摔倒在地后，他都能立即从母亲大地那获得力量，继续同赫剌克勒斯搏斗。后来，赫剌克勒斯看出来他的力量来自大地，就把他高举在空中，使他无法再获得力量，然后将他扼死。

【释义】 "安泰俄斯"常用来说明，一个人只有把自己的命运与祖国和人民的命运连在一起，才能有无穷尽的力量。

◎ 安特克利斯

【溯源】 《伊索寓言》中的人物。逃亡的奴隶安特克利斯藏身在山洞中，没想到与一头猛狮不期而遇。惊恐万分的安特克利斯以为自己就要丧身狮腹，可狮子并没有扑向他，而是抬起前爪，示意他帮忙拔去上面的刺。后来，安特克利斯又被奴隶主抓了回去，并送到罗马斗兽场，逼着他与猛兽角斗。令人出乎意料的是，放进斗兽场的猛狮竟向安特克利斯表露出无限的温情，原来它正是那头得到过安特克利斯帮助的狮子。

【释义】 喻指因曾经做过善行而得到善报的人。

◎ 安息日

【溯源】 犹太教每周一天的"圣日",是根据《圣经·旧约·创世记》中关于上帝六天创造天地的叙述来划分的,从每周星期五日落时开始,到星期六日落时结束。

【释义】 基督教承袭了犹太教关于守安息日的规定,但根据耶稣在星期日复活的故事,改定在星期日"守安息"。

◎ 安息日是为人设立的 人不是为安息日设立的

【溯源】 语出《圣经·旧约·马可福音》。耶稣在加利利地区的迦百农传道解惑,为人治病。有一天,正当安息日,他与门徒从麦地里经过,门徒掐了麦穗。法利赛人见到了,就对耶稣嚷道:"看哪,他们为什么在安息日去做不该做的事情呢?"耶稣回答说:"以色列王做大祭司的时候,因为饥饿与随从一起吃了圣殿内只有大祭司才可以吃的陈设饼。安息日是为人设立的,人不是为安息日设立的,所以人子也是安息日的主。"

【释义】 用以说明不要墨守那些对人无益的习俗或规矩。

◎ 按照霍伊尔的规则

【溯源】 埃德蒙·霍伊尔(1671~1763)英国牌戏技法书籍的著作者。1724年,他开始教授惠斯特牌戏的技法,同年又编辑出版了《惠斯特牌戏简论》,在1760年又修订了此书。此后,在长达百余年的时间里,人们一直沿用书中的惠斯特牌戏规则来玩牌,直到1846年出现了新规则。

【释义】 喻指合乎规则的、正确的或正常的事物。

◎ 按照柯克

【溯源】 爱德华·柯克(1631~1675),英国十七世纪著名教科书《算术》的作者。该书影响甚广,前后共发行了一百多版,曾被人们奉作算术学的经典。1756年,墨菲在滑稽剧《学徒》中,首次使用了"按照柯克"的说法,此后便渐渐成为流传甚广的一句成语。

【释义】 "按照柯克"的主要意思是按照常理、按照公理、按照公认的规则、按照精确的计算,也表示正确无误、要求严格。

◎ 昂热的羽笔

【溯源】 昂热·韦热斯是十六世纪时希腊著名的书法家,1540年从希腊的坎迪岛(今伊拉克利翁岛)来到法国的巴黎。他的字体曾作为希腊文字母的标准字体,被雕字工刻成印刷字母,专门印刷王室的出版物。

【释义】 后人常用"昂热的羽笔"指代精美的书法;称某人有支"昂热的羽笔",喻指其人的字写得非常漂亮。

❀ 傲慢得像虱子

【溯源】 法语的成语。现代法语中的"虱子",在古法语中意为"公鸡",专指童子鸡。童子鸡在羽翼丰满、鸡冠长成时特别活跃,总是趾高气扬、不可一世的样子。后来,"公鸡"的含义变成了"虱子","傲慢得像公鸡"也随之变成了"傲慢得像虱子"。

【释义】 意为桀骜不恭,狂妄自大。

❀ 奥勃朗斯基家里一片混乱

【溯源】 语出俄国作家托尔斯泰的长篇小说《安娜·卡列尼娜》。文中写道:"幸福的家庭家家相似,不幸的家庭各各不同。奥勃朗斯基家里一片混乱。自从妻子知道了丈夫同以前的法籍家庭教师很暧昧后,就声明不能再同他一起生活,把自己关在房子里,丈夫也离开家三天了。家里的其他人都对这种气氛感到很压抑,认为即使是萍水相逢的陌生人也要比奥勃朗斯基夫妇融洽。于是,孩子们像野马一样在房子里到处乱跑,英籍女家庭教师跟女管家吵了架,厨师昨天午餐时就走了,厨娘和车夫也要求辞职。"

【释义】 用以描写或比喻杂乱无章、混乱不堪的景象。

❀ 奥勃洛摩夫

【溯源】 俄国作家冈察洛夫同名长篇小说中的主人公,一位拥有三百五十名农奴的地主,身体胖得与他三十二岁的年龄很不相符。他自幼便受到家庭的宠爱,衣食住行都由仆人照料,养尊处优的生活使他成为一个无忧无虑、慵懒成性、饱食终日的废物。他害怕辛苦,整天在睡梦和幻想中打发日子,还拒绝任何游乐和社交活动,因为那些使他觉得疲累。甚至当他爱上活泼聪明的姑娘奥尔迦时,也因觉得筹备婚礼很繁琐而结束了那段感情。最后,他娶了整天忙家务、关心他饮食起居的有两个孩子的寡妇,继续过着懒惰安逸的日子,直到两次中风后,悄无声息地离开了人世。

【释义】 奥勃洛摩夫是世界文学史上一个不朽的人物典型,后来代指懒惰成性、无所事事、停滞不前、害怕变动的人。

❀ 奥德修记

【溯源】 又译为《奥德赛》,荷马著名史诗的名称,主人公俄底修斯是古希腊神话传说中伊塔刻岛的国王。攻陷特洛亚后，俄底修斯在回国途中经历了食枣人国、独目巨人的山洞、食人国、女巫喀耳刻居住的海岛……为了救同伴，他与女巫同居了一年，可同伴又因宰食了太阳神的神牛被宙斯惩罚致死。此后，俄底修斯在仙女卡吕普索那里居住了七年，在雅典娜的帮助下回到伊塔刻岛，与忠贞不渝的妻子团圆。

【释义】 喻指经年累月历尽艰难险阻的漂泊生涯。

奥革阿斯的牛圈

【溯源】 奥革阿斯是古希腊神话传说中的厄利斯国王，太阳神赫利俄斯之子。他养了数千头牛，将牛群关在宫殿前的大围墙里，三十年都没有打扫过牛圈，里面的粪便和垃圾堆积如山。希腊大英雄赫剌克勒斯受命在一日内打扫干净奥革阿斯的牛圈，奥革阿斯认为没人能在一天内完成这项工作，就与赫剌克勒斯以牛群的十分之一打赌。没想到，赫剌克勒斯在地上挖了一条沟，引来附近河流的河水，借助着水势，把肮脏的牛圈冲洗得干干净净。

【释义】 喻指污秽不堪的地方，或长期积累的、难以解决的问题。

奥古斯都时代

【溯源】 奥古斯都是古罗马帝国第一代皇帝盖乌斯·屋大维的尊号，拉丁文含义为"神圣者"、"至尊者"，尤利乌斯·凯撒的义子和继承人。公元前 44 年，凯撒被刺以后，屋大维平定了叛乱，成为罗马及其所有行省的主宰，罗马元老院奉之"奥古斯都"的尊号，开始了奥古斯都的统治时代。奥古斯都非常重视文学在社会政治生活中的重要作用，把当时最有才华的作家团结在宫廷周围，为拉丁文学的繁荣创造了极为有利的条件，在史诗和抒情诗方面都取得了巨大的成就。

【释义】 喻指文学界欣欣向荣、成就璀璨的历史时代，文艺上的鼎盛时期。

奥林波斯神

【溯源】 在爱琴海塞尔迈湾附近的奥林波斯山脉，有希腊的最高峰奥林波斯山，那里是古希腊神话传说中的圣山，为众神居住之地，而且都是长生不老之神。

【释义】 常用来比喻威严庄重、气度恢弘的人，也喻指目空一切、盛气凌人的人。

奥罗拉

【溯源】 古罗马神话中的朝霞女神，也译为晨光女神或黎明女神，即古希腊神话中的厄俄斯。传说她住在大洋河之东，每到清晨便乘坐双套马车奔驰，预告自己的兄弟太阳神赫利俄斯即将出现。

【释义】 喻指晨光、朝霞、黎明。

◎ 奥赛罗

【溯源】 英国剧作家莎士比亚同名悲剧中的主人公，威尼斯一个出身异族的摩尔军人。奥赛罗人品高尚、作战骁勇，得到元老院的元老勃拉班修的女儿苔丝德蒙娜的爱慕。勃拉班修不满意这桩婚事，在卑鄙恶毒的小人伊阿古的挑唆下，诬蔑奥赛罗使用妖法迷惑了他的女儿，向元老院提出将他处以极刑。当时正值土耳其人入侵，元老院不得不利用奥赛罗率兵御敌。奥赛罗任命凯西奥为副将，又遭到伊阿古的妒恨，他不惜用计设下许多圈套，让奥赛罗认定苔丝德蒙娜与凯西奥有私情。盛怒之下的奥赛罗失去了理智，失手扼死了无辜的妻子。伊阿古的妻子得知惨剧后，愤而揭露了丈夫的罪行，使真相大白于天下，伊阿古得到了应有的惩罚，奥赛罗也因悔恨而自杀。

【释义】 轻信和妒忌者的代名词。

◎ 奥斯特里茨的太阳

【溯源】 奥斯特里茨是捷克斯洛伐克布尔诺附近的一座村庄（现名斯拉夫科夫）。1805 年 12 月 2 日，法国皇帝拿破仑一世率领法军与第三次反法联盟军队在此地展开了"奥斯特里茨战役"，在这次战役中，法军彻底击溃了俄奥联军，获得了辉煌的胜利。1812 年 9 月 7 日，拿破仑在俄国莫斯科以西的波罗金诺村附近与俄军进行决战。当天的破晓时分，拿破仑看着初升的太阳，高兴地对部下说："这是奥斯特里茨的太阳啊！"用以表明这次战役也会像奥斯特里茨战役一样取得辉煌的胜利。

【释义】 表示胜利和成功的预兆、象征。

◎ 奥托墨冬

【溯源】 古希腊神话传说中英雄阿喀琉斯的御者和朋友。阿喀琉斯死后，他又成为阿喀琉斯的儿子皮洛斯的伴友。

【释义】 在西方口语和文学作品中，奥托墨冬是御者、驭手、马车夫的代名词。

◎ 奥维狄乌斯变化

【溯源】 古罗马诗人奥维狄乌斯在长篇叙事诗《变形记》中，以爱情故事为主线，运用了丰富的想象，描写了很多神奇莫测的变化，如人怎样变成了鸟兽、树木、花草、山岳、星辰等等。奥维狄乌斯通过这些光怪陆离的变化，揭示了罗马上层社会的道德风貌。

【释义】 喻指某种思想、信念或事物的变化莫测，难以预料。

巴巴罗沙

【溯源】 德语 barbarossa 的音译,意为红胡子,原为神圣罗马帝国皇帝腓特烈一世的绰号,因其红色的胡子而得此名。他在位期间特别崇尚对外扩张政策,曾六次入侵意大利,意图控制富庶的伦巴第诸城市,以增加财政收入。后来,在 1940 年,德国法西斯头目希特勒秘密下令制定进攻苏联的计划,计划以"巴巴罗沙"为代号。1941 年 6 月,德军按此计划对苏联发动突然袭击,侵占了大片领土。在苏联军民英勇抵抗下,巴巴罗沙计划在 1941 年的年底宣告破产。

【释义】 对外侵略、扩张的代名词。

巴比伦

【溯源】 巴比伦意即"神之门",位于美索不达米亚平原,大致在当今的伊拉克版图内,曾为古巴比伦王国和新巴比伦王国的首都。巴比伦是西亚著名的商业和文化中心,在这里曾颁布了世界上第一部法典,还有流传最早的史诗、神话、药典、农人历书等,其空中花园是古代世界七大奇观之一。在《圣经》中传说的巴比伦是一座"让万民喝邪淫大怒之酒的大城",城内居民纸醉金迷,生活糜烂。

【释义】 在西语中,巴比伦成为荒淫、罪恶、诱使人犯罪的城市的代称。

巴比伦的囚虏

【溯源】 新巴比伦王国的国王尼布甲尼撒二世多次发动战争,占领了叙利亚、腓尼基和巴勒斯坦,在公元前 586 年,又攻占了耶路撒冷,灭了犹太国。犹太居民无论穷富都被掳到巴比伦做苦役,受尽非人的折磨。尼布甲尼撒二世死后,难民们渐渐获得人身自由,迁徙到巴比伦郊外种植蔬菜果木,历史上称他们为"巴比伦的囚虏"。

【释义】 指代遭受掠夺和压迫,失去人身自由的人。

巴别塔

【溯源】 据《圣经·旧约·创世记》记载,大洪水过后,挪亚的三个儿子各随自己

19

的支派立国。在往东迁移走到示拿平原的时候,他们暂时住下来,打算建造"一座城和一座塔,使塔顶通天"。因为那时候,天下人的语言和口音都是一样的,他们害怕以后分散到各地,渐渐变得彼此不相认,所以用此来为他们传名。上帝看到他们专心致志地建造城和塔,担心以后再也没有他们做不成的事情,于是就变乱他们的语言和口音,让他们无法交流,而后分散在各地。这样,他们只好停止造城造塔,那座城就被叫做"巴别",就是"变乱"的意思;那座塔就叫做"巴别塔",在希腊则被称为"巴比伦塔"。

【释义】 用来比喻空想的计划、空中楼阁或没有组织的混乱、没有成效的瞎忙。

⚙ 巴戈阿斯

【溯源】 古波斯帝国阿契美尼德王朝国王阿尔塔薛西斯三世的宦官。他非常善于阿谀奉迎,助纣为虐,使残暴的阿尔塔薛西斯视他为心腹,甚至在远征埃及的时候,任命他为总统帅。此后,巴戈阿斯权倾朝野,几乎独揽王权。公元前338年,他毒死了阿尔塔薛西斯,拥立阿尔塞斯王子为王,并杀掉了其他所有的王子。两年后,他又将其废黜,另立出自王族旁系的科多曼诺斯为王,史称大流士三世。过了不久,他发现大流士根本不听他的摆布,便又起杀念,暗地在酒里投毒。没想到,他的阴谋被大流士识破,反逼着他饮下毒酒自毙。巴戈阿斯奸佞不轨,心狠手辣,被视为罪大恶极的乱臣贼子。

【释义】 常用以指代阴险狡诈、惯弄权术的宦官。

⚙ 巴拉

【溯源】 德国儿童称玩的球为"巴拉"。如果一个成年人只会这么称呼球,就说明他的智力仍同儿童一样。第二次世界大战时,德国士兵称那些头脑简单的人为"巴拉巴拉伙伴"。在德国民间,也流传着"蠢爸爸,蠢妈妈,生个儿子是巴拉"的童谣。

【释义】 用来谑指头脑愚笨、迟钝的人。

⚙ 巴拉巴的子孙

【溯源】 巴拉巴是《圣经·福音书》中提到的一个作乱杀人的囚犯。耶稣被捕后,犹太人的祭司长、长老和文士将他交给罗马总督彼拉多,要求处死耶稣。彼拉多查不出耶稣有什么罪过,只想把他责打一顿,然后释放。当时正值除酵节期,按照惯例,节期时总督有权随众人所愿,释放一名死刑犯。犹太祭司长和长老就唆使众人,坚决要求释放作乱杀人的囚犯巴拉巴,处死耶稣。彼拉多担心释放耶稣会引起骚乱,只好释放了巴拉巴,处死了耶稣。

【释义】 "巴拉巴的子孙"由"巴拉巴"衍生而来,指代罪大恶极的囚犯、破坏性的骚乱分子或强盗。

巴拉基廖夫

【溯源】 俄国沙皇彼得一世和女皇叶卡捷琳娜一世的忠实奴仆、女皇安娜·伊万诺夫娜的宫廷小丑,以言辞幽默伶俐而著称。1830年,俄国出版了《巴拉基廖夫笑话集》,将各国弄臣和小丑所说的笑话都归于巴拉基廖夫的名下。这本笑话集非常受读者欢迎,曾再版过七十多次。

【释义】 用来指代小丑或喜欢说笑话的人。

巴拉莱金

【溯源】 俄国作家萨尔蒂科夫·谢德林的讽刺特写集《温和谨慎的人们》和《现代牧歌》中的人物。巴拉莱金是个冒险家、空谈家和撒谎大王,非常善于辞令,夸夸其谈。他的职业是律师,他却不知道什么是真理和正义,专门唯利是图、包揽诉讼、颠倒黑白,为了金钱随时准备出卖自己的灵魂。作者在巴拉莱金身上概括了一切自由主义卑劣小人的本质特征。

【释义】 用来指代空谈家、撒谎者、善于阿谀逢迎、出卖原则、投机取巧的人。

巴兰的教训

【溯源】 语出《圣经·新约·启示录》。假先知巴兰骑驴到了摩押后,教导摩押王巴勒用女色诱惑以色列人,并叫他们崇拜摩押的巴力神。上帝因此大怒,认为以色列人犯了拜邪神和淫乱的罪行,便降下瘟疫,使二万四千名以色列人丧生。

【释义】 指将人引向歧途的异端邪说。

巴兰的驴子

【溯源】 据《圣经·旧约·民族记》记载,以色列人在摩西的率领下逃出埃及后,入侵到约旦河东的摩押平原。摩押王见以色列人力量强盛,自己无力对阵,就花重金聘请住在约旦河边的术士巴兰前来诅咒入侵者。巴兰按照上帝的吩咐,骑驴去见巴勒。途中,驴两次见到天使拔刀拦路,便驮着巴兰改道而行。巴兰不知情,还用杖击驴。后来,天使在一个狭窄之处阻止巴兰前进,驴无处可去,只好趴下。巴兰大怒,又举起杖打驴,这时,驴在上帝的授意下突然开口说起话,责问巴兰为何一再打它。上帝打开巴兰的慧眼,使他看到拿剑拦路的天使。天使向他传达了上帝的指示后,才放他继续赶路。

【释义】 用来比喻那些一向沉默寡言、俯首听命，突然间就开口说话、提出抗议的人。

🔘 巴奴日的羊群

【溯源】 巴奴日是法国作家拉伯雷的长篇小说《巨人传》中的人物，是个精于算计、阴险奸诈的人。巴奴日在乘船渡海寻找神瓶的途中，与圣日东的贩羊商丹诺德的船相遇。丹诺德骂巴奴日是戴绿头巾的，二人破口大骂起来。争吵过后，巴奴日向丹诺德买了一只名叫罗班的羊，然后把这只羊推入水中。因为罗班是只带头羊，所以其他的羊也跟着纷纷跳入大海。丹诺德阻拦不住，抓住最后一只羊怎么也不放开，结果被拖到海中淹死。

【释义】 "巴奴日的羊群"常用来喻讽不动脑筋、不辨是非的盲从者。

🔘 巴瑟尔曼的人影

【溯源】 巴瑟尔曼为德国资产阶级民主革命时期的国民议会议员。当时，柏林街头从白天到深夜都能见到要求革命的人群。面对这一形势，巴瑟尔曼在法兰克福国民议会的会议上忧心忡忡地说："我看到街上挤满了我所不愿描述的人影。"这句话在会后广为流传，最后演变为"巴瑟尔曼的人影"。

【释义】 被用来比喻可疑的人或现象。

🔘 巴珊公牛

【溯源】 巴珊大概在今叙利亚德拉省，是巴勒斯坦东部三个古代地区最北面的一个，那里土地肥沃、森林茂密、牧草丰盛，盛产力大凶猛的野牛。巴珊公牛语出《圣经·旧约·诗篇》中遇到极苦时向上帝的祈祷："有许多公牛围绕我，巴珊大力的公牛四面困住我。它们向我张口，好像抓撕吼叫的狮子……耶和华啊，求你快来帮助我！求你救我的灵魂脱离刀剑，救我的生命脱离犬类，救我脱离狮子的口！你已经应允我，使我脱离野牛的角！"

【释义】 常用来比喻凶恶的敌人，或气壮如牛、嗓门粗大的人。

🔘 巴士底狱

【溯源】 中世纪法国巴黎东侧一座著名的要塞，于 1382 年竣工，由八个巨大的塔楼组成。在建成后的两个多世纪里，一直用来防御外来侵略。17 世纪时，枢机主教黎塞留首先把巴士底狱用作国家监狱，每年关入要犯约四十人，变为封建专制制度的象征。1789 年 7 月 14 日,巴黎人民举行武装起义,唯有巴士底狱不肯投降,塔楼内的大炮直接威胁着工人居住的圣安东区的安全。于是,巴黎人民高呼着"到巴士底狱去!"冲向巴士底狱。经过四小时激战,终于攻占了巴士底狱。后来,巴士底狱被彻底拆除,建成了巴士底广场。

【释义】 泛指监狱、牢笼,也喻指旧制度的顽固堡垒。

◎ 把包倒空

【溯源】 在古代的法国,文件都是写在厚纸或羊皮纸上,文件越重要,所用的纸也越厚,然后卷起来用带子扎好,装在包里。在当时,律师的包总是被卷好的公证证书、传讯单、诉状、辩护书等诉讼文件塞得满满的,出庭时先把包内的文件倒出来,以备辩护时随时取用。

【释义】 "把包倒空"引申为直言不讳、和盘托出。

◎ 把比雷当成名人

【溯源】 源自法国作家拉封丹的寓言诗《猴子和海豚》。比雷是希腊雅典的三个港口之一。希腊人在海上航行的时候,习惯带上猴子和会耍把戏的狗。有一次,一艘航船在离雅典不远的地方沉没。海豚急于救人,忙乱中没有仔细分辨,救起一只与人相像的猴子。快到岸上时,海豚问猴子是不是雅典人,猴子吹嘘雅典人都认识自己,它的亲戚也都是一流人物。于是海豚又问它是不是能常常见到比雷。猴子以为比雷是个名人,随口说比雷是自己的好朋友,每天都能相见。这时,海豚仔细打量了下露出马脚的猴子,发现它不是人,就把它扔在海里,忙着去救人了。

【释义】 比喻把两种截然不同、毫无关系的事物混为一谈。

◎ 把灯放在斗底下

【溯源】 语出《圣经·新约·马太福音》。耶稣教训门徒们说:"你们是世上的盐,盐若失了味,怎能叫它再咸呢? 以后无用,不过丢在外面,被人践踏。你们是世上的光。城造在山上,是不能隐藏的。人点灯,不放在斗底下,是要放在灯台上,照亮一家人。你们的光也应当这样照在人前,叫别人看见你们的好行为,便将荣耀归给你们在天上的父。"

【释义】 指才华内藏或不露锋芒。

◎ 把俄萨山摞到珀利翁山上

【溯源】 出自荷马史诗《奥德修记》。俄萨山和珀利翁山都位于希腊中部,俄萨山今名基索沃山,珀利翁山今名普勒西狄山。海神波塞冬的两个孙子俄托斯和厄菲阿尔忒斯打算把俄萨山摞到奥林波斯山上,再把珀利翁山摞到俄萨山上,以此做上天的阶梯,向永生的天神宣战。后来,他们被阿波罗杀死,这个愿望就不了了之。

【释义】 喻指完成某项宏伟的事业,也用来讽刺付出很大力气却毫无结果的行为。

把甘草擦成屑

【溯源】 甘草是一种多年生的植物,其根和根状茎均含有甘草甜素,既可食用,也可入药。德国人很早就知道甘草的药用价值,常常把甘草磨成屑,治疗伤口、咳嗽、肺结核等病痛。加工甘草屑的人,身上总是沾满甘草屑,因为甘草的甜,德国人常用甘草比喻甜言蜜语,所以便把那些专爱说好听话的人称为"擦甘草屑的人"。

【释义】 喻指阿谀奉迎、溜须拍马的行为,也指男性用花言巧语讨好、迷惑女性。

把狗鱼放进河里

【溯源】 语出俄国作家克雷洛夫的寓言《狗鱼》。狗鱼因危害整个鱼类,被告到法庭。法官由驴、老马、山羊担任,狐狸担任检察官,结果狗鱼被判处绞刑。狐狸平时吃的鱼都是狗鱼送的,于是它说道:"狗鱼罪大恶极,判处绞刑未免太轻,应该给它判处前所未有的酷刑——放进河里淹死。"法官们一致同意,还夸狐狸这个主意妙极了。于是,就把狗鱼放进了河里。

【释义】 比喻把坏人放回老巢,留下祸根,贻害无穷。

把灰撒在自己的头上

【溯源】 古犹太人在遭受不幸、亲人亡故、心情极为悲痛时,常常将灰或土撒在自己的头上。据《圣经·旧约·约伯记》记载,上帝为了考验约伯是否真正"敬畏上帝",同意魔鬼使约伯家破人亡、周身长满毒疮。约伯虽遭此劫难,对上帝的信仰却丝毫未变。约伯的朋友们听说他遭受劫难,从各地赶来安慰他,见到他的样子都放声痛哭,撕裂自己的外袍,扬起尘土落在头上,陪着他在地上坐了七天七夜。

【释义】 用来形容遭遇大灾大难,或蒙受巨大损失后的痛苦之情。

把脚上的尘土跺下去

【溯源】 语出《圣经·新约·马太福音》。耶稣在加利利地区巡回讲道时,赐予十二名使徒权柄和能力,让他们分头到各地区驱鬼治病,弘扬福音,传播天国之道。耶稣告诫他们每到一个地方,要先打听哪家是好人,然后就住在那个好人的家里。到好人家时,要先向他请安,如果好人配得上平安,他们所求的平安就会降临到他家;

如果配不上，他们所求的平安仍然归自己。凡是不接待他们、不听他们话的人，离开那家时，就把脚上的尘土跺下去。

【释义】 意为愤而离开某人或某地，永远与其断绝关系。

◎ 把面包篮挂得更高些

【溯源】 源自德国的民间习俗。德国农民常把马厩里的马料篮或马料槽挂高一点，来控制牲畜抢食时狂躁不安的坏脾气。古时德国的农村家家都自烤面包，农民把烤好的新鲜面包放在面包篮里，挂在墙角。为了惩罚不听话的小孩子，或防范馋嘴的孩子，大人就把面包篮挂得更高些。

【释义】 比喻苛待某人，或在某方面把某人卡得很紧。

◎ 把某人摆渡到盐河上游去

【溯源】 来源于美国辉格党创始人和领袖亨利·克莱(1777~1852)参加总统竞选失败的传闻故事。1832 年，克莱被国民共和派提名为总统候选人。当他租船前往肯塔基州的路易斯维尔城参加竞选时，船沿着俄亥俄河逆流而上，行至半路误驶入支流盐河，因此未能及时参加竞选，导致对手安德鲁·杰克逊获胜。

【释义】 喻指在政治角逐中击败对手。

◎ 把某人抬上盾牌

【溯源】 德国的成语，源自古日耳曼人的习俗。古日耳曼人在选出首领后，便把首领抬到盾牌上，然后扛起盾牌在人群中走三圈，让所有人都能看到新选出的首领。众人则用手中的武器敲打盾牌，表示坚决拥护。

【释义】 意为拥护某人为领袖。

◎ 把某人拖到炭火上

【溯源】 源自欧洲中世纪时迫害非基督教徒的一种酷刑。在当时，不信奉耶稣基督的人常被视为异端，备受歧视和压迫，尤其是犹太人，常常遭到一些王公贵族、恶棍、劣绅的勒索。如果犹太人反抗，他们就将犹太人捆起来，放在炭火上用文火炙烤，迫使其屈服。

【释义】 用来喻指对某人严加斥责，或对某人吹毛求疵。

◎ 把某人装进袋里

【溯源】 德国成语，源自德国中世纪时流行的摔跤比赛规则。为了博得观众的喝彩，提高他们观看的兴致，在摔跤比赛时，规定一方必须将另一方装进袋子里才算取得胜利。

【释义】 喻指在智力或体力上胜过某人。

把某物挂低些

【溯源】 源自普鲁士国王腓特烈大帝(1712~1786)的一则轶事。有一次,腓特烈大帝骑马来到柏林,恰巧见到一群市民在围观一张讽刺前任国王的漫画。这群人见国王驾到,吓得连忙四散跑开。国王将他们喊回来,并没有大发雷霆,而是要他们把漫画挂得低一些,好使所有人都能看到。国王的大度使他们非常感动,他们立刻撕掉漫画,高呼"国王万岁"。

【释义】 用来表示听凭某事受到公众的议论、批评或谴责。

把钱缝在衣服里

【溯源】 语出法国作家拉封丹的寓言诗《鞋匠和财主》。有一个穷鞋匠,靠给别人修鞋糊口。虽然他很穷,但是性格开朗乐观,每天无忧无虑,总是唱着欢快的歌。他的邻居是个富有的财主,钱多得不知道藏在哪里好,于是就缝到衣服里。他经常通宵达旦地理财,天蒙蒙亮要睡觉时,又被鞋匠的歌声吵醒,忍无可忍的财主派人将鞋匠叫来,给了他一百埃居。鞋匠把钱藏在地窖里,整日提心吊胆怕别人偷了他的钱,连夜里猫发出的声响,他都以为是猫在偷钱。他吃不好睡不好,歌声也消失了。后来,鞋匠把钱还给财主说:"把你的一百埃居拿回去吧,把我的歌声和睡眠都还给我!"

【释义】 用来形容人非常富有。

把纱给人捻线

【溯源】 法国成语。古代的法国与其他国家一样,纺纱的时候使用手工捻线。把已经纺成的两股或三股纱再捻成线,不但需要几个纤子,而且还需要掌握一定的手法和技巧,想把线捻得粗细均匀绝非易事。

【释义】 喻指故意刁难他人,使他人窘困,或者故意给别人制造麻烦和障碍。

把舌头松开

【溯源】 源自古代德国的习俗。如果婴儿出生后没有立即发出哇哇的哭声,人们就认为是舌头下的舌系带牵制了舌头。于是,接生婆就会掰开婴儿的小嘴,用剪刀剪断或者用手指掐断舌系带,这个习俗一直沿袭到1900年。

【释义】 比喻使某人开口说话,帮助别人排除障碍,或通过饮酒等方式使某人的话多起来。

把手从背篓移开

【溯源】 在德国农村，种植着大面积用来酿酒的葡萄。在葡萄成熟的季节，果农会雇佣一些人采摘葡萄。他们身后都背着背篓或箩筐，每当他们望着背篓里亮晶晶的葡萄垂涎欲滴、欲伸手去取时，果农就会告诉他们把手从背篓挪开，强调那是酿酒用的葡萄。

【释义】 用来警告别人不要伸手，不要触摸，不要参与，尤其是遇到那些可能难以摆脱的棘手事情。

把手放在火上

【溯源】 法国成语。源自欧洲中世纪盛行的神明裁判，假借神的力量来判明诉讼当事人是否有罪。在进行神明裁判时，要对诉讼双方进行各种考验，其中有一种就是火的考验：讼诉双方抓住一根烧红的铁棍走十余步，或者把手放在烧红的护手甲里。如果当事人的确无罪，过段时间后，神明就会让他的烫伤愈合，反之如未愈合，则表示有罪。

【释义】 常用来发誓，以证明某事或某言属实。

把头埋入沙土中

【溯源】 源自鸵鸟的习性。鸵鸟原产于非洲，是现存体形最大的不会飞的鸟类。雄性成鸟体高可达二米五，重量一百五十五公斤。有人认为，当鸵鸟遇到危险时，会将头埋入沙土中，自以为这样便躲避了危险。

【释义】 比喻逃避现实、不肯正视面临的困难，或期望问题会自行得到解决的态度。

把希望永远抛弃吧

【溯源】 语出意大利诗人但丁的《神曲·地狱篇》。诗人描写了地狱门前凄惨恐怖的情景，黑沉沉的大门上写着：从我这里走进苦恼之城，从我这里走进罪恶深渊，从我这里走进幽灵队伍。正义感动了我的创世主，我是神权、神智、神爱的作品，除了永存的事物，在我之前没有造物，我将和天地同长久。你们走来的，抛弃一切返回人间的希望吧！

【释义】 原指进入地狱的鬼魂绝对没有返回人间的希望，后引申为不抱任何希望，或陷入悲伤绝望、永无出头之日的痛苦境遇。

把小孩连同洗澡水一起泼掉

【溯源】 德国成语。源自德国宗教改革家马丁·路德（1483～1546）对人们的告诫：人们不能把小孩连同洗澡水一起泼掉。德国文学家弗兰克（1499～1541）对此解释说："如果人们将正确的和错误的习惯混为一谈，就将产生笑柄，如同将马鞍和笼头连同马一起送去制皮，把小孩连同洗澡水一起泼掉一样。人们应该给小孩洗去污垢，然后泼掉洗澡水，将小孩包好并抱起来。"

【释义】 用来比喻良莠不分、不加辨别一概否定。

把心卸下来

【溯源】 语出法国作家莫里哀的喜剧《唐璜或石像的宴会》。唐璜原为欧洲民间传说中虚构的一个专爱勾引、玩弄女人的浪荡子。在剧本中，唐璜的父亲前来怒斥他忤逆不孝、胡作非为时，他假意应承悔改。等父亲走后，他向仆人斯嘎纳耐勒表示，他根本不想悔过自新，他仍要继续寻欢作乐地生活。仆人对他的无耻感到很惊讶，表示即使唐璜会打他、杀他，或随便怎么收拾他，他作为义仆，也得把心卸下来，非得规劝唐璜不可。

【释义】 喻指把心里的话全部说出来，有时也指把心里的火气都爆发出来。

白色恐怖

【溯源】 1815年，拿破仑从厄尔巴岛返回法国的"百日统治"结束后，波旁王朝复辟。反动政权开始采用"手铐脚镣、刽子手和酷刑"来对付反对旧制度的人，将协助过拿破仑的人列入黑名单，进行大规模的搜捕和屠杀。因为波旁王朝以白旗为标志，所以当时的境况被称为"白色恐怖"。

【释义】 指反动势力对革命运动的领导者及其加入成员实行大规模的屠杀。

白色希望

【溯源】 源自拳击比赛。以前，称霸美洲拳坛的均为白人，尤其以爱尔兰人最为出色。自从有黑人参加此项运动后，白人的优势渐渐被黑人取代，黑人屡屡成为霸主，使白人常常以此为憾。据记载，曾有位颇具实力的白人拳击手，屡战屡胜，白人都对他寄予厚望，称他为"白色希望"，期望他能打破黑人对拳坛的垄断，恢复昔日白人在拳坛的霸主地位。

【释义】 喻指被期望能为团体赢得荣誉和胜利的人或事物。

◎ 白乌鸦

【溯源】 出自古罗马讽刺诗人尤维纳利斯的《讽刺诗》中的第七首,其中有两句是:命运给奴隶以王国,给俘虏以胜利,不过,这样的幸运者却很少成为白乌鸦。

【释义】 喻指与众不同的人或罕见的、珍奇的事物。

◎ 百牛大祭

【溯源】 在古希腊时代,举行盛大的祭祀活动时,要用一百头牛或其他牲口作为祭品,称为百牛大祭。据传,毕达哥拉斯发现勾股定理的时候,叫学生们宰杀了一百头牛,举行盛大的宴会,来庆贺这个成果。所以,勾股定理又有"百牛大祭"的美称。

【释义】 现引申为因战争、瘟疫、暴政所造成的巨大牺牲。

◎ 柏拉图婚姻

【溯源】 柏拉图(前 427~前 347),古希腊著名哲学家、苏格拉底的学生、亚里士多德的老师。其哲学思想对唯心主义在西方的发展影响极大,代表作有《理想国》、《法律》等。他主张人的绝对精神,而忽视肉体感受。

【释义】 指没有肉体性欲的绝对精神的婚姻。

◎ 摆脱尘世的烦扰

【溯源】 语出英国作家莎士比亚的悲剧《哈姆莱特》。王子哈姆莱特得知父王被叔父杀害的真相后,发誓要为父王报仇。可是,他的性格非常优柔寡断,所以迟迟没有采取果断的行动。他不知道自己应该忍受还是反抗,内心充满了挣扎与矛盾,甚至认为死都不是最佳的选择:"死了,睡着了,睡着了也许还会做梦。嗯,阻碍就在这里,当我们摆脱尘世的烦扰后,在那死的睡眠里,究竟将要做些什么梦? 那不能不叫人踌躇顾虑……"

【释义】 现喻指丧亡、弃世。

◎ 拜金艺术

【溯源】 又译为《玛门艺术》或《财神的艺术》,美国作家辛克莱所著。据《圣经·新约·马太福音》记载,耶稣在登山训众时说:"一个人不能侍奉两个主,不是恶这个爱那个,就是重这个轻那个,你们不能又侍奉上帝,又侍奉玛门。"西方文学中常以玛门作为利欲和贪婪的代称,因而译为拜金。辛克莱认为,在资本主义社会中,艺术家为维持生活不得不屈服于金钱收买,使自己的艺术沦为拜金艺术。

【释义】 指以赚钱为唯一目的的艺术,后泛指被商品化的艺术。

⊛ 半铁半泥的脚

【溯源】 源自《圣经·旧约·但以理书》中,先知但以理为巴比伦国王尼布甲尼撒圆梦的故事。尼布甲尼撒做了个奇怪的梦,使他非常烦躁,因为巴比伦术士都不能为他解梦,他一怒之下要杀绝术士。但以理请求国王宽限一天,第二天就去为他解梦。上帝通过夜间异象向他显示了国王的梦兆。原来国王梦到了一尊高大光耀、形状可怕的造像,头是精金的,胸膛和膀臂是银的,肚腹和腰是铜的,腿是铁的,脚是半泥半铁的。有一块石头把造像的脚砸得粉碎,于是整个造像都塌下来变得粉碎。半铁半泥的脚其实是喻指巴比伦国貌似强大,实则虚弱,势必灭亡,于是,但以理向国王委婉地解释了梦的预兆。

【释义】 用来比喻外强中干,色厉内荏的人或集团。

⊛ 邦葛罗斯的乐观

【溯源】 邦葛罗斯是法国文学家、启蒙主义思想家伏尔泰的小说《老实人》中的人物,德国男爵森特·登·脱龙克府上的家庭教师。他认为这个世界是最完善的,万物皆有归宿,而此归宿必是最完满的归宿。寄居在男爵府上的"老实人",也对邦葛罗斯的这些看法深表赞同。可是,他们在现实中处处碰壁,甚至差一点被处死、被烧死,恰恰证明了这个世界极不完善。当邦葛罗斯再向老实人唠叨他那套乐观主义的说辞时,老实人对他嚷道:"得啦得啦。我不再相信你了!地球上满目疮痍,到处都是灾难啊!"

【释义】 指盲目的乐观或盲目地听从。

⊛ 保持火药干燥

【溯源】 英国资产阶级共和国的缔造者克伦威尔(1599~1658)的一句名言。克伦威尔出身于乡绅家庭,曾两度赴伦敦学习法律,后经营农牧场,在 1628、1640 年先后两次被选入议会。1642 年,查理一世挑起内战,克伦威尔返回家乡招募并训练一支骑兵队,于 1644 年 7 月在马斯顿荒原中击败王军,此后骑兵队名震四方,被誉为"铁骑军"。1645 年,在纳斯比战役中,骑兵队击溃王军,并最终取得了胜利。有一次,克伦威尔的部队要强行渡河时,他对士兵们说道:"愿上帝保佑吧,但必须使火药保持干燥!"

【释义】 现引申为时刻准备战斗、保持临战状态的意思。

⊙ 保罗·布尼安

【溯源】 美国民间传说中的伐木巨人。保罗出生在缅因州的一个普通人家,还在襁褓中时,他为了使牙齿快些长出来,竟然锯断父亲的床腿放进嘴里咀嚼;他打的饱嗝能形成一股飓风;他在船上睡觉,一翻身便会引起波浪滔天……长大后,保罗成了一名最能干的伐木巨人。他将大斧的斧柄系在绳索的一端,然后抓住另一端,像抡链球那样抡上一圈,一百棵大树便会应声倒地。他与在雪地里救活的蓝色小牛犊贝贝,采伐了从缅因州到密执安州、威斯康星洲、明尼苏达州等整个北部林区。在那里,到处流传着保罗与蓝牛的伐木神话。

【释义】 后人常用此名喻指大力士。又因为这个传说纯属荒诞不经的无稽之谈,所以此名又成为"吹牛大王"的代名词。

⊙ 宝岛

【溯源】 英国作家史蒂文森的一部著名长篇小说的名字,又译为《金银岛》。在一次偶然中,贫苦的少年吉姆得到了海盗头子弗林特生前埋藏赃物的指示地图,于是同乡绅特里劳尼、医生利弗西等七人乘船出海,找到埋藏财物的宝岛,并击溃海盗的进攻,最终获得了埋藏的金银财宝。

【释义】 喻指物产富饶的地方。

⊙ 豹岂能改变斑点呢

【溯源】 语出《圣经·旧约·耶利米书》。先知耶利米代表上帝教训以色列人说:"你若在心里问,这一切的事为何降临给我呢?你的衣襟揭起,你的脚跟受伤,是因为你的罪孽甚多。人岂能改变皮肤呢?豹岂能改变斑点呢?如果能,你们这习惯行恶的便能行善了。"

【释义】 比喻本性难易,不可能改变的人或事。

⊙ 背着自己的十字架

【溯源】 语出《圣经·新约·约翰福音》。耶稣被犹大出卖后,犹太人要求处死自称为犹太人王的耶稣。他们把耶稣带了去,让耶稣背着自己的十字架到了髑髅地,就在那里把他钉在十字架上。

【释义】 比喻经受或忍受沉重的苦难、巨大的不幸。

⊙ 杯葛

【溯源】 源自爱尔兰一位地产经理的名字,全名为查尔斯·坎宁安·杯葛。他原为英国陆军退役上尉,后担任厄恩伯爵在梅奥郡的地产经理人。1879 年,由农民群众组织的爱尔兰土地同盟宣告成立,其宗旨是反抗地主制度的剥削和压榨。1880 年,由于土地歉收,同盟会通知杯葛减收百分之二十五的地租。杯葛不但不执行,还准备把不如数缴纳地租的土地收回来转租他人。于是,所有佃农都联合起来抵制杯葛,他的食品供应被中断,邮件无人传递,就连性命都受到威胁。这次有效的联合抵制运动,很快就被广泛采用,并以"杯葛"的名字命名。

【释义】 常指采取联合行动,一致断绝与某人、某团体或国家的政治、经济、社会等的交往,从而迫使其就范的手段。

杯水风暴

【溯源】 也称为"杯中风浪"。据法国作家巴尔扎克在长篇小说《图尔的本堂神甫》中说,法国资产阶级思想家孟德斯鸠,曾把在欧洲大陆上无足轻重的圣马力诺共和国发生的政治动乱比作"杯中风暴",意指令人不屑一顾的因小事而引起的喧闹。

【释义】 意为区区小事引起的轩然大波,小题大作。

贝奥武甫

【溯源】 古英语文学中最早的一部同名史诗中的主人公。丹麦国王赫罗斯加的酒厅经常遭到一个半人半兽巨妖的骚扰。巨妖总在夜里前来吞食国王的武士,一夜便能吃掉三十人。于是,瑞典南部耶阿特国王许耶拉克的侄子贝奥武甫,率领十四名武士赶来除妖。力大无比的贝奥武甫抓住巨妖奋力搏斗,使巨妖忍痛拽断自己的臂膀才得以逃脱。第二天夜晚,巨妖的母亲前来为儿子报仇,被贝奥武甫用神剑刺死,随后又杀死巨妖,割下了他的头颅。

【释义】 代指英勇无畏、力大无穷的英雄。

贝德兰姆

【溯源】 英国伦敦伯利恒皇家医院的俗称,是英国第一家精神病医院,后因用粗暴、残忍的方式对待病人而变得声名狼藉。17 世纪时,那里流氓、妓女比比皆是,成为伦敦市一个极不光彩的去处,任何人只要花两个便士,就可以随意戏弄、侮辱那里的病人。

【释义】 代指精神病院或疯人院。

贝莱特和牛奶罐

【溯源】 语出法国作家拉封丹的寓言诗《卖牛奶的女人和牛奶罐》。农妇贝莱特头顶着一罐牛奶,兴冲冲地进城卖奶。她一边走,一边盘算着用卖牛奶的钱买鸡蛋孵小鸡,再用卖鸡的钱买小猪,再用卖猪的钱买母牛和小牛崽。她仿佛看到那头小牛崽正在欢蹦乱跳,就高兴得忘乎所以地跳起来。于是,奶罐从头上掉下来摔碎了,所有的一切都成了泡影。

【释义】 喻指胡思乱想、做白日梦。

❀ 贝罗格鲁留的预言

【溯源】 贝罗格鲁留是西班牙民间传说中的一位很滑头的预言家。他的所谓预言,不过是说了些人尽皆知的事实。例如有一则预言说道:"你走在女人前头,就有女人跟随;你有舌头,就会说话;你有大牙,就不是没牙;你一照镜子,就会看到自己的脸……"

【释义】 喻指某人说的是废话,或指代大家都会说的话。

❀ 被投黑球

【溯源】 旧时英国俱乐部是个非常封闭的场所,新成员申请加入时必须采取投票的方式决定。赞成加入者在投票箱里投入白球或红球,反对加入者则投入黑球。如果黑球占的数量多,就称申请者"被投黑球",意思是未被俱乐部接纳。

【释义】 喻指考试、应聘、竞选等遭到失败。

❀ 被置于篮子之中

【溯源】 旧时英国的一些医院,常常在大门外放置几只篮子或筐,目的是让遗弃婴儿的人将弃婴放入其中,由医院负责处理,免得弃婴因不能及时得到救助而夭折。

【释义】 在英语口语中,常表示被抛弃、被搁置一边、无人过问、落选等意。

❀ 鼻孔冒烟

【溯源】 语出《圣经·旧约·撒母耳记下》。大卫向耶和华所念的一首赞歌:"我在急难中求告耶和华,向我的上帝呼求。他在殿中听到了我的声音,我的呼求进入他的耳中。因为他的发怒,地开始摇撼战抖,天也震动摇撼。他的鼻孔冒烟上腾,他的口中发火焚烧,连炭也着起来……"

【释义】 用来形容生气、发怒。

❀ 比尔·赛克斯的道理

【溯源】 比尔·赛克斯是十九世纪英国批判现实主义小说家狄更斯的长篇小说

《奥利佛·退斯特》中的人物,伦敦一个作恶多端的强盗、杀人犯。由于他杀死了一个行商,被抓到法庭上受审。这个杀人凶犯不仅不认罪,反而振振有辞地狡辩说,杀死人不是他的罪,而是刀的罪,而且不能因为刀有这种暂时的不方便就不要刀,没有刀将使人们回到野蛮状态中。

【释义】 喻指杀人凶犯的歪理、强盗的逻辑。

◎ 比灵斯盖特

【溯源】 又译为"比灵斯门",原为旧伦敦建于泰晤士河沿岸城墙的一座城门,位于伦敦桥北端,因这片土地原属于一位名叫比灵斯的富豪而得名。十六世纪以来,这里成为伦敦的鱼市,至少延续了四个世纪。这里的卖鱼妇因刁蛮泼辣、言辞粗鄙而恶名远扬。

【释义】 代指粗俗污秽的语言。

◎ 比骆驼穿过针眼还难

【溯源】 源自《圣经》。有位财主向耶稣询求长生之道。耶稣告诉他应当遵守诫命,不可杀人、不可奸淫、不可偷盗、不可作假见证,还要孝敬父母,爱人如己。财主表示这些都能做到,问耶稣还缺少什么。耶稣又告诉他去变卖所有的财产分给穷人,然后来顺从耶稣。财主听了耶稣的话,忧愁地走了。原来他的财产很多,舍不得分掉。耶稣对门徒说道:"我实在告诉你们,财主进天国是很难的。骆驼穿过针眼,都比财主进天国容易呢!"

【释义】 用来比喻绝对不可能实现的事情。

◎ 比若莫斯与蒂斯贝

【溯源】 源自古罗马诗人奥维德的长篇叙事诗《变形记》。比若莫斯与蒂斯贝是古巴比伦的一对情人。他们分别居住在相连的屋子里,由于双方父母不允许这对比邻而居的青年人恋爱,他们只能通过墙壁的缝隙传递消息,倾诉衷情。在一次约会中,比若莫斯以为蒂斯贝被野兽吞食,遂悲痛地饮刃自尽,蒂斯贝随后也用剑刺向胸脯而殉情。

【释义】 喻指生死相恋,忠贞不渝的情人。

◎ 彼得巢中的雄鹰

【溯源】 语出俄国诗人普希金的长诗《波尔塔瓦》。诗人以颂扬的语句描写了彼得一世亲临战场,指挥作战的勃勃英姿:"他在军队前面飞奔而过像战士一般愉快而威严/他向战场上扫了一眼/后面紧跟着飞来一群/彼得巢中养大的雄鹰——/在大地的命运转换中/在国事与战争的辛劳中/和他一起的伙伴、子弟们……"此处"彼得巢中的雄鹰"指彼得一世的密友和亲信。

【释义】 指最亲密的伙伴、同事、战友等，或从事同行业的另一位杰出人物。

◉ 彼得的痛哭

【溯源】 彼得是耶稣最宠爱的三个门徒之一，生于加利利的伯赛大，在加利利各地传布天国的福音。耶稣知道自己即将被捕遇难，于是告诉彼得说，他已经为彼得祈求，使他不至于失去信心。彼得表达自己的忠心，要与耶稣同生共死。耶稣说："彼得，我告诉你，今日鸡叫前，你将有三次说不认识我。"耶稣被拘捕后，彼得偷偷跟着来到大祭司的庭院，悄悄坐在众祭司长、长老和文士们的中间。一连三次，有人认出了彼得，说他是同耶稣一伙的，彼得都予以否认。这时，鸡叫起来，耶稣转过身来看彼得，彼得想起耶稣的话，便出去痛哭起来。

【释义】 用来比喻懊悔和羞愧。

◉ 彼得·潘

【溯源】 英国小说家、剧作家詹姆斯·马修·巴里同名童话中的主人公。小飞侠彼得·潘住在永无岛上，是一个快乐的、永远不长大的孩子，每天做的事情就是到处玩。有时他会飞到我们的世界来，偷听妈妈给孩子们讲故事。

【释义】 永无止境的游乐、永恒的童年、永不衰老的精神象征，或指代拒绝成长的人。

◉ B 字号人物

【溯源】 在法语中，某些表示残疾的名词如罗圈腿、跛子、独眼龙、驼背、斜眼、口吃等单词的第一个字母均为"B"，因而得名"B字号人物"。在古代，人们视残疾者为怪物，持有鄙视的态度。

【释义】 代指残疾人。

◉ 必不可少的痛苦

【溯源】 由古希腊后期著名喜剧作家米南德所创。他曾在诗中写道："倘若人们仔细观察的话，会发现结婚乃是一种痛苦，不过一种必不可少的痛苦。"后来，这句话广泛地流传开来。

【释义】 喻指了为了获得某种好处，必须忍受或容忍会带来痛苦的事情。

◎ 必须擦洗干净

【溯源】 德国成语,源自中世纪德国的风俗习惯。德国人很重视洗澡,对远道而来的客人,主人首先要为其准备好洗澡水,以示好客。德国的公共澡堂规定,如果大家轮流使用一个浴盆沐浴,最后一个人必须把水倒尽并将浴盆擦洗干净。

【释义】 原指最后一个沐浴,后引申为必须承担别人造成的后果,现喻指必须承担某事的后果或代人受过。

◎ 避开雨淋又遭檐水

【溯源】 源自东方阿拉伯人的民间传说,最早见于德国作家迪特里希的《格言集》。一个人在下雨天跑到屋檐下避雨,正好站在檐沟下面,虽然躲过了雨水,却被檐沟中落下的雨水淋得更湿。

【释义】 喻指避坑落井,或陷入更困难的境地。

◎ 闭一只眼

【溯源】 传说古代德国的法官在判案时,如果闭上一只眼,就表示将要对罪犯做出宽大处理。在德国农村,如果法官派一名独眼衙役,骑着一匹独眼的马前去传讯被告,就意味着法官将宽大处理被告。

【释义】 意为姑息纵容或视而不见。

◎ 鞭刑柱上的骑士

【溯源】 在旧日的英国,常有一些为生活所迫的穷人,终日在法院附近徘徊,等待为需要的人做证人,并根据当事人的要求在法庭上出具伪证,以此获取报酬。这种甘愿为他人利益铤而走险的人,颇有些敢于冒险的骑士风格。可一旦事情败露,按照英国当时的法律规定,等待这些“骑士”的将是被缚于鞭刑柱上,当众受到羞辱和鞭笞。

【释义】 代指骗子或声名狼藉的人。

◎ 便雅悯

【溯源】 据《圣经·旧约·创世记》中记载,便雅悯是犹太人第三代祖宗雅各十二个儿子中最年幼的一个,深受雅各的宠爱。迦南地区遭受饥荒时,雅各一家缺粮,打发十个儿子前往埃及籴粮。后来,埃及宰相约瑟,即雅各的第十一个儿子要见弟弟,雅各担心便雅悯在途中遭遇不测,不忍让他与哥哥们前往埃及。

【释义】 代指宠儿、宝贝儿、心爱的人。

🦎 变色龙

【溯源】 蜥蜴类的一种，其皮肤有两层色素细胞，在光线和温度的作用下，能迅速变换颜色来适应环境，保护自己。古罗马哲学家、科学家亚里士多德在《伦理学》一书中，将反复无常的人比作变色龙。

【释义】 用来比喻朝三暮四、变化无常的人，或见风使舵的政治投机分子。

🐾 宾果

【溯源】 宾果（BINGO）的英文含义是"猜中了"，是一种靠碰运气取胜的赌博，也是世界上最流行的一种廉价的赌博形式。宾果曾经风靡一时，在美国大部分禁止其他赌博形式的州内都是合法的，甚至传入蒙地卡罗的赌场。

【释义】 指很高兴的叫声，比如人们突然见到一直渴望见到，却以为不可能的事情时，常会高兴地说"宾果"！

🦎 冰山尖

【溯源】 英语成语。地球两极生成的冰盖或冰川，其前缘部分因受到海水的冲蚀、春夏季温暖气候的影响而断裂入海，形成冰山。在风的作用下，冰山向赤道方向漂流，其中绝大部分在南极附近的海域，并能保持二至十年不化。约有百分之九十的冰山沉浮在水中，仅有或大或小的尖顶露出海面，严重威胁着航海的安全。

【释义】 喻指即将出现的严重问题、巨大困难，或严峻事态的极微小的征兆。

🦎 并非所有的日子都已黄昏

【溯源】 最早出自古罗马历史学家、文学家李维的笔下。他在《罗马史》中，有意歌颂罗马帝国，但又时时怀念旧日的共和政体，于是多次写道："并非所有日子的太阳都已落下。"后来，德国宗教改革家马丁·路德在一封信中改写了这句话，写道："并非所有的日子都已黄昏，白天还有十二小时，不会永远是阴雨天气。"以此来鼓舞人们的斗志，后广泛流传于整个欧洲。

【释义】 用来表示大局未定，以及并非一切都已失去或得到，情况还可能发生某些变化。

🦎 波尔多来的法国人

【溯源】 语出俄国作家格里鲍耶陀夫的喜剧《智慧的痛苦》。十九世纪的俄国封建贵族盲目崇拜西欧，尤其是法国上流社会的一切。恰茨基是个具有民主自由思想的先进贵族青年，对上流社会漠视民族传统的崇法风非常不满，时常予以尖刻的冷嘲热讽。有一次，恰茨基在官僚贵族的舞会上遇见一个从法国波尔多来的法国人，趾高气扬地嘲笑和侮辱俄国，而且还有几位俄国同胞恬不知耻地随声附和。恰茨基气愤地说道："但愿上帝驱逐这盲目而空虚的洋奴思想，赐予良心未泯的人以激情，去挽回崇拜的颓风，哪怕被人说成守旧成性！……"

【释义】 谑指傲慢不逊、满口大话的外国人。

波将金村庄

【溯源】 波将金（1739~1791）是俄国女皇叶卡捷琳娜二世时期的国务活动家和将领，也是女皇的宠臣、亲信、情夫。1787 年，他随女皇巡视南方新夺取的地区。为了讨好女皇，他命令各地像布置舞台一样，在沿途临时建造了许多村庄。村庄的粮仓堆满了装着沙子的"粮袋"，村内牛羊成群，到了晚上再把它们赶到第二天女皇经过的地方。还从很远的地方驱赶来一批人，冒充当地的居民，让他们穿上节日的盛装，迎接女皇的驾临。尽管女皇对波将金的弄虚作假早有耳闻，却依然对他制造的虚假景象深信不疑。

【释义】 比喻虚假的繁荣，或"金玉其外，败絮其中"的事物。

波摩娜和佛罗拉的礼物

【溯源】 波摩娜是古罗马神话传说中的果树女神，佛罗拉是古意大利的花神和青春女神。每年的 4 月 28 日到 5 月 3 日为花神节，节日期间，人们戴上鲜花，穿上鲜艳的服装，纵情欢乐！

【释义】 喻指丰硕的果实和美丽的鲜花。

波塞冬

【溯源】 古希腊神话中的海神，天神克洛诺斯和地神瑞亚的儿子，众神之王宙斯和冥王哈德斯的兄弟。三兄弟推翻了克洛诺斯的统治后，波塞冬分管海域，居住在海底宫殿，手持能摇撼大地的三叉戟，时不时地劈开海水，掀起波浪。

【释义】 在文学作品中，波塞冬喻指海洋。

波提乏

【溯源】 源自《圣经·旧约·创世记》。埃及法老的护卫长波提乏，从以实玛利商人的手里买下了约瑟，因见其忠诚可靠，而且办事件件顺利，很快就提拔他做了家里的总管。波提乏的妻子见约瑟长得儒雅俊美，便瞒着丈夫向约瑟频送秋波，企图与他勾搭成奸，遭到约瑟的拒绝。

【释义】 用来喻指妻子出轨、受骗的丈夫。

◎ 波提乏的妻子

【溯源】 波提乏的妻子企图勾引俊美的管家约瑟,约瑟只好处处回避她。有一天,约瑟到一间屋子里去办事,恰巧屋内没有其他人,波提乏的妻子便死乞白赖地要与他同寝,拉着他的衣服不肯放开。约瑟挣脱她的纠缠跑了出去,衣服却落在那个女人的手里。恼羞成怒的女人大声呼喊,诬蔑约瑟要奸污她。波提乏听信了妻子的谎言,将约瑟关进了监牢。后来,约瑟用超人的智慧为埃及法老圆了梦,不仅获得出狱,还当上了埃及的宰相。

【释义】 喻指淫荡、狠毒的女人。

◎ 波西米亚村庄

【溯源】 对于不懂捷克语的德国人来说,捷克波西米亚的许多地名非常难念、难记、难懂,因此,德国人就把陌生难记的东西比作"波西米亚村庄"。

【释义】 喻指对某事一点也不懂或一窍不通。

◎ 玻瑞阿斯

【溯源】 古希腊神话传说中的北风神,星空之神阿斯赖俄斯和黎明女神厄俄斯之子,居住在寒冷黑暗的色雷斯。玻瑞阿斯的艺术形象是一个长有胡须、身穿御寒服、张开双翼飞翔的强健男子。传说玻瑞阿斯爱上雅典王厄瑞克透斯的女儿俄里蒂亚,遭到雅典王的拒绝。于是,玻瑞阿斯刮起强劲的北风,将在河边游玩的俄里蒂亚掠走,做了自己的妻子。

【释义】 用来指代寒冷强劲的东北风。

◎ 播种稗子

【溯源】 语出《圣经·新约·马太福音》中耶稣关于稗子的比喻。仇敌将稗子撒在麦地里时,就让稗子与麦子一起生长。等到收割的时候,先将稗子薅出来,捆成捆留着烧,然后再将麦子收到粮仓里。耶稣向门徒解释说:"田地就是世界,麦子就是天国之子,稗子就是恶者之子,撒稗子的仇敌就是魔鬼,收割的人就是天使。人子要差遣使者,把一切叫人跌倒的和作恶的事物从世界里挑出来,丢到火炉里。"

【释义】 原指魔鬼将异教徒混杂于人间,使其真假难分,善恶难辨。后用来比喻搬弄是非、挑拨离间、兴风作浪。

伯克

【溯源】 十九世纪英国杀人卖尸的歹徒。1827 年，爱尔兰籍养路工人伯克（1792~1829）来到苏格兰爱丁堡市。11 月 29 日,某公寓内有位领取养老金的老人死亡。伯克与该公寓的经理合谋,未将死者埋葬,而是以七英镑十先令的价格卖给该市的一位外科医生。此后,两个人伙同他们的妻子,在数月内先后诱骗十多人到公寓投宿,将他们灌醉后扼死,尸体卖给那位外科医生的学校,以供解剖时使用。不久后,他们因谋害当地的一位妇女而东窗事发,伯克于 1829 年被处以绞刑。

【释义】 "伯克"在英文中被演变成动词,意为窒息杀人、闷死、消灭于无形之中等,后引申指对议案、方案、文案的否决或扣压。

伯利恒的明星

【溯源】 语出《圣经·新约·马太福音》中耶稣降生的故事。耶稣生于犹太的伯利恒,他出世后,有三位博士在东方看到他的星,便来到耶路撒冷,要拜见耶稣。后来,他们在那颗星的指引下来到伯利恒,见到了耶稣和他的母亲玛利亚,并伏拜了耶稣,向他献了礼物。

【释义】 用来比喻或指代为别人指明前进方向的杰出人物。

伯沙撒盛宴

【溯源】 据《圣经·旧约·但以理书》记载,伯沙撒是尼布甲尼撒之子,迦勒底国王,以奢侈、崇邪而著称。他曾为一千名大臣设摆盛宴,取出父亲在耶路撒冷殿中掠夺的金银器皿,用其与大臣、皇后和妃嫔饮酒作乐。

【释义】 用来比喻或指代丰盛豪华的筵席。

博学到牙齿

【溯源】 语出法国作家拉伯雷的长篇小说《巨人传》。为了得知巴奴日是否可以结婚,庞大固埃、巴奴日和若望修士决定去寻找神瓶上的答案。他们经过长途跋涉后,来到了灯国,那里有一座庙宇,还有个喷着美酒的喷泉。女祭司巴布引领巴奴日进入一个小殿堂,巴奴日见到了神瓶,并得到神瓶"喝"的答复。巴布解释说:"你们那里的哲学家、传教者等人,只会对着你们的耳朵灌输好听的话。而我们是从嘴里灌输我们的教诲,把知识喝下去。犹太国曾经有一位贤哲,吃过整整一本书,后来博学到牙齿。现在请你喝下去一本书,必定能博学到肝脏。"

【释义】 喻指某人知识极其渊博。

❸ 脖子上的信天翁

【溯源】 源自英国湖畔派诗人塞缪尔·柯尔律治的诗作《古舟子咏》。有一艘船在出海时遇到了风暴,在迷雾中被吹到南极附近,困在冰山环绕的海面上。一只巨大的信天翁穿过迷雾飞过来,环绕四周的冰山相继崩塌,船只得以脱险,被南风刮向北方。信天翁随着船只飞行九天后,被仇恨一切的老水手用箭射死。南风将船吹到赤道附近,纹丝不动地停在那里。火辣辣的太阳晒裂了甲板,水手们干渴难耐,纷纷指责老水手妄杀生灵,使大家陷入绝境,于是将那只死去的信天翁挂在他的脖子上作为罪证。

【释义】 喻指令别人对自己所犯的罪过时刻铭记的印记。

❸ 跛脚鸭

【溯源】 源自猎人用语。在猎人眼中,一只被击伤翅膀或打坏脚蹼的野鸭,已经成为不屑去认真对付的小猎物。

【释义】 喻指因证券交易失利而无力偿还债务的人、未获连任资格的官员、软弱无能的人、受到挫折需要求助别人的个人或组织。

❸ 不闭之眼

【溯源】 语出俄国作家萨尔蒂科夫·谢德林的同名讽刺童话。有一位检察官,两只眼睛一只闭着一只不闭。闭着的眼睛什么也看不见,不闭的眼睛看到的都是鸡毛蒜皮、无关紧要的小事。因此,那些罪犯全都躲到检察官那只闭着的眼睛的阴影里,不闭之眼看到的全是干干净净的人和事。当人们向检察官告状,说有强盗、贪官、荒淫之徒、作奸犯科之流时,他一概否决,并认为控告者都是麻烦上司的破坏分子,把他们都抓了起来。

【释义】 本意用来讽刺沙俄时代的检察官和政治特务,后指代警觉的监视者或密探。

❸ 不过是个 B.O.F.

【溯源】 法语成语。其中 B 指黄油,O 指鸡蛋,F 指干酪,在第二次世界大战期间,有一部分法国商人因在黑市倒卖黄油、鸡蛋、干酪而发了大财。他们虽然腰缠万贯,却因免不了本来的俗气而被鄙视。

【释义】 原指俗气的暴发户商人,后泛指与他们相类似的人。

不可为自己雕刻偶像

【溯源】 语出《圣经·旧约·出埃及记》。摩西率领以色列人逃出埃及后,来到西乃山下安营扎寨。摩西吩咐大家沐浴更衣,洁净三天。第三天清晨,耶和华在祥光中降临西乃山,向摩西传授十条诫命,其中有一条是:"不可为自己雕刻偶像,也不可做什么形象仿似世间的百物。不可跪拜、侍奉别的像,因为我耶和华是忌邪的上帝。凡恨我的,我必追讨他的罪,自父及子,直到三四代;凡爱我、守我诫命的,我必向他们发送慈爱,直到千代。"

【释义】 转义为不要像崇拜偶像那样,盲目去崇拜任何人或事物。

不来梅的音乐家

【溯源】 源自德国作家格林兄弟编辑的《格林童话》中的同名故事。有一头驴、一条狗、一只猫和一只公鸡,因年老体衰,失去工作能力,将被主人杀掉。它们相约逃出家门,准备去不来梅当街头音乐家。晚间,它们逃到一伙强盗家的房前,在窗外看到桌子上摆满了丰盛的饭菜和饮料,就商议怎样赶走强盗。于是,四个相依为命的伙伴都扯开嗓门叫起来,强盗们听到吓人的叫声,以为遇到了妖怪,争先恐后地逃到森林里,使它们心满意足地饱餐了一顿。后来,它们又想办法彻底赶走了强盗,在那座房子里过着幸福快乐的生活。

【释义】 常被用来说明,不管大家的条件多么弱势,只要团结起来,集思广益,弱者也能战胜强者。

不列颠之狮

【溯源】 雄狮被不列颠民族视为本民族的象征。早在古代,英格兰人的盾牌上便绘有雄狮的图案。后来,狮形图案成为英国王室及大贵族纹章中的一部分。据记载,拿破仑在同英军作战时,曾激励手下的将士说:"让我们把这群狮子赶进大海里去吧!"

【释义】 英国人的代称。

不能力取 可以智拿

【溯源】 语出俄国作家克雷洛夫的寓言《两个男孩》。男孩谢辽沙和费佳见到一棵栗子树,都想摘栗子吃。谢辽沙说树太高,没法爬上去。费佳说道:"俗话说不能力取,可以智拿,我有办法摘到栗子。"于是,他踏着谢辽沙的背,气喘吁吁地爬上栗子树。费佳在树上大吃大嚼,全然忘了树下的谢辽沙。谢辽沙只好眼巴巴地望着费佳,等来的只有伙伴扔下的栗子皮。

【释义】 指遇到问题不能一味蛮干,要善于开动脑筋寻找办法。

不属于这个世界

【溯源】 语出《圣经·新约·约翰福音》,耶稣被捕后,总督彼拉多问他:"你是犹太人的王吗?"耶稣反问道:"这话是你自己说的,还是别人议论我而对你说的呢?"彼拉多说:"我怎么能是犹太人呢?你本国的人和祭司长把你交给我审判,你做了什么错事呢?"耶稣答道:"我的国不属于这个世界。我的国若属于这个世界,我的臣仆必会征战,使我不至于被交给犹太人。"彼拉多又问他:"那你是王吗?"耶稣答道:"我为真理而生,也为真理来到世间,凡属于真理的人,都会听我的话。"

【释义】 用于形容那些脱离现实,沉于幻想,或与世隔绝的人。

不祥之鸟

【溯源】 源自古时观兆术中的一种观察鸟类动态的占卜手段。在西方人的文化意识中,燕子和鹳被视为吉祥之鸟,是春天、温暖、万物复苏及安逸、恬静的象征。猫头鹰会在恶劣天气到来前鸣叫不止,而这种天气往往又是各种疾病突发的先兆。乌鸦的嗅觉非常灵敏,能在很远的地方准确判断出腐尸的位置,因此常将它与死亡联系在一起,并断定它的出现预示了将有血光之灾的降临。因此,猫头鹰和乌鸦被视为不祥之鸟。

【释义】 常用来借喻不吉利的人、带来坏消息的人、报凶信的人、预言灾祸的人等。

不想当将军的士兵不是好兵

【溯源】 俄国人波戈斯基(1861~1874)所著《士兵札记》中的一句警句,全文为"不想当将军的士兵不是一名好兵,而过分考虑自己未来的士兵更不是一名好兵。"

【释义】 喻指人要拥有理想和抱负,要给自己定一个明确的目标,然后脚踏实地去努力实现。

不要把珍珠丢在猪前

【溯源】 语出《圣经·新约·马太福音》。耶稣登山训众时,告诫门徒说:"不要把圣物给狗,也不要把珍珠丢在猪前,恐怕它会先践踏了珍珠,再转过身来咬你们。"在这里,耶稣用珍珠隐喻上帝的国度,用猪隐喻异教徒。

【释义】 比喻不要对愚昧无知的人讲深奥的道理。

不要让左手知道右手所做的事情

【溯源】 语出《圣经·新约·马太福音》。耶稣在加利利传道,论及施舍时说道:"你们要小心,不能在别人的面前行善,故意让他人看到,那样就不能得到天父的赏赐了。所以在施舍的时候,不要像那些假冒为善的人在会堂里和街道上所行的,故意要得到荣耀,那样的话,他们已经得到了他们的赏赐。你施舍的时候,不要让左手知道右手所做的事情,要把善事行在暗中,你们的天父在暗中察看,必然会报答你。"

【释义】 意为不要宣扬自己做了好事。

不要踢刺棍

【溯源】 刺棍是古希腊人刺马赶牛的双头尖棍。"不要踢刺棍"为古希腊的俗语,最早见于古希腊悲剧诗人埃斯库罗斯的《普罗米修斯》。普罗米修斯因为人类盗窃天火,受到天神宙斯的惩罚,被戴上脚镣手铐,绑缚在悬崖峭壁上。他的岳父探望他时,劝他向灾难屈服:"普罗米修斯,你的遭遇就是太夸口的报应!你现在还不谦逊,还不赶紧向灾难屈服,还想加重眼前的灾难!你既然看到一位严厉的、不受审查的君主正在当权,你就得奉我为师,不要伸腿踢刺棍!"

【释义】 转义为不要与强者或命运争斗。

不用脚擤鼻涕

【溯源】 法国谚语。在旧时的法国,江湖艺人常在街头巷尾表演一些粗俗的、技艺不高的即兴节目,以取悦观众。其中有一个节目,表演者用双手抓住脚,迅速把脚扳到鼻子前,显示肢体的柔韧,看上去就像在用脚擤鼻涕,并由此而衍生"不用脚擤鼻涕"一语。

【释义】 指自命不凡、自以为是、自以为很了不起。

不在笛声下跳舞 不在举哀时捶胸

【溯源】 语出《圣经·新约·马太福音》。耶稣在故乡传道时,施洗约翰正被当地的犹太人关在监狱里。耶稣称赞约翰是人间最伟大的人,并谴责了当时的犹太人。他说道:"我用什么来比喻这个世代呢? 就像是孩童坐在街市上,招呼同伴说:'我向你们吹笛,你们不跳舞;我向你们举哀,你们不捶胸。'"

【释义】 用来形容无动于衷、麻木不仁。

不知不觉接待了天使

【溯源】 语出《圣经·新约·希伯来书》。书信的作者在教导信徒如何能得到上帝的欢心时说："你们务必要常存兄弟间的友爱之心，并用这种爱心去接待客旅。因为曾经有位接待客旅的人，不知不觉中就接待了天使。"他说的是犹太人始祖亚伯拉罕的故事。有一次，亚伯拉罕坐在帐篷门口，抬头看到有三个人站在那里，就赶紧迎上前匍匐在地，热情地将他们接回家中，用最好的食物招待他们。这三个人中，其中一个人就是上帝，另外两位是天使。亚伯拉罕因此蒙福，在年迈时生了一个儿子以撒。

【释义】 比喻接待了高贵的客人却不知情，也指没有注意到与自己朝夕相处之人的优点。

🐾 不做铁砧就做铁锤

【溯源】 语出德国作家歌德的《宴歌集·科夫塔之歌》。科夫塔是十八世纪意大利著名的骗子卡列奥斯特罗编造的一个埃及祭司的名字。歌德写道："去吧，听从我的规箴，利用年少光阴，及时锻炼你的聪明！大天平的命运指针，总在那儿动摇不停！你总得要升降浮沉，不是成功地支配他人，就是失败地听命于人，不是忍辱，就是获胜，不做铁砧，就做铁锤。"

【释义】 意即不是统治，就是屈服；不是胜利，就是失败；不当主人，就做奴仆。谁要不想被奴役，就得成为砸烂奴役制度的铁锤。

🐾 布朗德尔

【溯源】 英国中世纪行吟诗人，英王理查一世的好朋友。理查一世率十字军东侵时，布朗德尔一直随其左右，与之共同作诗吟唱。1191 年，法王腓力二世与理查发生矛盾，于是退出东侵，率军回国。1192 年战争结束后，理查得知法王计划攻打英国金雀花王朝在法的属地，便匆忙回国。在途经亚得里亚海时，因遭遇风暴，理查不得不乔装上岸，而后不幸被捕，被秘密囚禁。布朗德尔为了找到囚禁理查之处，历尽千辛万苦寻觅于各个监狱。每到一处监狱，他便站在监狱的窗下，反复吟唱曾与理查共同创作的一首歌曲的第一小节。他坚信如果理查听到他的歌声，一定会接着唱出第二小节。皇天不负有心人，最后，他终于在奥地利多瑙河畔的迪伦施泰因城堡内，找到了被关押的理查。

【释义】 常用来喻指忠实的朋友，或足智多谋、意志坚强的人。

◎ 布利丹毛驴

【溯源】 布利丹(1300~1358)是法国亚里士多德学派的哲学家。为了证明意志自由的不存在,他曾引用了一个例子:如果一头驴子处于两堆数量、质量、与它距离都完全相同的干草之间,虽然它有充分的选择自由,但因为没有任何理由确定两堆干草的优劣,所以它只能站在原地不动,最后只有饿死。

【释义】 用来讽刺在需要对两种相同事物做出选择时,表现出优柔寡断、动摇不定的人。

◎ 布齐法尔

【溯源】 据古希腊传记作家普鲁塔克的《希腊罗马名人传·亚历山大传》记载,布齐法尔是马其顿国王亚历山大大帝坐骑的名字,是一匹只有他本人才能驯服的烈马。这匹马本来属于他的父亲腓力,因其野性难驯,腓力准备将它卖掉。亚历山大年轻气盛,认为只有胆小无能的人才会丢掉此马,就跟父亲打赌,说自己能驯服这匹马。亚历山大先跟着马跑了一会儿,用手不断地抚摸它、安抚它。等它安静下来,呼吸平和的时候,他脱掉披风,轻轻地跳上马背,又轻轻地拉了拉缰绳,布齐法尔便载着他向前疾驰而去。当亚历山大调转马头,自豪而又兴奋地骑回来时,人群中爆发出欢呼声。

【释义】 "布齐法尔"后被人们用来反讽老且无用的劣马。

◎ 步入紫色

【溯源】 源于古希腊和古罗马的风俗。在当时,紫色是权力、地位、财富、尊严的象征,是帝王和达官显贵的专用色。因此,后人常借"紫色"一词喻指皇室贵族。

【释义】 喻指登上王位,或进入显贵之门。

擦苹果的人

【溯源】 美国的俚语。据传有段时期,在美国的一些学校里,常有学生将一只只擦得干干净净的苹果作为礼物,放在老师的讲台上,以博取老师的好感与关照。于是,这类学生就被同学们讥称为"擦苹果的人"。

【释义】 泛指靠送礼、行贿、阿谀奉迎,或摇尾乞怜,来博取他人好感与恩宠的人。

财宝在哪里 心也在哪里

【溯源】 语出《圣经·新约·马太福音》。耶稣在登山训众论及"真财宝"时说:"不要为自己在地上积攒财宝,地上既有虫子咬,又能生锈,还有贼挖窟窿来偷。要在天上积攒财宝,既没有虫子咬,又不能锈坏,也没有贼挖窟窿来偷。因为你的财宝在哪里,你的心也在哪里。"耶稣的意思指真正的财宝不是金钱与财产,而是对上帝的信心。

【释义】 多用来喻指知识或精神道德的力量。

彩虹尽头的一坛金子

【溯源】 古时的欧洲人认为,彩虹两端所及的位置是吉祥之地,能挖出一坛金子或珍宝。西里西亚一带的传说认为,是天使将金子藏匿在那里,而且只有裸体的男子才能得到这份天赐,"彩虹尽头的一坛金子"即由此而来。然而事实上,彩虹永远不会与地表相接,那两个端点根本无处可寻,藏在那里的金子自然成了子虚乌有的事。

【释义】 在英语口语中,常被用来喻指永远得不到的报酬,或可望不可及的财富。

彩虹上大兴土木

【溯源】 德语成语。出自德国诗人弗赖丹克斯的哲理诗集《谦虚》。诗中写道:"他自己欺骗自己／要在彩虹上大兴土木／看到彩虹慢慢消逝／他也不知道楼阁该建在何处。"

【释义】 喻指毫无根据的空想、幻想,无法实现的想入非非。

参孙

【溯源】 传说中古犹太人的领袖之一。据《圣经·旧约·士师记》中记载,参孙是玛挪亚的儿子,父母曾替他向耶和华派来的天使许下拿细耳人的誓愿:终生蓄发,不饮酒,不接触一切不洁之物。因此参孙长大后,具有超人的力量,曾用一块驴腮骨杀死一千个非利士人。非利士人对他恨之入骨,却又无法战胜他。他们买通参孙的情妇,知晓参孙力大无比的奥秘在头发上,于是设法剃去他的头发,抓住了他。他们用铜链锁住他,剜去他的眼睛,让他在监狱里推磨。渐渐地,参孙的头发又长了出来。有一天,非利士人举行神祭,特意把参孙从监牢里提出来,在众人面前侮辱戏弄。当时,房内和房顶站满了非利士人,参孙机智地靠在两根房柱上,向上帝求告赐予他复仇的力量,然后左右手各抱一根柱子发力,只见房屋轰然倒塌,压死了所有的非利士人,参孙也与他们同归于尽。

【释义】 力士、巨人、强国等的代称。

侧耳而听

【溯源】 语出《圣经·旧约·诗篇》中信靠神的祷告:"耶和华啊,我投靠你,求你使我永不羞愧,凭你的公义搭救我。求你侧耳而听,快快救我,做我坚固的磐石,拯救我的保障。

因为你是我的岩石,我的山寨,所以求你为你名的缘故引导我,指点我。求你救我脱离人为我暗设的网罗,因为你是我的保障。我将我的灵魂交在你手里。耶和华诚实的神啊,你救赎了我。"

【释义】 仔细地倾听,同垂听、谛听。

插上孔雀羽毛的乌鸦

【溯源】 源自俄国作家克雷洛夫的寓言《乌鸦》。一只乌鸦在自己的尾巴上插了许多孔雀的羽毛。它满以为亲朋好友会羡慕它那美丽的羽毛,孔雀们也会视它如同类,它也会像孔雀那样成为天后的祭物和圣鸟。可结果它却被孔雀们围住,得到一顿乱啄乱咬,连乌鸦毛都被啄得所剩无几。回到乌鸦群里,它又被同类一顿无情的咬啄,连剩下的羽毛都被啄光,落到既不是孔雀,也不是乌鸦的下场。

【释义】 常被用来讥讽弄虚作假、欺世盗名的人。

茶花女

【溯源】 源自法国小说家、戏剧家小仲马的同名长篇小说。女主人公玛格丽特因生活所迫沦为妓女，她特别喜欢茶花，人称"茶花女"。在一次偶然中，她结识了总税收员的儿子阿芒，两个人真诚地相爱了，并一起搬到巴黎郊外居住。阿芒的父亲认为他们的结合有辱门第，硬逼着玛格丽特重新去做妓女。不明真相的阿芒以为玛格丽特抛弃了他，三番五次找机会报复她。在失去爱情和疾病的折磨下，玛格丽特一病不起。当了解到真相的阿芒赶到她身边的时候，她已经奄奄一息，最后在彼此真诚的拥抱中含恨而死。

【释义】 常被用来比喻虽遭无情摧残、内心优美无瑕的女子。

❀ 察验人的心肠肺腑

【溯源】 语出《圣经·旧约·诗篇》中祈求耶和华兴起御敌的祷词："耶和华啊，求你在怒中起来，挺身而立，抵挡敌人的暴怒。求你为我兴起，你已经命定施行审判……耶和华啊，求你按我的公义和我心中的纯正判断我。愿恶人的恶断绝，愿你坚立义人，因为公义的上帝察验人的心肠肺腑。"

【释义】 指上帝或耶稣基督对人的考验和审判，后用来喻指对人进行全面彻底的考察。

❀ 尝了一点蜜就该死去吗

【溯源】 语出《圣经·旧约·撒母耳记上》。以色列王扫罗与儿子约拿单率军攻打非利士人。约拿单闯入敌营击溃敌军，扫罗乘胜追击。敌人的丛林中到处是蜂蜜，虽然以色列人又累又饿，也坚持遵守"不等到晚上向敌人报完仇就吃什么，必受诅咒"的禁令，不敢吃蜂蜜。约拿单不知道父亲的禁令，用手杖蘸了一点蜂蜜吃了下去，立刻觉得舒服了很多。有人告诉他扫罗的禁令，他却说父亲连累了他们，只有吃了食物，才有体力去杀更多的敌人。当扫罗决定趁夜继续攻打非利士人，并求问上帝能否这样做时，上帝沉默不语。扫罗便召集民众的领袖们，让他们查明谁在当日犯了罪，并起誓即使是儿子约拿单犯了罪，也必会被处死。众人都不敢答话，扫罗只好用掣签的方法，得知是约拿单有罪，问他究竟做了什么事？约拿单回答："我只是用杖头蘸了点蜜尝了尝，难道尝了一点蜜就该死去吗？"后来，在众人的苦苦哀求下，约拿单才幸免一死。

【释义】 常用来比喻因为一点微不足道的过错，就要受到极严厉的惩罚。

❀ 尝试知善恶树的果子

【溯源】 语出《圣经·旧约·创世记》，又称为智慧果、禁果。上帝创造人类始祖亚当和夏娃后,便让他们在伊甸园过着无忧无虑的生活,但禁止他们触摸和采摘园中那棵知善恶树上的果子,否则他们就会死去。园中有一条狡猾的蛇,它游说夏娃说:"吃了树上的果子是不会死的,上帝是怕你们吃了果子后眼睛变得明亮,而且和他一样能辨别善恶。"于是夏娃便摘下果子与亚当一起吃。他们的眼睛立即变得明亮起来,知道自己是赤身裸体,便取了无花果树的叶子为自己编作裙子。

【释义】 用来表示获得某种知识,了解某种事物的奥妙,有时也用来暗指经历过男女情爱。

◎ 唱片骑师

【溯源】 骑师指赛马比赛中的骑手。赛马能否取得好成绩,与骑师的骑术有很大的关系。在欧美等一些国家,唱片公司常常把新灌制的唱片送到无线电台或电视台,希望通过这些传播媒介的介绍,可以很快打开销路。这些机构的唱片选播节目主持人对音乐很在行,在播出时,都会按照经验对歌曲的特色做些解释或评论,对听众的影响很大,是新唱片打开销路的关键。主持人与唱片的关系,就如同骑师与赛马的关系一样重要。

【释义】 指无线电台或电视台流行歌曲唱片选播节目的主持人。

◎ 超出读秒

【溯源】 源自拳击运动比赛的规则。进行拳击比赛时,如果一方被击倒在地,裁判员就开始读秒。如果读至十秒,被击倒的选手仍处于卧倒的状态,或不能完全立起,则判定对方获胜。

【释义】 常用来喻指被击败、失去知觉,或酣睡不醒。

◎ 超乎混战之上

【溯源】 第一次世界大战期间,法国作家罗曼·罗兰坚持人道主义,反对帝国主义战争,并于 1914 年在《日内瓦日报》上发表了反战政论——《超乎混战之上》,在西方世界引起了强烈的反响。后来,罗曼·罗兰成为坚定的反法西斯战士,积极参加各种反对法西斯、反对侵略战争的国际性群众运动。

【释义】 现已转义为脱离、回避社会生活或革命斗争。

◎ 超人

【溯源】 源自德国哲学家、唯意志论者尼采(1844~1900)的用语。尼采宣称超人是超乎凡人之上的人,是在人类进化过程中达到顶点时出现的。超人将决定历史的发展,创造新的价值,而历史的意义就在于超人的诞生。超人与凡人的区别,等同于凡人与猿猴的区别,超人有权奴役凡人,为了夺取权力,可以为所欲为。

【释义】 喻指把自己看得高于一切、超越一切之上的极端个人主义者和利己主义者,或出类拔萃、超群绝伦的人。

☺ 车轮上的松鼠

【溯源】 源自俄国作家克雷洛夫的寓言《松鼠》。在地主府第的窗户下,一只关在笼子里的松鼠正在飞快地蹬着车轮。树上的鸟问它在做什么。它回答说正在给主人报信,已经奔跑了一天,顾不上吃饭喝水,累得连气都喘不过来。小鸟观察松鼠半天,飞走时对松鼠说道:"我明白了,别看你蹬个不停,但永远都停在原地。"

【释义】 用来讽喻终日劳而无功,碌碌无为的人。

☺ 晨礼婚

【溯源】 源自德国日耳曼民族的旧俗。德国贵族在婚姻问题上严守等级观念,追求门第相当的婚姻,常给婚姻蒙上一层经济或政治利益的色彩。皇室贵族若娶出身低微的女性做妻子,就会受到有关法律的种种约束,以确保贵族血统的纯正及贵族利益不受侵犯。因为这类婚礼通常悄悄在清晨举行,而且为避免引起世人的议论,也没有奢华的排场,故称为"晨礼婚"。

【释义】 喻指门第悬殊、不相称的婚姻。

☺ 沉入水塘

【溯源】 德国成语。源自中世纪德国的一种刑法,将犯人装进筐内,用绳子系住,然后连人带筐沉入很深的水塘。在犯人将要淹死的时候,再从水塘中拉上来。

【释义】 喻指陷入困境,或遭遇棘手的事情。

☺ 沉睡的厄庇墨尼德斯

【溯源】 厄庇墨尼德斯是公元前七世纪时古希腊克里特岛的祭司、预言家和诗人。据古希腊晚期的传说,他曾在一个迷魂洞里酣睡了五十七年之久。他出洞后,遇见自己的弟弟已是年迈的老人。据传他寿命很长,有人说他活到一百五十七岁,有人说他活到二百九十九岁。

【释义】 喻指长期昏睡不醒的人,或引申为时代的落伍者。

☺ 成功的一掷

【溯源】 德国成语。源自欧洲的九柱游戏,又称地滚球或保龄球。只要掷出的球,能将前方二十五码以外的九根柱子全部击倒,就是"成功的一掷"。

【释义】 常用来表示拥有极大的运气,或轻而易举获得了成功。

城市何竟独坐

【溯源】 语出《圣经·旧约·耶利米哀歌》。当以色列人被巴比伦王尼布甲尼撒掳走后,耶路撒冷城呈现孤寂、荒凉的惨景:"先前满有人民的城,现在何竟独坐! 先前在列国中为大的,现在竟如寡妇! 先前在诸省中为王后的,现在成为进贡的! 她在夜间痛哭,泪流满腮。在一切所亲爱的人中间,没有一个安慰她的。她的朋友都以诡诈对待她,成为她的仇敌。"

【释义】 常用来描写荒凉、寂寞和孤独。

吃的是蝗虫和野蜜

【溯源】 语出《圣经·新约·马可福音》。比耶稣提前六个月出生的约翰,按照上帝的吩咐,行在主的前面施洗、传道,预备主的道路。犹太全地和耶路撒冷的人,都去到约翰那里,坦白他们的罪过,在约旦河里受他的洗,使罪得赦。约翰身穿骆驼毛的衣服,腰间束着皮带,吃的是蝗虫和野蜜。他对众人传道说:"有一位在我以后来的圣人,能力比我强大,我就是弯腰给他解鞋带都不配,我是用水给你们施洗,他却要用圣灵给你们施洗。"

【释义】 喻指过着艰苦贫困、半饥半饱的生活。

吃掉"青蛙"

【溯源】 法国俗语。"青蛙"指旧时法国一种用来存钱的器具,外形颇像青蛙,放钱币的孔似张开的青蛙嘴,存入里面的钱只有打碎器具才能取出。吃掉"青蛙"即指打碎这个存钱的器具。

【释义】 引申为侵占、独吞或贪污其中也有自己一份的公款。

吃韭葱

【溯源】 每年 3 月 1 日的圣大卫节,威尔士人便在帽子上佩戴一根韭葱以示纪念。"吃韭葱"出自英国作家莎士比亚的《亨利五世》。毕斯托尔是个胆小如鼠却爱说大话的无赖,混入军队后做了一名旗官。他有位朋友因在作战时趁火打劫,被上司判处了死刑。于是,他请威尔士人弗鲁爱林上尉帮忙求情,希望能免除朋友的死罪。在遭到弗鲁爱林的拒绝后,他便怀恨在心,不时对其出言不逊。有一次,他竟然拿着面包和盐,当着众人面,让弗鲁爱林就着这两样东西,把帽子上的韭葱吃下去。翌日,他们再次相遇,弗鲁爱林决心狠狠教训他,就用棍棒打他,逼着他吃下韭葱。最后,在威逼之下,他只好吃了韭葱。

【释义】 现喻指被迫收回自己说过的话,被迫忍受屈辱。

⊛ 吃了一块面包

【溯源】 法国俗语,源自旧时法国审讯犯人的一种方式。审讯时,先用饥饿折磨犯人,直到其供出全部的罪行和事实后,才给他吃一块面包。

【释义】 指被告或犯罪团伙坦白罪行、供出同犯。

⊛ 吃上邓莫镇的腌猪肋排

【溯源】 据记载,在古时英国埃塞克斯郡的邓莫镇,每到年终时都要将一块腌猪肋排奖励给本年度内夫妻恩爱、家庭和睦的伴侣。任何人都可以来邓莫镇申请获得这种奖励,申请人必须恭敬地跪在邓莫镇教堂前两块尖利的石头上,发誓在过去的一年零一天中,没与家人有过任何争吵,没有起过丝毫离婚的念头。自1244年到1772年的五百多年间,仅有八个人获得这个奖项。

【释义】 在现代英语中,"吃上邓莫镇的腌猪肋排"已成为"夫妻恩爱,家庭和睦"的同义语。

⊛ 吃乌鸦

【溯源】 源自1851年美国路易斯安那州一家报纸上登载的小故事:一群房客抱怨房东提供的食物太粗劣,房东扬言自己从不挑食,吃什么都津津有味。于是房客们决定教训他一次。他们在乌鸦的肚子里放了很多辣椒、鼻烟和大粒盐,煮熟后请房东品尝。房东不知是计,只吃了一口就不得不承认,他并不是吃任何东西都能津津有味。

【释义】 喻指被迫更正说过的错话、被迫承认错误或失败。

⊛ 吃鱼时有奶油

【溯源】 德国人吃食物时很喜欢用奶油涂抹,甚至吃鱼的时候也喜欢涂抹奶油。如果在吃鱼的时候备有奶油,那就作料齐全、味道鲜美了。

【释义】 用来形容生活美满富裕。

⊛ 赤裸的真实

【溯源】 源于古罗马诗人贺拉斯的《颂歌》。有一天,真实与虚假一同去河里洗澡。虚假洗完先上了岸,为了掩盖自己的不诚实,骗取世人的信任,便偷着穿上真实的衣服跑掉了。真实上岸后,为了不使自己的美德受到玷污,它没有穿虚假留下的衣服,于是赤裸着身体离去。

【释义】 喻指未加任何粉饰的实情或真相。

❀ 赤身而来 赤身而去

【溯源】 源自《圣经·旧约·约伯记》。有一天,约伯的儿女正在他们长兄的家里吃饭喝酒。有四个人先后来给约伯报信,告诉他牛和驴被示巴人掳走、天火将羊群和仆人烧灭、迦勒底人掳走了骆驼、儿女被狂风吹倒的房屋砸死。听到这些,约伯起来撕裂外袍,剃了头,伏在地上下拜说:"我赤身出于母胎,也必赤身归回。赏赐的是耶和华,收取的也是耶和华,耶和华的名是应该称颂的。"

【释义】 表示生死由上帝所定,也表示生不带来、死不带去之意。

❀ 赤身裸体的皇帝

【溯源】 源自丹麦作家安徒生的童话《皇帝的新衣》。有个皇帝特别喜欢穿最漂亮的衣服,整天忙着换衣服。有两个骗子声称会织世界上最美丽的布,用这种布缝制衣服,那些不称职或愚蠢的人都看不见。皇帝信以为真,给了他们最好的生丝和金币,而两个骗子每天却只是在空空的织布机上装模作样地瞎忙。皇帝派去检查的大臣都不愿意说自己啥都没看见,都用最美丽的词汇赞美这匹并不存在的布和衣服。皇帝也非常满意,脱个精光穿上所谓的新装,参加游行大典。突然,人群中有个小孩说皇帝什么都没穿,大家接着议论纷纷。皇帝却只能昂首挺胸,硬着头皮向前走去。

【释义】 用来讽刺虚伪的威望,或骗人的理论。

❀ 充当尾灯

【溯源】 德语成语。尾灯是安装在汽车、摩托车等交通工具尾部的灯,一般用红色的灯罩,以引起后面的车辆或行人的注意。以前德国部队在夜间行军时,为了确保安全,走在队伍最后面的那名士兵要拿着一盏灯,充当"尾灯"的角色。

【释义】 用来指代体育比赛中的最后一名、考试成绩最差的学生、家里最小的孩子等等。

❀ 崇拜巴力

【溯源】 巴力是古代近东许多民族,尤其是迦南族所崇奉的重要神灵,主司生长与化育。在《圣经》中,巴力指邪神和偶像,除上帝外,不可信仰、跪拜、侍奉任何神像。

【释义】 喻指背叛自己的信仰和事业,也引申为崇拜金钱。

崇拜的是官服

【溯源】 语出法国作家拉封丹的寓言诗《驮着圣骨的驴子》。一头驴驮着圣骨,见大家都对它朝拜,感到非常得意。以为大家崇敬的是自己。有人向它指出:"驴先生,快丢掉你的虚荣和错误吧! 人们朝拜的不是你,而是圣骨啊!"拉封丹最后写道:"人们不是在向无知的官吏致敬,他们看重的只是他们的官服。"

【释义】 用来说明有些人受到崇敬,并不是因为他们有什么德才和功劳,而是因为他们拥有权势和地位。

崇拜你曾经烧毁的东西

【溯源】 语出法兰克国王克洛维(446~511)皈依基督教的故事。克洛维的妻子克洛蒂尔达非常笃信基督教,一再敦促丈夫抛弃异教神灵,信奉真正的上帝。克洛维率兵进攻阿勒曼尼人时,在托尔比亚克受挫。情急之下,他向妻子信奉的上帝寻求保佑,并发誓如果能获胜,一定皈依基督教,结果真的转败为胜。当举行入教仪式,克洛维跳入洗礼池时,主持仪式的圣雷米主教说道:"低下你的头吧,骄傲的西冈布尔人,崇拜你曾经烧毁的东西,烧毁你曾经崇拜的东西!"然后,他以圣父、圣子、圣灵的名义,为克洛维施洗。

【释义】 用来表示放弃原来的信仰或主张,接受另一种完全不同的信念。

重返伊塔刻岛

【溯源】 伊塔刻岛是古希腊英雄俄底修斯的故乡。特洛亚战争结束后,俄底修斯历经千辛万苦,才回到阔别二十年的故乡。

【释义】 常用来表示经过许多磨难后,终于回到自己的故乡。

抽头不够买蜡烛

【溯源】 法语成语,语出中世纪时法国的赌博活动,抽头指设局邀人赌博时抽取的头钱。大约从1300年开始,法国人开始使用蜡烛照明。当时的蜡烛用动物脂制成,价格非常昂贵,所以当夜晚聚集在某人家赌博时,参赌的人必须给主人灯火费,但主人得到的抽头往往还不够买一支蜡烛。

【释义】 喻指得不偿失。

筹码兑现钱

【溯源】 美国俚语,原为赌博用语。很多赌场规定,参赌前要将现金兑换成相应等值的筹码,中途退出或赌博结束时,再兑回现金。因为赌博的胜负带有很大的随机性,所以人们常借变幻莫测、难以预料的赌博来喻指人生,其间充满了与赌博相类似的勾心斗角、尔虞我诈,荣辱祸福转瞬万变。而当人生完结时,又似赌场散局,一切停止。

【释义】 喻指了此一生,一生的完结。

丑小鸭

【溯源】 丹麦作家安徒生的童话《丑小鸭》中的形象。丑小鸭出世后比同类长得又大又丑,受尽其他鸭子的讥笑、排斥与殴打,只得离开出走。一路上,它受尽磨难,在孤独与痛苦中度过了秋天和冬天。当冬去春来,大地复苏之际,丑小鸭发现自己长大了,翅膀也变硬了,竟然不知不觉地飞起来。它在湖面上看到自己的倒影,才知道自己不再是一只粗笨丑陋的鸭子,而是一只美丽的天鹅。

【释义】 比喻因为外貌或缺陷遭到他人贬斥,后来却出人意料地显示出高尚品质和杰出才能的人。

出生时头上有胎膜

【溯源】 有的婴儿出生时头上有胎膜。按照法国迷信说法,这样的孩子非同一般,将来一定会交好运。以前法国的《人道周报》曾引用道:"富贵也是遗传的,有的人出生时头上有胎膜……"

【释义】 用来表示某人福星高照,前途无量。

出售罗宾汉的便宜货

【溯源】 源自中古时期英国民间关于罗宾汉的传说。罗宾汉因触犯官府的狩猎禁令而逃入森林,成为绿林好汉。他经常率领同伴劫富济贫,将得来的财物分给贫苦百姓或低价卖给他们,"出售罗宾汉的便宜货"即由此而来。

【释义】 后人常借此语表示低价出售、廉价拍卖之意,含戏谑或讽刺的意味。

除了乏味的　一切体裁都是好的

【溯源】 语出法国作家、历史学家、哲学家、思想家伏尔泰的诗体喜剧《浪子》的前言。伏尔泰写道:"有的剧本非常严肃,有的剧本滑稽可笑,有的剧本催人泪下。任何体裁都不应当排除在外。除了乏味的,一切体裁都是好的。"

【释义】 用来强调在艺术创作中,必须要有所创新。

◎ 触及所有垒位

【溯源】 美国俚语,源于棒球运动。棒球场有内外两场之分,内场为正方形,四角各设一个垒位,分别称为本垒、一垒、二垒、三垒。在一垒至三垒处,各放置一个内装松软物质的白色帆布包,称为垒包。击球员将投来的球击出后,必须迅速沿一至三垒的顺序跑垒,而且要用脚触到垒包,最后跑回本垒得分。

【释义】 喻指探讨了问题的各个方面,触及了与事物相关的所有问题。

◎ 触及痛处

【溯源】 源自德国作家席勒的悲剧《唐·卡洛斯》。十六世纪时期,西班牙国王腓力二世看中了儿子的情人伊丽莎白,并费尽心机据为己有,将其立为王后。有一天,腓力发现他派去监视王后的侯爵夫人没有在王后身边,恼怒之下将侯爵夫人赶出马德里,令王后十分气愤。腓力见自己惹恼了妻子,便向妻子表白自己的爱情道:"在受过洗礼的世界上,我是最富有的人,太阳在我的国土上不没落。可是,这一切以前有人占有过,今后还会有人来占有。只有你才是我独有的,国王所拥有的幸福——伊丽莎白属于腓力,这点是我致命的地方。"这段台词中"致命的地方"一语,后演化为"触及痛处"。

【释义】 意为击中要害,被人找到软肋之处。

◎ 穿紧身上衣的狗

【溯源】 中世纪时,日耳曼和佛兰德的猎人在猎捕野猪时,常常要带上几条健壮凶猛的猎犬。因为野猪性情暴烈,在受到攻击时尤为凶悍,给猎人的生命造成威胁。受过训练的猎犬是猎人最忠实的卫士和助手,能协助主人捕获野猪。为了防止猎犬的腹部和背部遭到野猪的撕咬,猎人事先给它们穿上用牛皮缝制的护身服。这种护身服颇像十五世纪后期欧洲男子穿的紧身上衣,故而得来"穿紧身上衣的狗"这一说法。

【释义】 指代勇猛无畏的伙伴。

◎ 穿上丝袍

【溯源】 源自英国律师界的传统。英国的开业律师有初、高级之分。初级律师只能在初级法院充当辩护人,通常所说的英国律师界,只指由高级律师构成的群体,英国高级司法官员一般也从高级律师中甄选。被指定为英王室高级法律顾问的高级律师,按照惯例,必须换下往日出庭时穿的毛织长袍,改穿丝绸长袍。

【释义】 "穿上丝袍"意即成为英国王室的法律顾问。

穿着亚当和夏娃的衣服

【溯源】 俄国成语,源于《圣经·旧约·创世记》。上帝创造人类始祖亚当后,又为其造了配偶夏娃。夫妻二人赤身露体,快乐地生活在伊甸园,并不觉得羞耻。

【释义】 意指赤身裸体,一丝不挂。

床上的后生

【溯源】 语出法国作家莫里哀的喜剧《斯嘎纳耐勒》。主人公斯嘎纳耐勒的妻子偶然发现丈夫与一位年轻姑娘在一起,而且还"搂着"她,便气愤地赶过去,想看个究竟。不料等她赶到时,丈夫与那个姑娘已不知去向,只捡到地上的画像,上面画着一个俊美无比的青年男子。

正当她看得如醉如痴时,斯嘎纳耐勒从她身后走来,发现她手中的画像,怀疑她有了外遇,于是唇枪舌剑吵了起来。丈夫抢过妻子手中的画像,对着画像恶狠狠地骂道:"看呀,漂亮的少爷,床上的后生,帮你不守妇道的该死的畜生!"

【释义】 意指令女子见之销魂的美男子。

吹灭将残的灯火

【溯源】 语出《圣经·新约·以赛亚书》。原文为:"看哪,我的仆人,我所扶持、所拣选、心里所喜悦的!我已将我的灵赐给他,他必将公理传给外邦。他不喧嚷,不扬声,也不使街上听见他的声音。压伤的芦苇,他不折断;将残的灯火,他不吹灭。他凭真实将公理传开。他不灰心,也不丧胆,直到他在地上设立公理,海岛都等候他的训诲。"

【释义】 比喻中断尚存希望的事,也比喻乘人之危、加以陷害。

吹起牛角号

【溯源】 在古代的苏格兰,当某人被国王判定为叛国者,并被驱逐出境时,国王的一名传令官便站在苏格兰国都爱丁堡城的十字街头,吹三声牛角号,以昭告天下。

【释义】 表示宣布某人为叛徒,或宣布某人不受法律保护。

从轭下走过

【溯源】 古罗马士兵侮辱俘虏的一种方式。古罗马人抓到俘虏后,常用三根长矛搭成一个牛轭状的框架,然后命令俘虏放下武器,从这个框架下走过去,以示羞辱。

【释义】 喻指忍受屈辱,认输,屈服。

粗的一头在后面

【溯源】 源自德国 1763 年出版的《教书先生及其习惯》一书,书中揭露和谴责了当时一些教师对学生施行体罚的情况。这些教师平时使用金属丝编成的鞭子,学生犯错时,就把鞭子倒转过来,用粗的一头抽打学生,而且平时还总威胁学生说:"等着吧,粗的一头在后面!"后来,这句话在德语口语中广泛流传开来。

【释义】 引申为更大的麻烦、困难或不幸在后面。

翠鸟时光

【溯源】 古时的西西里人认为,翠鸟将蛋产在筑于海面上的巢中,然后伏在上面孵化十四天。这段时间正值冬至来临之前,西西里岛往往会变得天高气爽,阳光明媚,海面风平浪静,与平日大不相同。西西里人认为,这一切都与古希腊神话传说中阿尔库俄涅变成翠鸟有关,所以称这段时间为"翠鸟时光"。

【释义】 喻指幸福美好的时光。

错将雅各当以扫

【溯源】 源于《圣经·旧约·创世记》。以扫和雅各分别是以撒和利百加的长子和次子。以撒喜欢吃以扫打的野味,而且以扫还会按照他的口味做给他吃,所以他特别偏爱以扫。利百加则偏爱次子雅各。以撒失明后,自知年迈将不久于人世,便叫以扫去野外打猎,再给他做一次野味,他要在临死前给以扫最后的祝福。利百加偷听到他们的谈话,就叫雅各选两只肥嫩的小羊,按照以撒的口味烧好,去骗取父亲临死前的祝福。利百加让雅各穿上以扫的衣服,因为以扫全身长毛,她又用山羊毛裹住雅各的手和脖子。以撒虽然从谈话中听出是雅各,但衣服上的气味却是以扫的气味,毛茸茸的双手也像以扫,所以最后他错将雅各当成以扫,为雅各做了最后的祝福。

【释义】 喻指由于对事物缺乏深刻全面的了解而造成的张冠李戴、阴错阳差。

错认树木而乱吠

【溯源】 源自狩猎浣熊的活动。因为浣熊只有在夜间才外出活动,所以狩猎浣熊要在夜间进行。猎人要先在猎犬的帮助下寻到浣熊活动的树木,然后再伺机猎杀。因夜黑林密的缘故,猎犬有时也会判断失误,冲着没有浣熊的树木乱吠一通。

【释义】 喻指做徒劳无益的事,或找错了对象。

◎ 达尔杜弗

【溯源】 法国剧作家莫里哀的诗体喜剧《伪君子》的主人公。他原为没落贵族，后以宗教为生。来到巴黎后，他每日去教堂祈祷，以骗取别人的信任。他口头宣扬苦行主义，实则一顿饭竟然要吃两只鹌鹑和半条羊腿；表面上不敢正视袒胸露臂的女人，暗地却勾引别人的妻子；假意拒绝富商奥尔贡的周济，背地里却图谋奥尔贡的全部家产；在别人面前装作因为捏死一只跳蚤而忏悔，暗地里却以怨报德，将自己的恩人置于死地。

【释义】 达尔杜弗是著名的伪善者典型，所以他的名字被用来代指"伪善者"。

◎ 达佛尼斯

【溯源】 古希腊神话传说中西西里岛的牧人，牧歌的创始人。传说他是奥林波斯诸神使者赫尔墨斯和一个女神所生的儿子，出生后即被女神扔到西西里岛山谷的月桂树丛里，被牧人发现，带回家抚养。达佛尼斯长大后俊美异常，不但受到女神的教养，山林之神和牧神潘还教会他吹笛子，唱牧歌。

【释义】 用来比喻和指代俊美的少年。

◎ 达拉斯贡城的达达兰

【溯源】 源自法国作家都德的同名中篇小说。达拉斯贡人爱好狩猎，因为没有野兽可供打猎，便以打扔到空中的鸭舌帽为乐。达达兰的技艺最高，被公认为全城最好的猎手。他在人们的夸奖中飘飘然起来，想博取更大的名望，于是决定去非洲猎一头阿特拉斯的大狮子。到达非洲后，他闹了很多笑话，误打误撞打死了一只瞎了眼的雄狮，被雄狮的主人告了他的状。他只好变卖自己所有的物品，花钱平息了这场官司。好在他得到了瞎狮的皮，便把狮皮寄回达拉斯贡城，使大家以为他真的打死了大狮子。当他回到家乡时，全城的人都把他当做英雄，他每天也以"猎狮英雄"自居，天花乱坠地编造着自己惊险的狩猎故事。

【释义】 用来讽喻专爱吹牛撒谎、说大话的人。

达蒙与皮提阿斯

【溯源】 希腊民间传说中的两个人物。公元前四世纪,有个名叫皮提阿斯的人被判了死罪,他请求在服刑前回家料理下后事,遭到拒绝。他的挚友达蒙挺身而出,甘愿顶替皮提阿斯入狱,如果皮提阿斯没有如期返回,他愿意代替好友服刑。忠于友情的皮提阿斯料理完后事,虽然明知自己必死无疑,但为了不连累好友,依然如期而归。他们的友谊令大家十分感动,最后,皮提阿斯也被赦免了罪行。

【释义】 喻指莫逆之交、生死之交、刎颈之交。

达米安斯的铁床

【溯源】 源自法国国王路易十五处死刺客时所用的一种酷刑。1757 年 1 月 5 日,一位名叫达米安斯的人行刺路易十五未遂而被捕。路易十五对其施行了惨无人道的酷刑,以期达到杀一儆百的目的。行刑时,达米安斯被捆绑在铁床上,床下用火焚烧,行刺时拿刀的右手被捆住,置于文火中慢慢熏灼。再用铁钳撕扯他的躯体,向伤口上浇灌熔化的铅,沸滚的蜡、油、硫磺等等液体,最后用驷马分尸。

【释义】 喻指惨酷的刑具或刑罚。

达摩克利斯的剑

【溯源】 达摩克利斯是古希腊神话中暴君迪奥尼修斯的宠臣,他很会逢迎拍马屁,见了狄奥尼修斯便说他多福,以取悦于帝王。一天,狄奥尼修斯让达摩克利斯坐在了他的宝座上,头顶上悬了一把仅用一根马鬃系着的、随时可能掉下来的锋利宝剑,以此告诉他,君主并不多福,而是时刻存在着忧患。

【释义】 常用来比喻随时可能发生的潜在危机,或迫在眉睫的危险。

达那俄斯人的礼物

【溯源】 源自古希腊神话传说中关于特洛亚战争的故事。特洛亚战争末期,希腊人围困特洛亚城,久攻不克。后来,希腊人按照俄底修斯的计策,制造了一个巨大的木马,腹中藏满精兵,然后置于特洛亚城外,其余人佯装撤退。特洛亚人以为希腊人真的撤走了,便拆开城墙,把木马拉进城内。特洛亚祭司拉奥孔喊道:"我怕达那俄斯人(希腊人)送来的礼物!"可没人理会他的警告。夜半时分,精兵们走出木马,打开城门,与回师的希腊人里应外合,攻陷了特洛亚城。

【释义】 原指希腊人建造的木马,后被用来喻指阴谋诡计、骗人的伎俩。

❂ 打扮得如同圣灵降临节的牛

【溯源】 源自德国民间风俗。每年复活节后的第五十日是圣灵降临节,当时正值春末夏初,气候温暖,水草丰盛。在德国北部的梅克伦堡,人们在节日前几天挑选出用来祭献的牛,给它戴上花环,披上彩带,给牛角涂上鲜艳的色彩,把牛打扮得花枝招展。这样的打扮对牛而言很漂亮,对人就会显得俗而不雅。

【释义】 比喻花花绿绿、浓妆艳抹、粗俗不堪的打扮。

❂ 打狗吓狮

【溯源】 德语成语。法国十三世纪建筑师奥内库尔的速写集中,有一副图画记录了当时人们驯服野兽的情景:动物饲养员当着狮子的面抽打两只狗,以此威吓并驯服狮子。后来,"打狗吓狮"被收入《成语集》。

【释义】 比喻用惩罚一个不相干的人的办法,来威胁、警告其他的人。

❂ 打进平底锅

【溯源】 德语成语,源自 1675 年普瑞战争中,普军元帅德夫林格尔说过的一句话。平底锅是西方国家常用的炊具,用来煎鸡蛋、牛排等。在普鲁士军队向瑞典军队发起进攻时,德夫林格尔对士兵们说道:"把鸡蛋打进平底锅,就不会再有邪恶的小鸡出世!"以此来激励士兵英勇作战,打败瑞典人。

【释义】 用来表示战胜、消灭的意思,也引申为进行尖锐的批评。

❂ 打空气

【溯源】 语出《圣经·新约·哥林多前书》。使徒保罗谈到自己为传福音而立下的志愿:"凡我所行的,都是为福音的缘故,为要与人同得这福音的好处。岂不知在场上赛跑的都跑,但得奖赏的只有一人?你们也当这样跑,好叫你们得着奖赏。凡角力争胜的,诸事都有节制,他们不过是要得到能坏的冠冕,我们却是要得到不能坏的冠冕。所以我奔跑,不像无定向的;我斗拳,不像打空气的。"这里的"打空气"即打空拳的意思。

【释义】 喻指无的放矢,徒劳无功,白费力气。

❂ 打了一只山羊

【溯源】 在德国中世纪射击协会举行的有奖射击比赛中,成绩最差者可以得到一只山羊作为安慰奖。据说,这种奖励方法源自一个叫波莫瑞的贵族狩猎时闹出的笑话。波莫瑞的眼睛近视,有次狩猎时,他把面前一只受惊的动物当做行动敏捷的丘鹬,于是一枪射中了它。他兴冲冲地跑过去一看,打中的竟是只行动笨拙的雄山羊。

【释义】 喻指出了幼稚可笑的差错,或做了蠢事。

◎ 打上烙印

【溯源】 德语成语。中古时期的德国法律规定,要给犯罪者打上所犯罪行的标记,例如造伪币的罪犯被烙上钱币印。犯人在被判处死刑、押赴刑场之前,要烙上车轮状或绞刑架状的烙印示众,以此在公众面前揭露他。

【释义】 喻指公开揭露、严厉谴责,或尖锐地批评。

◎ 大棒加胡萝卜

【溯源】 源自美国第二十六届总统西奥多·罗斯福的一次演说。当时他援引了非洲的一句谚语,来说明他的外交政策:"语言柔和,手持大棒。"后来,人们就把他任期内奉行的对外武装干涉和扩张的政策,叫做大棒政策,后来发展成所谓的大棒加胡萝卜政策。

【释义】 喻指武力恫吓与物质利诱相结合的手段。

◎ 大贝尔塔

【溯源】 源自世界最大的军火制造世家之一、德国克虏伯家族的贝尔塔·冯·波伦夫人的姓名。在德国发动的三次侵略战争中,这家军火制造商都为德国军队提供大量的武器弹药。"大贝尔塔"是法国人对德国人使用的两种巨型火炮的戏称。

【释义】 在英语中,喻指体大且笨重的机器或工具。在美国俚语中,戏指体态肥硕的女人。

◎ 大车至今原地未动

【溯源】 源自俄国作家克雷洛夫的寓言《天鹅、狗鱼和虾子》。有一天,天鹅、狗鱼和虾子同拉一辆货车。天鹅拉着车使劲朝天上飞,虾子拉着车用力往后退,狗鱼则拼命往水里拖,结果当然是:大车至今原地未动。

【释义】 用来喻指空发议论,白费力气,于事无补。

◎ 大洪水时代

【溯源】 源自《圣经·旧约·创世记》。上帝见世间罪恶弥漫,决定用洪水毁灭地上的生灵,只命挪亚建造方舟,带领全家避难。挪亚造好方舟后,天上便下起倾盆大雨,足足下了四十昼夜。泛滥的洪水淹没了陆地上的一切生物,只留下挪亚方舟里的生物。

【释义】 用来表示久远的古代,很久很久以前。

⚙ 大假发

【溯源】 在十七世纪至十八世纪的欧洲国家里,戴假发成为富人追求的时尚,同时也成为地位、权势和财富的象征。在当时,假发的式样五花八门,多达数十种,其中的主教式、绳索式等大型发式,通常是国王、宫廷大臣、大法官、大主教等戴用。

【释义】 喻指大人物、权贵、大亨,含有幽默和讽刺的意味。

⚙ 大利拉

【溯源】 大利拉为《圣经》中的故事人物,非利士人,力士参孙的情妇。参孙具有超人的力气,曾击杀一千名非利士人。非利士人无法战胜参孙,便花重金收买他的情妇大利拉,要她想办法探知参孙力大无穷的奥秘。大利拉先问参孙为什么有那么大的力气,用什么办法才能捆绑住他,然后像做游戏一样,按照参孙说的办法束缚他,喊道:"参孙啊,非利士人抓你来了!"一连三次都没奏效。大利拉生气地对参孙说:"你既不与我同心,怎么说你爱我呢? 一连三次都欺哄我!"从那天起,大利拉天天问参孙,直到参孙被她磨得烦躁不已,告诉她奥秘在头发上,只要剃了他的头发,他的力气就会离开他。于是,大利拉趁着参孙熟睡之际,叫非利士人来剃掉他的头发,参孙顿时变得软弱无力,被剃了双眼,锁上铜链,带到监牢里推磨。

【释义】 用来指代对丈夫不忠,或被人收买谋害亲夫的女人。

⚙ 大拇指

【溯源】 源于德国作家格林兄弟编辑的《格林童话》中的同名故事。一对膝下无子的农民夫妇非常渴望有个孩子,哪怕只有拇指大的小孩也行。没想到,农妇真的生了一个拇指大的婴儿,他们给他起名叫"大拇指"。大拇指虽然小,却很聪明孝顺,能钻到马的耳朵里帮父亲赶车。后来,大拇指被两个陌生人买走,他想方设法逃了回来,跟父母在一起过着幸福的日子。

【释义】 "大拇指"本是个聪明机智的小矮人,后来引用时仅取"小"之意,喻指蠢笨的侏儒。

⚙ 大闹谷仓的人

【溯源】 源自旧时美国民间的戏剧活动。当时的民间艺人演出时,常常借农家的谷仓做剧场。因为演员多为没经过正规训练的江湖艺人,演技很差,念台词时常常声嘶力竭,大喊大叫,使谷仓里的嘈杂之声不绝于耳,因此被称为"大闹谷仓的人"。

【释义】 常用来讽喻江湖艺人、二流演员，或表演时装腔作势、娇柔做作的演员。

大山生了一只小老鼠

【溯源】 源于古希腊寓言作家伊索的寓言《大山临盆》。一座大山因受到剧烈震动而不停地呻吟，很多人跑过去观看，忐忑不安地等着结果，以为将要降临一场可怕的灾难。没想到，最后从大山里跑出来的，竟是一只小小的老鼠。

【释义】 其含义等同于"雷声大雨点小"，或"言语的巨人，行动的矮子"。比喻话说得很有气势，实际上本领却很小。

大天使的号角

【溯源】 源自《圣经·新约·启示录》。据传，在世界末日来临前，上帝的七个大天使将吹响宣告世界末日的"七号角"。第一天使吹号，地上三分之一的树木花草被烧焦；第二天使吹号，海水的三分之一变成血，三分之一的动植物死去，三分之一的船只被毁坏；第三天使吹号，江河湖泊的水变苦，毒死很多人；第四天使吹号，太阳、月亮、星辰的三分之一被击打，变为黑暗，三分之一的白昼没有光亮；第五天使吹号，蝗虫伤害没有印记的人；第六天使吹号，杀害三分之一的人；第七天使吹号，上帝和基督执掌世界大权。

【释义】 用来比喻可怕而又巨大的声响，也用来喻指对罪恶的审判。

大卫

【溯源】 据《圣经·旧约·撒母耳记上》记载，大卫出生在犹太部族，父亲耶西在伯利恒拥有大批羊群。大卫年幼时，曾徒手与叼走羊的狮子和熊搏斗。少年时，正值非利士人攻打以色列，他未穿战袍，未戴铜盔铠甲，只拿着木棍和甩石带，在小河边拣了几块光滑的鹅卵石，就去迎战非利士人。

【释义】 常用来指代机智勇敢的小英雄。

大卫和约拿单

【溯源】 源自《圣经·旧约·撒母耳记上》。大卫击杀非利士人的勇敢和战绩使扫岁王非常忌恨，曾两次要刺杀大卫，都没得手。他又想办法让大卫为他奋勇作战，企图借非利士人之手除掉大卫，可大卫英勇善战，使他无法如愿。于是，他暗地里与儿子约拿单和众臣仆密谋杀害大卫，他不知道约拿单其实是大卫的挚友，约拿单爱大卫如同自己的生命。约拿单见父王不肯听从自己的劝说，便把大卫藏了起来，帮助他逃跑。

【释义】 用来比喻生死之交、患难之交。

◎ 大斋期的杰克

【溯源】 大斋期,即基督教的斋戒期,也称为四旬斋期。大斋期间,除星期天外,要连续斋戒四十天,而且会有一些娱乐活动,"杰克"就是其中的一种。"杰克"是用稻草或破布制成的偶像,模样十分愚钝可笑。大斋期开始时,人们便在街上拖着它行走,或将其立在广场中央,供人们击打取乐。

【释义】 用来指代愚钝、呆板的人。

◎ 袋子里的小棍子

【溯源】 源自德国作家格林兄弟编辑的《格林童话》中的《会开饭的桌子、会吐金的驴和会从袋子里出来的小棍子》。有个裁缝和三个儿子仅靠一头奶牛为生,生活难以维持,于是让三个儿子离家去学艺。三个儿子学成后,都从自己的师傅那得到一件礼物。老大得到一张会开饭的桌子,只要摆好桌子,喊声"开饭了",桌上立刻就会摆满丰盛的酒菜。老二得到一头会吐金的驴子,只要念起咒语,驴子前后就会落下金子。老三得到一根会自己从袋子里跳出来的小棍子,会在坏人背上打个不停。老大、老二住店时,贪心的店主用以假换真的办法偷走了他们的宝物。老三特意去住那间店,然后让棍子跳出来把店主打到半死,只好交还那两件宝物。

【释义】 原为惩恶扬善的象征,后引申为简单生硬、粗暴无理的批评。

◎ 带有 A 的标记

【溯源】 源自法国古代造币的习俗。当时,法国各地制造的货币,习惯按照字母的顺序铸上一个字作为标记,因而巴黎制造的货币上都带有 A 的标记,而且成色高于外省铸造的货币,声誉最好。

【释义】 因为 A 是法语字母表中的第一个字母,所以"带有 A 的标记"便成为"第一流质量"的同义语,现也用来形容成就、性格、智力、功绩等的出类拔萃。

◎ 戴便帽的猪

【溯源】 语出俄国作家果戈理的讽刺喜剧《钦差大臣》。彼得堡十四品文官赫列斯塔科夫在前往萨拉托夫时途经某县城,被当地官员误认为是微服巡访的钦差大臣。他将错就错,冒充钦差大臣在那里骗吃骗喝,寻欢作乐,后因为怕露馅,与仆人适时溜走。临走时,他给朋友特里亚奇金寄了一封信,叙述了在县城寻欢作乐的经过,并说"市长蠢得像一匹灰色的阉马"、"邮政局长是个好贪杯的酒鬼"、而慈善医院的院长则是个"十足的戴便帽的猪"。

【释义】 意即蠢猪、蠢人,用来讽喻某人蠢笨而无头脑。

戴上黑帽子

【溯源】 源自英国法庭审判习俗。当法庭对被告做出死刑判决时,法官必须戴上黑色的特定方帽,以示法律的尊严和法庭判决的严肃和慎重。据传,这种习俗与犹太人、罗马人等的旧习有关,他们将头戴黑帽视为悲伤、惋惜、哀悼的象征。

【释义】 喻指即将做出死刑判决。

戴着挽具死去

【溯源】 德语成语,德意志帝国宰相、普鲁士首相俾斯麦(1815~1898)的一句名言。原指戴着挽具的牛、马等牲畜在干活的时候,因精疲力竭而倒毙身亡。1881年2月4日,俾斯麦在普鲁士议会的一次演讲中表示,他要像"一匹驯服的马戴着挽具死去",而后此语广为流传。

【释义】 喻指生命不息、工作不止或以身殉职。

倒霉的骑士

【溯源】 源自西班牙作家塞万提斯的小说《堂吉诃德》。堂吉诃德是一个乡下绅士,因为读骑士小说入了迷,一心想要把书中骑士的种种行为付诸现实。他以利相诱,游说邻居桑丘·潘沙做了他的侍从,开始了所谓的骑士生涯。在小说中,桑丘·潘沙经常称呼被人打得遍体鳞伤、碰得头破血流、鼻青眼肿的主人为"倒霉的骑士"。

【释义】 常用来讽刺不顾主客观条件,一味鲁莽蛮干,因而处处受到阻碍的人。

道上的猛狮

【溯源】 语出《圣经·旧约·箴言》中对懒人的描述:"懒惰的人说,道上有猛狮,街上有壮狮。门在枢纽转动,懒惰人在床上也是如此。懒惰人放手在盘子里,就是向后撤回,也以为劳乏。懒惰人看自己,比七个善于应付的人更有智慧。"

【释义】 原指无端的恐惧和想象中的困难,现比喻某种困难或障碍。

得摩多科斯

【溯源】 得摩多科斯是古希腊神话传说中斯刻里厄岛淮阿喀亚人国王阿尔刻诺俄斯宫中的歌手。诗歌女神缪斯给了他欢乐,在他心中燃起诗歌的火焰,却又夺去他双眼的光明。

【释义】 盲歌手的共名。

⊛ 得墨忒耳的礼物

【溯源】 古希腊神话传说中的丰产和农业女神,第二代天神克洛诺斯和瑞亚的女儿、宙斯的姐姐,并和宙斯生了女儿珀尔塞福涅。宙斯没有跟得墨忒耳商量,就让冥王哈得斯掳走珀尔塞福涅,强娶为妻。得墨忒耳知道后非常生气,放弃了对大地的管理,致使土地变得荒芜,人们遭遇饥饿。宙斯只好让哈得斯放回女儿,冥王不敢违抗,但要求妻子每年只能有四分之三的时间与母亲在一起,其余四分之一的时间仍然要在冥府度过。当女儿在身边时,得墨忒耳喜悦异常,乐于管理农事,大地便春种秋收,五谷丰登;当女儿回到冥府时,她便无心管理农事,大地便万物凋零,呈现出冬天的景象。

【释义】 喻指粮食或食物。

⊛ 德国米歇尔

【溯源】 语出德国诗人海涅的诗作《三月份以后的米歇尔》。米歇尔在中古时期高地德语中,含有强壮和巨大的意思,后来又成了傻瓜的代称。海涅的诗中将政治上不成熟、不觉悟的德国人民比作愚笨迟钝的米歇尔:自从我认识德国米歇尔/他始终是个迟钝的家伙/三月间我心想,他会干得/更加聪明,他会从此振作。

【释义】 用来指代虽然诚实正直,但在政治上却幼稚迟钝的德国小市民。

⊛ 德拉古法律

【溯源】 德拉古为古雅典立法者。大约在公元前 621 年,德拉古依据习惯法编制雅典第一部法典,主要内容在于维护贵族利益,以严酷著称,差不多所有的违法行为,都被处以死刑。据说曾有人问过德拉古。为什么对大多数的犯罪都采用死刑?他答复说,在他看来,轻罪理当处死,至于重罪,他还没找到比死刑更重的刑罚。

【释义】 喻指缺少人道的严刑酷律。

⊛ 登上某人屋顶

【溯源】 德语成语。掀掉屋顶是古代德国民间对违法分子、不受法律保护者、违反风俗等人的一种惩罚方法。执行时,同族的人就要堵住被惩罚者的门,爬上他的屋顶,掀掉屋顶,象征性地把房子拆毁。

【释义】 用来表示谴责或处罚某人。

⊛ 登踏轮

【溯源】 踏轮是德国旧式碾磨机上的动力装置,由一人或多人登踩,也可由牛、马、狗等牲畜驱动。登踏轮是种单调、繁重、持续不断的体力劳动,所以常用作惩罚犯人的一种手段。

【释义】 喻指从事枯燥乏味的工作。

◉ 灯心草道理

【溯源】 源自德国著名大学教授库斯毛尔所写的《一位老年医生的青年时代回忆》。灯心草是一种几乎遍布全球的草本植物。库斯毛尔在海德堡上大学时,当地出现许多专门出售擦拭烟斗的灯心草店铺。其中有家灯心草店是由一个被称作"灯心草"伙计的愚笨的人经营,大家都将他视作智力低下的典型人物。后来,人们就把连"灯心草伙计"都懂的道理称作"灯心草道理"。

【释义】 比喻那些人所共知、不值得一提的陈腐道理。

◉ 狄安娜

【溯源】 原为古罗马神话中的月神和狩猎女神,后与古希腊神话传说中的阿耳忒弥斯合二为一,成为丰产女神、分娩女神、庇护野生动物的女神。狄安娜以贞洁著称,不许凡人偷看她的容颜,违者即行处死。

【释义】 常作为"月亮"或"贞洁处女"的同义词。

◉ 狄摩西尼

【溯源】 古希腊的政治家,以雄辩著称,他的《反腓力辞》和《金冠辞》都是古代雄辩术的典范,对后世产生了很大的影响。为了维护雅典民主,狄摩西尼曾领导雅典人民进行近三十年的反马其顿侵略。公元前 322 年,马其顿进驻雅典,狄摩西尼被缺席判处死刑,后逃往卡罗利亚岛,服毒自尽。

【释义】 代指杰出的演说家,也谑指饶舌、夸夸其谈的人。

◉ 笛声悠悠的和平年代

【溯源】 源自英国作家莎士比亚的历史剧《理查三世》中葛罗斯特公爵的一段独白。葛罗斯特是英王爱德华四世的弟弟,驼背、跛脚,相貌丑陋可憎。1471 年,爱德华击败兰开斯特王族的反扑,恢复了约克王族对王权的控制。连年的征战终于有了暂时的停歇,国内呈现祥和安宁的景象,悠悠的笛声代替了催人征战的号角声。而觊觎王权已久的葛罗斯特却感觉不到一丝的快乐,他感叹道:"说实话,我在这软绵绵的笛声悠悠的和平年代,却找不到半点赏心乐事来消磨岁月……"

【释义】 喻指太平盛世,歌舞升平的时代。

☺ 递给某人一杯马镫酒

【溯源】 德语成语,源自德国古代习俗。当客人在店里用过餐,结清账,踩着马镫,骑上马准备起程时,店主人要给客人递上一杯酒,祝他旅途平安,一路顺风,此酒即被称为马镫酒。

【释义】 意即给某人送行,给某人喝送别酒。

☺ 第二十二条军规

【溯源】 源自美国作家约瑟夫·海勒的同名长篇小说。小说揭露、抨击了美国军队中的官僚制度,以及专横、残暴和贪婪习气对人性的摧残。第二十二条军规规定:飞行员在面临真正的、迫在眉睫的危险时,对自身安全表示关注,乃是头脑理性活动的结果。如果你疯了,可以允许你停止飞行,只要你提出请求就行;可是你一旦提出请求,就证明你不是疯子,那么就该继续飞行。

【释义】 喻指令人无法摆脱困境的不公正的、不切实际的规章制度,令人无法逃避的困难,或使人进退维谷的局面。

☺ 第欧根尼的灯笼

【溯源】 古希腊哲学家第欧根尼有一次大白天在雅典街上点着灯笼走来走去,像是在寻找什么的样子。有人问他在找什么?他回答在找人,意为在当时的社会中很难找到他认为是真正的人。

【释义】 喻指寻找真理,或在腐败的社会中寻找真正的人的方法。

☺ 第欧根尼的木桶

【溯源】 第欧根尼是古希腊犬儒派哲学家,他认为,除了自然的需要必须满足外,其他任何东西,包括社会生活和文化生活,都是不自然的、无足轻重的。他号召人们回复简朴的自然生活。他本人穿粗衣、吃劣食,并认为房屋是一种奢侈品,曾住在大木桶内。"第欧根尼的木桶",即由此而来。

【释义】 常用来表示与世隔绝的地方,或引申为难以发现的隐秘处所。

☺ 第十位缪斯

【溯源】 缪斯是古希腊神话中主司诗歌、艺术、科学的女神。关于缪斯的数目有的说是一位,有的说是三位。古希腊诗人赫西俄德在《神谱》中将缪斯定为九位,并一一指出了她们的名字。

【释义】 所谓第十位缪斯,即指新出现的艺术门类。

第五纵队

【溯源】 第五纵队是 1936~1939 年西班牙内战期间，隐藏在后方的反共和政府的间谍、叛徒等内奸的总称。1936 年 10 月，西班牙叛军进攻马德里时，曾在广播中扬言有四个纵队正在进攻，还有一个第五纵队在马德里策应。在内外敌人的联合进攻下，马德里不幸在三年后失陷，西班牙共和国被倾覆。

【释义】 代指破坏国家团结的秘密组织，或间谍、特务的组织。

地球的肚脐

【溯源】 犹太教认为，世界的中心在巴勒斯坦，巴勒斯坦的中心是耶路撒冷，耶路撒冷的中心是圣殿，圣殿的中心是至圣所，至圣所的中心是放在约柜前的一块圣石，世界就是从圣石开始的，所以"地球的肚脐"在耶路撒冷。

【释义】 "地球的肚脐"即"世界的中心"，现用来喻指世界上最了不起的人或事物，常带有讽刺的意味。

典妻当子

【溯源】 1609 年秋，波兰大军越过俄罗斯国界，直逼首都莫斯科。1610 年 7 月，俄国新成立的临时领主政府同意承认波兰王子弗拉基斯拉夫为莫斯科沙皇，签署了与王子共同治理国家的协议，随后，波兰军队开进莫斯科。领主政府的叛卖行为和波兰军队的入侵激起了俄罗斯人民的反抗。下诺夫哥罗德地方自治会会长库兹马·米宁组织了一支民军，以反抗波兰的入侵。他在号召人民支持民军保卫祖国时说道："我们愿意援助莫斯科国，因此我们不要吝惜自己的领地，什么也不要吝惜！我们应当卖掉家产，应当典妻当子！"后来，米宁率领的民军打败了波兰军队，解放了莫斯科。

【释义】 常被用来表示为了达到某种目的，而不惜牺牲最宝贵的东西。

冬天已经到来 春天还会远吗

【溯源】 语出英国浪漫主义诗人雪莱的抒情诗《西风歌》。诗人用充满乐观的激情写道："把我的话传播给全世界的人，犹如从不灭的炉中吹出火花！未醒的大地，借我的嘴唇，像号角般吹出一声预言吧！请问：冬天已经到来，春天还会远吗？"

【释义】 比喻对前途及理想所持的乐观主义信念。

斗熊场

【溯源】 在英国都铎王朝和斯图亚特王朝年间，斗熊取乐是一项颇受欢迎的娱乐活动。城内的许多公园都养熊、斗熊,以供游人观赏。通常,斗熊需要借助受过训练的狗来进行。行动笨拙、憨态十足的熊,在灵巧机敏的狗的骚扰和进攻下,渐渐变得狂躁起来,做出一些徒劳无效的蠢笨动作,引得游人大笑不已。在斗熊场上,狗的吠叫声、熊的怒吼声、游人的呐喊声、惊叫声、大笑声,此起彼伏,不绝于耳。

【释义】 喻指混乱嘈杂的场所,或杂乱无序的集会。

◎ 毒眼

【溯源】 古代欧洲人认为,有些人的眼睛具有一种魔力,只要朝谁瞥一眼,那个人就会受到迷惑惑伤害,甚至会丧命。据传,这种会伤人的目力并不是天生所具备,妒忌是产生这种目力的根源。

【释义】 喻指不赞许的目光、充满恶意的目光、狠毒的眼色等。

◎ 杜尔西内娅

【溯源】 西班牙作家塞万提斯的长篇小说《堂吉诃德》中的人物。堂吉诃德决定外出去做个行侠仗义的骑士,临行前,他忽然想起骑士都有意中人,而且一般都是美貌无双的公主。于是,他便选定自己暗恋的一位农村姑娘作为心上人,并给她起了个美妙的名字——杜尔西内娅,意为甜蜜的、温柔的。而实际上,他的杜尔西内娅是个愚蠢、粗俗的村姑。

【释义】 男子"意中人"、"心上人"的谑称,也用来讽喻村姑出身的女仆。

◎ 杜洛瓦

【溯源】 法国作家莫泊桑的长篇小说《漂亮的朋友》中的主人公。杜洛瓦是个身材适中,长有天然的栗色鬈发、一撮卷起的唇髭、一双淡蓝色眼睛的漂亮男人。他只读过几年书,考试失败后,在阿拉伯的法国殖民军中服役两年。退役后他来到巴黎,得到昔日的战友、《法兰西生活》日报政治新闻编辑弗赖斯节的帮助,在报社谋了个记者的职位。可是他并不会写文章,连登在日报上的杂感还是弗赖斯节的太太玛德丽娜代笔的。于是,他开始利用自己对女性的吸引力,到处结识能让自己步步高升的人,一直到当上报社的总编辑,踏上通往内阁的道路。

【释义】 指代靠姿色、野心和骗术而飞黄腾达的人。

◎ 对着圣石和圣骨宣誓

【溯源】 在古代的欧洲,基督教传入之前,接受审讯的当事人向法庭宣誓时,必须把手放在象征法律威严的权杖或剑上。基督教传入欧洲后,这种宣誓做法被保留下来,只是基督徒必须把手放在石头的祭坛上,或保存着圣人遗骨和遗物的匣子上宣誓。

【释义】 常用来表示庄严地宣誓,或郑重其事地保证。

多喝了一格

【溯源】 德语成语,源自旧时的饮酒习俗。当时,有人饮酒用的是有刻度的大酒杯,如果饮的酒超过自己平时的酒量,多喝了一个格,往往就会醉得不省人事。

【释义】 形容某人像喝醉了酒那样头脑有些不清醒。

多米诺骨牌效应

【溯源】 多米诺骨牌是一种用木质、骨质或塑料制成的长方形骨牌,玩时先将骨牌按一定间距竖立排列成行,之后轻轻推倒第一枚骨牌,其余骨牌就会产生连锁反应,依次倒下。

【释义】 喻指一系列的连锁反应,即等同于人们所说的"牵一发而动全身"之意。

多尼布洛克集市

【溯源】 多尼布洛克是爱尔兰共和国首都东南郊区的一个村镇。从十二世纪起至 1855 年止,每年 8 月这里都要举行盛大的乡村集市。每逢那时,集市上吆喝声、鼓乐声、斗殴滋事的、行骗偷窃的、吃喝玩乐的、放浪形骸的随处可见,一派乌烟瘴气的景象。后来,"多尼布洛克集市"就成为喧闹、杂乱的象征。

【释义】 喻指纷乱无序,喧嚣不已的集会,或定期发生的喧闹及骚乱。

堕入塔耳塔罗斯

【溯源】 俄语成语。在古希腊传说中,塔耳塔罗斯是地的最底层,它到地面的距离,等于地面到天穹的距离。它的周围有三层黑暗和一道铁墙,铜制的大门由三个头的恶犬看守,四周终年阴风呼号。塔耳塔罗斯里面囚禁着被推翻的提坦神,住着夜神的孪生子睡神和死神。睡神抓到人后会将其释放,死神如抓到人后便不再将其放走。

【释义】 喻指死亡或消失。

俄狄浦斯

【溯源】 古希腊神话传说中忒拜王拉伊俄斯和伊俄卡斯忒的儿子。拉伊俄斯从阿波罗处得到神谕,因他生前有罪,所以他将被亲生儿子杀死。于是拉伊俄斯夫妇将刚出生的儿子双脚踝刺穿,用皮带捆起来,命令牧人把孩子扔到荒山喂野兽。牧人怜悯婴儿,将他送给科林斯国王波吕玻斯的牧人,最后被波吕玻斯收为养子。俄狄浦斯从阿波罗处得知他将杀死生父,并将娶生母为妻。他以为波吕玻斯夫妇是自己的亲生父母,为了摆脱命运的安排,他离开科林斯到处流浪。在一个十字路口,他与一位老人发生激烈争吵,盛怒之下杀死了老人,没想到那位老人正是忒拜王。在前往忒拜的途中,俄狄浦斯遇见了狮身人面怪物斯芬克斯,并破解了斯芬克斯的谜语,使怪物一气之下从悬崖跳下摔死。按照当时忒拜王克瑞翁的旨意,俄狄浦斯除掉了怪物,就可获得王位,并娶克瑞翁的姐姐伊俄卡斯忒为妻。后来,俄狄浦斯从预言家口中得知,杀害亲生父亲、娶母亲为妻的正是他自己,于是从自缢身亡的母亲身上摘下个金钩,戳瞎了自己的眼睛,自愿流落他乡。

【释义】 因为俄狄浦斯破解斯芬克斯之谜的故事广为传诵,所以他的名字被用来比喻智慧超群、聪明绝顶的人。

俄耳甫斯

【溯源】 古希腊神话传说中佛律癸亚的歌手,音乐和诗歌的发明者。俄耳甫斯的歌声美妙动听,魔力无边,能使草木点头,顽石移步,野兽俯首,他曾用竖琴的乐声和美妙的歌喉使同伴摆脱海妖的诱惑,拯救了同伴的生命,使船只顺利通过险阻。

【释义】 诗人、歌手、音乐家等的代名词。

鳄鱼的眼泪

【溯源】 据西方古代传说,鳄鱼异常阴险狡猾,当它诱捕到人和动物时,一边贪婪地吞噬,一边假惺惺地流泪。"鳄鱼的眼泪"一语即由此而来。其实,鳄鱼具有特殊的排泄腺，其排出管就分布在眼睛的周围，所以，鳄鱼的眼泪并非是"泪"，而是排出体内多余的盐分。

【释义】 常被喻指虚假的眼泪、伪装的同情。后又被引申为一面伤害别人，一面装出悲天悯人模样的阴险狡诈之徒。

◎ 厄革里亚

【溯源】 古罗马神话中一条水泉的女神，国王努玛·蓬庇利乌斯的妻子。她曾向丈夫提议在罗马建立宗教机构，丈夫去世后，她变成了水泉。在古罗马，对厄革里亚的崇拜已与对狄安娜的崇拜合在一起。

【释义】 用来指代出主意的人或指导者。

◎ 厄科

【溯源】 古希腊神话传说中的回声女神。据奥维狄乌斯的《变形记》中说，天后赫拉时常到山边窥探丈夫宙斯是否跟一些仙女偷情，而厄科却故意缠着她没完没了地说话，以拖延时间让仙女们逃跑。赫拉看穿厄科的用意，便气愤地对厄科说："你的舌头把我骗得好苦，我不能让它再长篇大论地说话，也不让你拖长声音。"于是，厄科再跟人说话时，只能重复对方所说话的最后几个字了。

【释义】 "厄科"的本意就是"回声"，所以成为回声的同义词。

◎ 厄喀德那

【溯源】 古希腊神话传说中半身是女人，半身是蛇的怪物，也是神话中诸多怪物之祖。她与有一百个蛇头的喷火怪物堤丰结为夫妻，生了勒那耳的水蛇许德拉，长着狮头、羊头、蟒头的三头怪物喀迈拉，涅墨亚狮子，狮身人面的斯芬克斯，看守冥国大门的三头恶狗刻耳柏罗斯，看守金羊毛的毒龙，啄食普罗米修斯肝脏的鹰等。

【释义】 用来比喻蛇蝎般恶毒的人。

◎ 厄里倪厄斯

【溯源】 古希腊神话中住在冥界、主司复仇的女神。传说复仇女神有三个：谋杀的报仇者提西福涅、愤怒不止者阿勒克托、嫉妒者墨该拉。古希腊诗人赫西俄德认为，她们是女神该亚的女儿，是从该亚的丈夫乌剌诺斯的血泊中跳出来的。复仇女神专门惩罚那些违背誓约、不从父母、不敬老者、凶杀等的罪行。

【释义】 常用来比喻报仇。

⊛ 厄吕西翁

【溯源】 古希腊神话传说中丧失知觉的阴魂居住的王国，由冥王哈德斯和冥后珀尔塞福涅统治。荷马则认为厄吕西翁在地球的极西部，那里一年四季微风习习,土地不用耕种一年三熟,没有疾病和灾荒。那些凡人肉眼看不到的、被神赐予永生的英雄就住在那里,过着幸福快乐的生活。

【释义】 厄吕西翁常被译为极乐世界、福地、乐土,喻指美丽、幸福的地方,也用作长眠之地的象征。

⊛ 恩底弥翁

【溯源】 古希腊神话传说中的美少年。天神宙斯喜爱他的俊美，将他接到天上,没想到他竟然爱上天后赫拉,使宙斯非常气愤,施法令他长眠不醒。

【释义】 "恩底弥翁"常被用来喻指美男子。

⊛ 耳朵发痒

【溯源】 语出《圣经·新约·提摩太后书》。使徒保罗给在小亚细亚的助手提摩太的信中写道:"我在上帝面前,并在将来审判活人、死人的基督耶稣面前,凭着他的显现和他的国度嘱咐你,务要传道。无论得时不得时,总要专心,并用百般的忍耐、各样的教训去责备人、警戒人、劝勉人。因为时候要到,人心厌烦纯正的道理。耳朵发痒,就随从自己的情欲,增添好些师傅,并且掩耳不听真道,偏向荒谬的言语。你却要凡事谨慎,忍受苦难,做传道的功夫,尽你的职分。"

【释义】 "耳朵发痒"指爱听新奇的事情,引用时多同此意。

⊛ 二二得烛

【溯源】 源自俄国作家屠格涅夫的长篇小说《罗亭》。主人公毕加索夫是个卑劣自私、粗暴无知、轻视妇女的地主,他认为女人愚蠢、虚伪、说话毫无逻辑。有一次,他在跟女地主达莉亚·米哈伊洛夫娜谈论女人时,极尽挖苦之能。达莉亚·米哈伊洛夫娜问他为什么如此自信自己的看法,好像永远也不会犯错似的。毕加索夫回答说:"男人也会犯错误的。可是,您知道男人的错误跟女人的错误有什么区别吗?打个比方说,一个男人也许会说二乘二不等于四,而是等于五或者三个半。可女人却会说二二得蜡烛!"

【释义】 比喻说话或做事毫无逻辑与条理,以致达到荒唐可笑的地步。

F

⊛ 发火过慢

【溯源】 法语俗语。十七世纪,士兵给前装式滑膛枪装弹时,需要先咬掉弹壳的底盖,向药池内倒少许火药,余下的由枪口倒入,再推入弹丸和纸壳。这种枪弹因为没有密封,非常容易因雾气和雨水而受潮,导致射击时发火过慢,产生的力量很小,射出的子弹达不到需要的速度,因而无法击中目标。

【释义】 原指早期枪弹因火药受潮而发火过慢,后喻指一件事或一项计划进展缓慢,拖延到最后也没有成功。

⊛ 发射火弹

【溯源】 十四世纪时,法国开始使用炮弹。最早的炮弹是实心的铁球,先放在炼铁炉里烧红,然后装进炮筒,发射到敌方阵地。如果炮弹发射后碰上可燃物质,就会引起燃烧。

【释义】 用来喻指用言语或文字进行激烈的攻击、抨击。

⊛ 发现玫瑰花盆

【溯源】 法语成语。据传,一些风流男子经常把写好的情书,放在窗台或阳台上的玫瑰花盆下,目的是勾引女主人。当丈夫对妻子产生怀疑,搜查妻子的物品时,有时就会发现玫瑰花盆下藏着的情书。

【释义】 原指醋意十足的丈夫发现了妻子情夫的情书,后转义为发现某事的底细、内情、奥妙和秘密。

⊛ 发现新大陆

【溯源】 源自意大利航海家哥伦布(约 1451~1506)在航海事业取得的伟大成果。哥伦布曾先后四次出海远航,发现了美洲大陆,开辟了横渡大西洋到美洲的航路,促进了旧大陆与新大陆的联系。

【释义】 一切新发现的代名词。

⚖ 法老的瘦牛

【溯源】 源自《圣经·旧约·创世记》。法老是古埃及王的称号。埃及法老有天夜里梦到自己在河边，见到七头健壮的肥牛从河里上岸吃草。随后，又有七头干瘪的瘦牛从河里上来，吃掉了七头肥牛。又梦到在一株麦子上，七个干瘪的穗子吞吃了七个饱满的穗子。先知约瑟告诉法老，两个梦是相同的梦兆，是上帝对法老的指示。预示埃及将有七个丰年，但紧接着就是七个灾年，所以上帝托梦，指示法老挑选聪明有智慧的人，在丰年积蓄五谷以备灾年之需，以免埃及为饥荒所灭。

【释义】 用来比喻大难临头的不祥之兆，也比喻邪恶的势力。

⚖ 法玛

【溯源】 古罗马人对古希腊神话中的传闻女神俄萨的称呼，俄萨是天神宙斯的信使，她总是吹着号角，以飞快的速度传递消息。俄萨曾受命去唤醒特洛亚城下的希腊人召开军事会议，以决定战争的命运。珀涅罗珀的求婚者被俄底修斯杀死后，也是俄萨把消息传遍伊塔刻岛。

【释义】 喻指迅速传播消息或流言。

⚖ 法穆索夫

【溯源】 俄国作家格里鲍耶陀夫的喜剧《智慧的痛苦》中的主要反面人物，俄国农奴制度下的贵族官僚的典型。为了追逐名利，他不惜巴结逢迎，卑躬屈膝，甚至女儿的婚姻也成为他利用的手段。他信守自己的规矩，仇视一切新鲜事物，表面上标榜自己清心寡欲，背地里却想调戏家里的婢女。

【释义】 喻指唯利是图、保守顽固、道貌岸然的人物。

⚖ 法西斯

【溯源】 在公元前六世纪末的古罗马共和国时期，首脑是两名执行官。执行官有十二名侍卫官，侍卫官的肩上荷着一束打人用的笞棒，笞棒中间插着一柄斧头，象征国家最高长官的权力，这种笞棒就被称为法西斯。第一次世界大战后，意大利人墨索里尼(1883~1945)把法西斯用于现代政治，鼓吹暴力恐怖，叫做法西斯主义。

【释义】 暴力与恐怖的代名词。

⚖ 凡事都有定期　天下万事都有定时

【溯源】 语出《圣经·旧约·传道书》。书中在宣扬万事皆有定时，任何企图改变都是徒劳无益的观点时，说："凡事都有定期，天下万务都有定时。生有时，死有时；

栽种有时,收获有时;杀戮有时,医治有时;拆毁有时,建造有时;哭有时,笑有时……这样看来,做事的人在他的劳碌上会有什么益处呢?"

【释义】 引用时多表示字面意思。

◎ 凡自高的必降为卑 自卑的必升为高

【溯源】 语出《圣经·新约·路加福音》。耶稣在传道时,针对那些自以为是好人而傲视别人的人,给大家做了一个比喻:一个法利赛人和一个税吏上圣殿去祷告。法利赛人祷告说:"上帝啊,我感谢你。我不像别人那样勒索、不义、奸淫,也不像这个税吏。我一个礼拜禁食两次,所得到的都捐上十分之一。"那个税吏远远地站着,连举目望天都不敢,只捶着胸说:"上帝啊,开恩可怜我这个罪人吧!"耶稣说道:"我告诉你们,这个税吏回家去,要比那个法利赛人倒算为义了。因为凡自高的必降为卑,自卑的必升为高。"

【释义】 用来表示自高自大者必被人鄙视,谦卑者反被人尊重。

◎ 反腓力辞

【溯源】 古希腊政治家和雄辩家狄摩西尼斥责马其顿国王腓力二世的演说辞。公元前 350 年,腓力二世强占了雅典在色雷斯的领地。公元前 351 年初,狄摩西尼发表《第一篇反腓力辞》,号召雅典人掌握自己的命运,并开始了领导雅典反马其顿的斗争。而后他又依次发表了《第二篇反腓力辞》、《第三篇反腓力辞》,驳斥了腓力的无理要求,有力地捍卫了雅典的民主和独立。

【释义】 用来比喻义正词严的演说或文章。

◎ 房角石

【溯源】 源自《圣经·新约·马太福音》。耶稣曾对犹太祭司长和法利赛人说道:"经上说'匠人所弃的石头,已做了房角的头块石头,这是主所做的,在我们眼中看为稀奇。'这经你们没有念过吗?所以我告诉你们,上帝的国,必从你们夺出,赐给那能结果子的百姓。谁掉在这石头上,必要跌碎;这石头掉在谁的身上,就要把谁砸得稀烂。"

【释义】 即建筑物奠基时用的基石,在《圣经》中指耶稣,后引申为基础、主要根据、基本问题等。

◎ 放到驴背上

【溯源】 德语成语,源自德国中古时期的刑罚。德国人认为驴子是种蠢笨的动物,当人们对某个人的行为感到气愤时,就强迫此人骑上驴背或木驴背上,以示惩戒。直到十七世纪,这一习俗才逐渐消失,只在狂欢节的化装游行中能见到这种场面。

【释义】 隐喻对某人生气或发怒。

◎ 放进蓝色里

【溯源】 在化学洗剂用品没出现之前,人们一般用草木灰汁或肥皂洗衣服。但是白色衣物总有些难以洗净的斑渍,于是便放进用灰砷钴矿石的粉末做成的溶剂中漂洗。因为这种溶剂是蓝色的,人们称之为"天蓝色"或"灰汁蓝","放进蓝色里"一语即由此而来。

【释义】 引申为"消失","使……消失"的意思。

◎ 菲勒蒙和包客斯

【溯源】 古希腊神话传说中一对非常恩爱的老夫妻。天神宙斯和儿子赫尔墨斯曾化身为旅行者,走访了这对夫妻,并赐予他们长寿及在同一天离世。后来,夫妻俩的茅舍变成了雄伟壮丽的神庙,两个人都做了祭司,死后被众神化为柞树和椴树。

【释义】 喻指情投意合、相依为命的老夫妻。

◎ 菲尼克斯

【溯源】 古代埃及和希腊传说中的一种圣鸟,与太阳崇拜有关。传说菲尼克斯像鹰那么大,羽毛为艳丽的红金二色,鸣叫声悦耳动听。菲尼克斯的寿命很长,将死的时候用香树枝和香料造巢,然后点燃自焚,从灰烬中再飞出一只新的菲尼克斯,带着老菲尼克斯的骨灰飞到埃及的赫里奥波利斯,存放在太阳神殿的祭坛上。

【释义】 长生不老、能永远复生的象征。

◎ 分而治之

【溯源】 古罗马帝国元老院所奉行的统治被征服地区的一种政策。罗马帝国时期,随着向意大利境外的扩张,它迅速发展成为地中海的大国,在公元前三世纪开始设立行省。公元前130年左右,罗马帝国有西西里、撒丁尼亚、山南高卢、西班牙、阿非利加、伊利里亚、马其顿、亚该亚、亚细亚九个行省。罗马元老院除了向行省派遣总督和军队外,还采取"分而治之"的办法实行管理和统治。

【释义】 指通过在各民族间制造分裂的办法,去削弱他们的力量,达到统治他们的目的。

分小铜钱

【溯源】 法语成语。小铜钱指法国古代的一种铜质辅币,发行、流通于卡佩王朝(987~1328)时期。因为它的面值最小,所以要分这个钱币,一定会引起争吵。

【释义】 喻指与某人发生争吵、争执,或与某人有纠纷。

粉墙上的手指

【溯源】 源于《圣经·旧约·但以理书》。巴比伦王伯沙撒在宫中举行盛宴时,宫墙上突然出现了一只人手,在墙上写下了神秘莫测、不知其意的文字。英国作家斯蒂文森在《化身博士》中曾引用道:"这种莫名其妙的事件,犹如巴比伦王宫粉墙上的手指,在一字一字地拼写出对我的判决词。"

【释义】 喻指灾难和死亡的预兆、凶兆和不祥之兆。

粉饰的坟墓

【溯源】 语出《圣经·旧约·马太福音》。耶稣在传道时,警戒门徒效法犹太的文士和法利赛人。耶稣指出他们是伪君子,并谴责他们说:"你们这假冒为善的文士和法利赛人有祸了! 因为你们好像粉饰的坟墓,外面好看,里面却装满了死人的骨头和一切污秽。你们也是如此,在人前、外面显示了公义,里面却装满了假善和不法的事!"

【释义】 比喻外边美好、品质腐烂的事物或伪善者、伪君子。

风又旋转返回原道

【溯源】 源自《圣经·旧约·传道书》。传道者在宣扬"已有的事后必再有,已行的事后必再行,日光之下无新事"这个观点时,比喻说:"一代过去,一代又来,地却永远长存。日头出来,日头落下,急归所出之地。风往南刮,又向北转,不住地旋转,而且返回转行原道。江河都往海里流,海却不满。江河从何处流,仍归还何处。万事令人厌烦,人不能说尽。"

【释义】 意为世上的一切事物都没有发展和变化,而是在不断地轮回之中。

风中芦苇

【溯源】 源自《圣经·新约·马太福音》。耶稣在家乡传道时,施洗约翰正被犹太人关在当地的监狱里。他得知耶稣在传天国的福音,便派门徒前来问耶稣是否就是基督。耶稣作了肯定的答复。约翰的门徒走后,耶稣向听他布道的人谈起约翰,说道:"你们以前到旷野时,是要看什么呢? 要看风吹动的芦苇吗? 你们出去到底是要看什么? 要看穿细软衣服的人吗? 那穿细软衣服的人是在王宫里。你们出去究竟是为什么? 是要看先知吗? 我告诉你们,是的,他比先知大多了。经上所记'我要差遣我的使者在你面前预备道路'说的就是这个人。"

【释义】 比喻缺乏主见,信仰不坚定的人。

丰裕之角

【溯源】 古希腊神话中的"阿玛尔忒亚角"。天神宙斯出生后,母亲瑞亚曾将他藏在克里特岛的山洞里,以防被他的父亲克洛诺斯吞食。宙斯由岛上的神女养护,母山羊阿玛尔忒亚用自己的乳汁哺育他。有一次,阿玛尔忒亚的一只角被树枝折断。一位神女用鲜花和树叶将羊角缠起来,又在里面装满各种各样的美果送给宙斯。宙斯把羊角赠给养育他的神女,并告诉神女,她们需要什么,羊角里就能倒出什么。

【释义】 又译为"聚宝角",喻指富裕、丰盛。

弗利特大街

【溯源】 英国伦敦市内一条著名的街道。最初那里是一条名叫弗利特河的大河,有着一条十分繁忙的水上运输线。后来随着伦敦城的扩建,这条河流被改造,在原来的河床上铺设了地下管道,将河水引入其中,上面则修筑成"弗利特大街",分布了许多新闻、出版、印刷机构。

【释义】 常用来喻指英国新闻界。

弗罗伦斯·南丁格尔

【溯源】 英国护理学的创始人。南丁格尔 1820 年出生于意大利佛罗伦萨一个富足的旅意英侨之家,1850 年曾在德国凯撒斯韦尔基督教女执事学校学习护理,1853 年担任伦敦患病妇女护理会监督。1854 年,南丁格尔自愿奔赴前线,使英军战地医院的状况得到改善。她对伤员体贴入微,经常在夜间提灯巡视病房,被称作"提灯女士"。

【释义】 女护士的共名,有时也用来喻指恩人、慈善家、组织者。

佛罗拉

【溯源】 古罗马神话中司鲜花和青春的女神。据传,对佛罗拉的崇拜始于传说中的萨宾人国王提图斯·塔提奥斯,还为佛罗拉建立了祭坛并提供了祭司。花神节在每年的 4 月 28 日至 5 月 3 日,节日期间,人们不仅要向佛罗拉祭坛敬献鲜花,也用鲜花装饰自己和牲畜,并举行一系列的娱乐活动。

【释义】 在现代西方语言中,"佛罗拉"已成为植物学名词,指某一地区的植物群。

孚里埃

【溯源】 古罗马神话中的复仇三女神,即古希腊神话传说中的厄里尼厄斯。她们生活在冥界,专门到尘世追踪和惩罚恶人。在造型艺术中,复仇女神是三个丑恶的老妪,手里拿着皮鞭,头上缠着毒蛇,眼睛滴血,舌头伸出,龇着牙齿。

【释义】 喻指恶女、泼妇或可怕的事物。

浮士德

【溯源】 德国民间传说中的著名人物,据传是一位到处旅行的星象家,为了换取知识而将灵魂出卖给魔鬼。在德国诗人歌德的诗体悲剧《浮士德》中,浮士德是个自强不息、追求真理的学者。在经历了书斋生活、爱情生活、政治生活、艺术生活、建功立业五个阶段后,他终于认识到:"要每天每时去开拓生活和自由,然后才能作自由和生活的享受。"

【释义】 孜孜不倦、自强不息地追求真理者的象征。

福杯满溢

【溯源】 语出《圣经·旧约·诗篇》中大卫的诗。原文为:"耶和华是我的牧者,我必不至缺乏。他使我躺卧在青草地上,领我在可安歇的水边。他使我的灵魂苏醒,为自己的名引导我走义路。我虽然行过死荫的幽谷,但并不怕遭害,因为你与我同在,你的杖、你的竿都在安慰我。在我敌人面前,你为我摆设筵席。你用油膏了我的头,使我的福杯满溢。我一生一世必有恩惠慈爱追随着我,我且要住在耶和华的殿中,直到永远。"

【释义】 意为非常幸福满足,幸福到了极致。

福尔摩斯

【溯源】 英国作家柯南道尔的系列侦探小说中的主人公。福尔摩斯是个勇敢机智的私人侦探,善于通过细致的观察,运用逻辑学和心理学等,去侦破很多扑朔迷离、纷繁复杂的棘手案件。

【释义】 常用来赞扬足智多谋、办案有方的优秀侦探。

福耳图娜

【溯源】 古罗马神话中司幸福和机运的女神。在艺术形象造型中,福耳图娜是位手持丰裕之角、正在撒落钱币的青年妇女,有时蒙着眼睛立在象征着福祸无常的圆球或车轮上。

【释义】 幸福、成功的同义语，或指财产。"福耳图娜之轮"则喻指机遇、运气。

福图内特斯的钱袋

【溯源】 福图内特斯是欧洲中世纪民间传说中的人物。有一天，在他饥肠辘辘的时候，命运女神来到他面前，答应帮助他摆脱困境，并要送给他一件礼物，让他在英俊、健康、富有、力量、智慧中选一种。他不想再过饥寒交迫的生活，便选择了富有，于是女神送给他一个钱袋和一顶神奇的如意帽。钱袋能供给他取之不尽的金钱，如意帽则可以使他隐去身形，带他到任何想去的地方。

【释义】 喻指取之不尽，用之不竭的钱财。

扶上马

【溯源】 语出普奥战争结束后，普鲁士首相俾斯麦在北德意志联邦会议上的一次演讲。当时的普鲁士已经基本统一了德意志，联邦的议会、外交、军事大权都为普鲁士所控制。踌躇满志的俾斯麦在演讲结束时说道："先生们，让我们努力工作吧！让我们把德国扶上马吧！德国一定能快马加鞭，奔向前方！"

【释义】 喻指创造条件。其引申语"把某人扶上马"，表示帮助或拥护某人上台。

斧子已经放在树根上

【溯源】 语出《圣经·新约·马太福音》。约翰在约旦河施洗时，看到许多法利赛人和撒都该人也前来受洗，就对他们说："毒蛇的种类！谁指示你们逃避将来的忿怒呢？你们要结出果子来，与悔改的心相称，不要自己心里说，有亚伯拉罕为我们的祖宗。我告诉你们，上帝能从这些石头中给亚伯拉罕兴起子孙来。现在斧子已经放在树根上，凡不结好果子的树就砍下来，丢在火里。"

【释义】 意为斩草除根、连根拔除、彻底消灭。

❀ 该下筹码的时候

【溯源】 在赌博活动中，一般规定参赌者要先将现金兑换成代表相同价值的筹码，每次下赌注时，参赌者可自行押放一定数量的筹码。在输赢难料的情况下，下筹码是决定输赢和输赢多少的关键时刻。

【释义】 喻指关键时刻、紧要关头、决定命运的时候。

❀ 该隐

【溯源】 《圣经》传说中人类始祖亚当和夏娃的长子，种地人，他的弟弟亚伯是牧羊人。有一天，他和亚伯分别拿自己的收获产物敬献上帝。上帝欣然收下亚伯的贡物，却对该隐及其贡物不中意。该隐因为嫉妒，便在田间杀了亚伯。耶和华问该隐："你的弟弟亚伯在哪里？"该隐回答说："我不知道，难道我是负责看守我弟弟的吗？"耶和华说道："你做了什么事呢？你弟弟的血有声音从地里向我哀告。现在地开了口，从你手里接受你兄弟的血。现在你必从这地受诅咒。你种地，地不再给你效力，你必要流离飘荡在地上。"该隐说道："我的刑罚太重，过于我所能当的。你如今赶逐我离开这地，以致不见你面。我流离飘荡在地上，凡遇见我的必杀我。"耶和华对他说："凡杀该隐的，必遭报七倍。"于是，耶和华给该隐一个记号，以免别人遇见他就杀他。后来，该隐就离开耶和华，住在伊甸东边的挪得之地。

【释义】 常用来比喻十恶不赦的罪犯、强盗、杀人凶手、暴虐的君王。

❀ 干瘪的骑士

【溯源】 语出德国诗人海涅的长诗《德国————个冬天的童话》。诗人在1831年5月路过密尔海姆时，看到那里的人们革命热情高涨，强烈要求把代表封建专制统治的普鲁士军队赶出去。"他们思索，干瘪的骑士们，不久将要从这里撤走，从铁制的长瓶里，给他们斟献饯行酒！"十二年后，海涅再次路过这里时，发现普鲁士军队仍然驻扎在这里，只是从"干瘪的骑士"变成了大腹便便的"无赖和流氓"。

【释义】 常用来讽刺和讥笑反动的政客官吏。

87

☺ 甘泪卿提的问题

【溯源】 源自德国作家歌德的诗体悲剧《浮士德》。甘泪卿是一位出身平民的少女,她天真、纯朴、善良,可爱上浮士德后,性情大变,最后成了狂人。甘泪卿是个虔诚的基督徒,所以十分担心所爱的人因不是基督徒而走入邪径,从而破坏她忠贞不渝的爱情。她怀着矛盾的心情问浮士德:"你信仰上帝吗?"对浮士德来说,这个问题实在是很棘手,要是回答不信,就会断送他与甘泪卿的爱情。于是,他做了个模棱两可的回答:"谁能呼其名,谁能自称'我信他'? 谁有感受,而且敢于出口表示'我不信他'? "

【释义】 甘泪卿提出的问题涉及到上帝是否存在的问题,因此是个十分难以回答的问题。据此,人们便把一些重大的、包括政治方面的难以解答的问题,比喻为"甘泪卿提的问题"。

☺ 赶出殿外

【溯源】 源自《圣经·新约·约翰福音》。犹太人的逾越节来临时,耶稣来到耶路撒冷的圣殿,看到殿内有卖家畜家禽的、兑换银钱的,于是拿绳子做鞭子,把家畜和兑换银钱的人都赶出殿外,并说:"不要将我父的圣殿当做买卖的地方。"

【释义】 原指为了维护信仰的纯洁,将亵渎圣殿的人赶出殿堂。现用来表示将不该在场的人赶走。

☺ 赶上琼斯家

【溯源】 源自美国漫画作者阿瑟·莫曼德从 1913 年起陆续发表在《纽约环球报》上的同名连载漫画。作者以嘲弄、讥讽的手法,描述了一个美国青年在生活中竭力攀比富贵的邻居琼斯,处处模仿琼斯家的豪华排场,最后因入不敷出、筋疲力尽而幡然醒悟的故事。

【释义】 喻指与他人比排场、比阔气、比社会地位等的攀比行为。

☺ 橄榄枝

【溯源】 源自《圣经·旧约·创世记》。上帝命令挪亚造好方舟后,便降下毁灭性的大暴雨,顿时,方舟之外洪水滔天,一连下了四十昼夜。后来,上帝顾及方舟内的生灵,下令兴风止雨,使风吹着水渐渐消退。挪亚为了探知方舟外的消息,放出去一只乌鸦,但乌鸦有去无回。他又放出一只鸽子,鸽子见遍地是水,无处落脚,便飞回舟中。七天之后,挪亚再把鸽子放出去,鸽子衔回一枝显然是新从树上长出来的、翠绿的橄榄枝叶,证明洪水已经消退。

【释义】 被人们视为没有灾难,和平友好的象征。

🉐 刚揭去脓疱盖

【溯源】 脓疱是儿童成长过程中常患的一种化脓性皮肤病,多发生于脸、颈、四肢等部位。病愈后,脓疱部位便结成可以揭去的痂盖,并获得免疫力。笃信宗教的法国人认为,儿童生这种病并非不祥之兆,而是洗涤罪孽的象征。

【释义】 比喻年幼无知,缺乏生活经验。

🉐 高里奥

【溯源】 法国作家巴尔扎克的长篇小说《高老头》中的主人公。高里奥原是一个普通的面粉商,在法国资产阶级大革命期间,依靠投机倒把,囤积居奇,成为资产阶级暴发户。因为妻子早逝,他特别溺爱两个女儿,对她们有求必应,而且不惜花费大笔金钱给她们作陪嫁。可两个女儿却生活放荡,挥金如土。她们不但不孝顺父亲,而且还不断骗取他的财产,导致他因穷困潦倒住进公寓。当高老头囊空如洗后,两个女儿便彻底不再来看他,直到最后老人在"啊!我的女儿!"的呼叫声中死去,甚至连送葬时,女儿女婿都无一人到场。

【释义】 用来指代或讽刺既是金钱崇拜者,又是金钱的牺牲品的人。

🉐 高纳里尔

【溯源】 英国作家莎士比亚的悲剧《李尔王》中的人物。李尔王计划将自己的全部财产分给女儿,连国家也想交给她们管理,好让自己能摆脱政务,安静地过个晚年。他把三个女儿叫到眼前,让她们表白自己的孝心,谁最孝顺、最贤惠,谁就会得到最大的恩赐。高纳里尔是李尔王的长女,是个既贪得无厌又阴险狡诈的女人。为了能从父王那里骗得更多的财富,她信口开河、花言巧语地取悦父王,获得了大部分财产。二女儿里根也以同样的方法得到一笔巨大的财富。小女儿考狄利亚不愿意用虚伪动听的言辞取悦父王,使李尔王大怒,把她的那部分财产给两个姐姐瓜分。李尔王仅留一百名骑士作为侍从,并商定从此后由大女儿和二女儿按月轮流供养。没想到,才过去半个月,两个女儿就开始埋怨父王是个累赘。李尔王非常震惊、气愤,渐渐变得疯癫起来。而真正孝顺父王的小女儿听信前来解救父王,却被两位姐姐杀害。后来,高纳里尔因为嫉妒毒死了妹妹里根,随后自杀而死。

【释义】 指代忘恩负义、忤逆不孝、阴险毒辣的女人。

❀ 歌利亚

【溯源】 据《圣经·旧约·撒母耳记上》记载,歌利亚是非利士人中一位身高力壮的勇士。非利士人与以色列人争战时,曾在阵前狂语挑战,后来被少年大卫用石头击毙。

【释义】 用来比喻身材高大健壮的人或庞然大物。

❀ 割掉狗的尾巴

【溯源】 源自关于古雅典将军亚西比德的传说。亚西比德出身贵族,是古希腊哲学家苏格拉底的学生和朋友。他幼年丧父,由近亲伯里克利抚养成人。因伯里克利忙于政务,未能对他进行适当教育,所以成年后的亚西比德虽仪表堂堂、才智过人,却自私自利,好出风头。即使他已经成为雅典赫赫有名的将军和海军统帅,也还想让更多的人注目于他,甚至不惜割掉他养的狗的尾巴。

【释义】 用来讽喻为了引人注目,不惜做出别出心裁、稀奇古怪的事情。

❀ 格雷特纳格林的婚姻

【溯源】 格雷特纳格林是英国苏格兰的一个村庄。十八世纪时在苏格兰,男女双方只要有证人在场,口头宣布结婚意愿,便可结为合法夫妻。但距格雷特纳格林仅 1.2 公里之遥的英格兰,结婚手续却十分严格、繁琐,所以常有许多英格兰情侣私奔到这里来结婚。直到 1940 年,苏格兰官方才认定,这种只凭口头表达意愿,便可缔结良缘的结婚方式为非法。

【释义】 用来指代未经父母同意,就私奔成婚的情侣。

❀ 葛朗台

【溯源】 法国作家巴尔扎克的长篇小说《欧也妮·葛朗台》的主人公。葛朗台不仅贪婪,而且吝啬。他生活中的唯一乐趣,就是在藏金密室里把玩黄澄澄的金子。他舍不得为妻子治病,以致妻子最后在痛苦绝望中死去。侄子把金链、金纽扣、金戒指交给他变卖,他也从中捞油水。连临终前做法事时,见到神父手里拿着让他亲吻的镀金十字架,也想扑上去夺过来。

【释义】 吝啬鬼和守财奴的代名词。

❀ 给刻耳柏罗斯一块肉饼

【溯源】 刻耳柏罗斯是古希腊和罗马神话中,把守冥间入口的三个头的恶狗,机警而又凶猛,只许鬼魂进去,不准鬼魂出来。一位罗马女预言家曾用加了罂粟和蜂蜜的糕饼，使刻耳柏罗斯酣睡不醒，以此帮助特洛亚战争中的英雄埃涅阿斯走出冥间，所以在古时的希腊和罗马人死后，家人要将一块肉饼或蜜饼放在死者手中，让死者用它去讨好刻耳柏罗斯，以便顺利地越过地狱，进入天堂。

【释义】 喻指贿赂刁难者，或安抚难缠的顾客。

◎ 给骡子钉铁掌

【溯源】 在古代的法国，主人外出办事时，习惯将仆人留在家里看守门户，喂养骡子。仆人们便利用这个机会，叫人来替骡子钉铁掌，所需费用等主人回来后"报销"。当然他们并不是实报实销，而是从中揩得一些油水。

【释义】 指代或讥讽那些借为别人购买物品之名，从中捞取油水的行为。

◎ 给某人一支香烟

【溯源】 第一次世界大战期间，德国皇家海军指挥官在训斥青年军官时，总是先给他递一支烟。被训斥的军官离开指挥官的舱房时，甲板上的人根据他手上燃着香烟的剩余部分，就能判断出事态的严重性。

【释义】 喻指训斥或者责备某人。

◎ 给人放血

【溯源】 德语成语。放血是欧洲一种古老的治疗方法。当时，人们对各种疾病缺乏系统的科学认识，认为人体由四种体液构成，生病是因为体内某种体液元素积存过多，导致负担太重。所以只要放掉体内多余的"坏血"元素，人就会恢复健康。因为医生不屑于干这种事，放血便由理发店的理发师进行，理发店门口不停转动的三色柱就是他们行医和理发的标志，其中红色代表血液，蓝色代表静脉，白色代表纱布。

【释义】 比喻用不正当的手段榨取别人的钱财。

◎ 给一个人指明什么是钉耙

【溯源】 德语成语，源自德国作家阿克尔曼写的笑话《不成器的儿子》。一个农民含辛茹苦把自己的儿子送出去深造。这个农家子弟学成归来后，变得目空一切，瞧不起亲人，瞧不起家乡。为了显示自己与众不同，他故意讲别人听不懂的拉丁语，还假装不认识自己小时候就摆弄过的钉耙。可当他不小心踩到钉耙齿，钉耙柄打在他头上时，他却立即叫喊起来："该死的钉耙！"

【释义】 常在训斥时使用，表示提醒某人注意某事，或斩钉截铁地向某人讲明自己的看法。

给自然照镜子

【溯源】 语出英国作家莎士比亚的悲剧《哈姆莱特》。为了判明叔父是否是弑君篡权的凶手,哈姆莱特王子特地安排戏班演出同父王被害经过相仿的《贡扎古之死》。在演出前,王子叮嘱一个演员说:"……你应该接受你自己的常识的指导,把动作和语言互相配合起来,而且要特别注意不能越过自然的常道,因为任何过分的表演都是和演剧的原意相反。自有戏剧以来,它的目的始终是给自然照镜子,展示善恶的本来面目……"

【释义】 意为真实地反映生活、展现生活。

根据亚当·里泽的算法

【溯源】 亚当·里泽(1492~1559)是德国著名的数学家。他原是德国一个矿山的公务员,在 1518 年和 1522 年出版了两本用德语写的计算用书。书中用简便易认的阿拉伯数字,取代了容易使人混淆的罗马数字,简化了计算程序,很快便广为流传。亚当·里泽因此被誉为数学大使,他的儿子和孙子后来也都成为有名的数学家。

【释义】 意为精确、精准的计算。

跟着别人的笛声跳舞

【溯源】 源自古希腊历史学家希罗多德的《历史》。古波斯帝国的国王居鲁士大帝入侵小亚细亚之前,曾要求小亚细亚的希腊人站在波斯帝国这边,被希腊人拒绝。后来,希腊人派来使者,表示愿意有条件地臣服居鲁士。居鲁士向使者讲了一则寓言:有个会吹笛子的渔夫见到海里有鱼,便站在海边的岩石上吹起笛子,以为鱼听见笛声后,便会自动跳到他的身边。他费力吹了许久,也没见有鱼跳出来,于是向水中撒开网,捕到了许多鱼。渔夫对活蹦乱跳的鱼说:"坏东西,我吹笛子的时候,你们不肯跳舞。现在我不吹了,你们倒跳起舞来了。"希腊人听了寓言,明白当初不该拒绝支持波斯,现在来归顺,已经晚了。

【释义】 转义为听凭别人的意旨行事,被别人牵着鼻子走。

公共马车夫的生活

【溯源】 在旧时的法国,马车是主要的运输工具。那时的马车基本分为三种:一种是在城里载运旅客的出租马车,行程距离较短。一种是用于长途旅行的驿站马车,有固定的行车路线,相隔一段距离就在驿站换马。还有一种是装备简陋的四轮公共马车,乘坐很不舒服,但因价格便宜,一般穷人和偏远地区的居民多乘坐这种马车。赶车的车夫生活尤为艰苦，没有固定的行车路线，翻山过河，到处奔波。

【释义】 比喻漂泊不定的生活，或没有规律的生活。

◎ 公鸡巷的幽灵

【溯源】 源于十八世纪发生在伦敦城的假借鬼魂，招摇撞骗的事件。1762 年，居住在伦敦城史密斯菲尔德区公鸡巷的居民，常常会听到一阵阵莫名其妙的敲门声。小巷的主人帕森斯财迷心窍，为了获利，便谎称这是一位被丈夫害死的女人亡灵在敲门。顿时，这件事传遍了伦敦城，很多人涌进公鸡巷，想亲耳听听鬼敲门的声音，甚至惊动了皇室成员和达官显贵。英国诗人、评论家约翰逊博士经过调查后，向世人揭露了真相。原来所谓的鬼敲门的声音，其实是帕森斯唆使十一岁的女儿，用木板击打床板发出的声响。后来，帕森斯以欺诈行骗罪被判处枷刑。

【释义】 代指虚构的恐怖故事，或骇人听闻的谣传。

◎ 公鸡在粪堆里发现一颗珍珠

【溯源】 源自俄国作家克雷洛夫的寓言《公鸡与珍珠》。公鸡在粪堆上觅食，忽然发现一颗珍珠。它不屑一顾地说道："这有什么用处？毫无价值的玩意儿！人们把它看得那么珍贵，岂不是太愚蠢了！我倒想得到一粒大麦，虽然看上去不起眼，但却能填肚皮。"

【释义】 用来讽刺愚昧无知的人把珍贵的东西当成粪土。

◎ 公平的脚步

【溯源】 语出古罗马诗人贺拉斯的《歌咏诗集》。诗人认为，死对于每个人都是不可避免的，无论是王公贵族，还是平民百姓，都难免一死，所以死神的脚步是公平的脚步。"面色暗淡的死神，迈着公平的脚步，敲穷人的茅舍和王公的宫阙。"

【释义】 指死亡的到来。

◎ 沟的尽头是跟头

【溯源】 在欧洲封建时期，农民们为了让领主娱乐消遣，自己能得到些赏赐，常在节日里举行跳沟比赛。他们在一条宽度逐渐增加的沟里灌满了水，因为沟尽头处最宽，多数人都跳不过去而跌入水中，"沟的尽头是跟头"一语即由此得来。

【释义】 常用来警告那些明知有危险，偏向险处行的鲁莽之人。

◎ 骨中的骨肉中的肉

【溯源】 语出《圣经·旧约·创世记》。上帝创造人类始祖亚当以后，认为亚当独居很孤单,便取了他一根肋骨,造成女人夏娃。亚当见到夏娃时说:"这是我骨中的骨,肉中的肉,可以称她为女人,因为她是从男人身上取出来的。"

【释义】 用来比喻两个人的关系极其密切,不可分离。

◎ 故事性人物

【溯源】 语出俄国作家果戈理的长篇小说《死魂灵》。作者描写地主诺兹德廖夫时写道:"就某一方面来说,诺兹德廖夫是一个故事性人物。无论什么集会,只要有他在场,总会闹出点故事来,总不免要出点什么乱子,或者是宪兵到场把他拉出会场,或者是他的朋友们不得不把他赶出去……"

【释义】 讽喻不安分守己、专爱惹是生非的人。

◎ 寡妇的小钱

【溯源】 源自《圣经·新约·马可福音》。耶稣坐在银库前,看信徒怎样向银库里捐钱。财主们捐的银钱很多,有个寡妇只往库里投了两个小钱。于是耶稣叫来门徒说:"我实在地告诉你们,这位穷寡妇投入库里的,要比众人所投的还多。因为他们捐的都是自己的余钱,而这位寡妇投入的是自己用来糊口的钱。"

【释义】 喻指少而可贵的捐献,或看起来轻但意义重大的礼物。

◎ 寡妇的油瓶

【溯源】 源自《圣经·旧约·列王纪上》。有一位先知以利沙门徒的妻子,苦苦哀求以利沙说:"您的仆人我丈夫死了,他敬畏耶和华是你所知道的。现在有债主前来,逼迫我的两个儿子去做奴仆。"以利沙问她说:"我可以为你做什么呢? 告诉我,你家里有什么?"寡妇回答说:"家中只有一瓶油。"以利沙便让她去向邻居们借用空器皿,越多越好。然后回到家关上门,跟儿子们把那瓶油倒在所有的器皿里。寡妇将信将疑地回到家,按照以利沙的吩咐去做。令人惊奇的是,家里那瓶油怎么也倒不没,直到将借来的所有器皿都装满。寡妇去告诉以利沙,以利沙说道:"你去卖油还债,剩下的,你和你儿子可以靠着度日。"

【释义】 喻指看似有限,其实无限的财源。

◎ 挂别人的旗帜出航

【溯源】 德语成语,源于海盗的一种行为。十八世纪以前,大西洋和地中海上海盗横行,几乎哪里有商船,哪里就有海盗尾随其后。这些海盗船挂着画有骷髅的黑旗,到处大肆抢劫。许多商船为了免受其害,不得不请政府派兵或由私人武装随船护卫。海盗船为了便于活动，往往不挂骷髅旗，改挂商船旗帜来麻痹商船上的水手和武装人员，然后趁其不备发动突然袭击。

【释义】 引申为瞒天过海、弄虚作假之意。

挂在脖子上

【溯源】 德语成语。德国中世纪时期，人们总是在罪犯的脖子上，挂上能表示他所犯罪行的标记，如给小偷挂上他所偷的物品，给醉汉挂个酒瓶，给争吵的妇女挂上扫帚，给淫妇挂块表示伤风败俗的石块等等。

【释义】 原意为揭露罪犯的罪行，现常用来比喻强加于人，诽谤、侮辱人的做法。

观察鼻相

【溯源】 德语成语。古代德国人认为，从鼻子的颜色、温度乃至动静，可以判断一个人的身体状况和心理活动。如醉酒的人鼻子常常发红，要晕倒的人鼻尖往往发白，撒谎的人鼻子在动，鼻子发烫就是在说谎话……此外，鼻子形状也是辨别一个人的重要依据。

【释义】 指根据脸部神色判断一个人的思想和心理活动。

观其果而知其树

【溯源】 源自《圣经·新约·马太福音》。耶稣在传道时，给一个被鬼附着、又瞎又哑的人看好了病，还使那个人既能说话又能看见。法利赛人却认为耶稣靠的是鬼王别西卜，而不是圣灵。耶稣驳斥他们说："人的罪孽和亵渎的话都可以得到赦免，唯独亵渎神灵永远得不到赦免。说话冒犯人子的可得赦免，说话冒犯神灵的，今生来世都得不到赦免。你们或以为树好果子也好，树坏果子也坏，因为看果子就知道树。毒蛇的种类！你们既是恶人，怎能说出好话来呢？因为心里所充满的，口里就说出来。善人从他心里所存的善，就发出善来；恶人从他心里所存的恶，就发出恶来。"

【释义】 比喻根据一个人的日常行动或做事方法，就能判断这个人的品质。

硅谷

【溯源】 美国旧金山往南，从帕洛阿尔托到圣何塞有一条 30 英里长、10 英里宽的地带，聚集着惠普、英特尔、苹果等数以千计的微电子工业和其他高新技术企业，是信息社会的发祥地。因为用"硅"制成的半导体芯片是微电子工业的基本产品，所以 1971 年《微电子新闻》开始称这个地带为"硅谷"。硅谷是美国第九个最大的制造业中心，也是美国经济增长最快、最富裕的地区，在那里看不到一个烟囱，听不到一丝机器声,它不像人们习惯理解的工业区,倒像是一个大花园。

【释义】 泛指所有最新、最尖端的高技术的产地。

◎ 龟兔赛跑

【溯源】 源自《伊索寓言》中《乌龟和兔子》的故事。乌龟和兔子约定时间和地点进行比赛。比赛开始后,兔子自恃天生腿长,稳操胜券,觉得先睡一觉再赶路也不迟,于是躺在路边睡着了。乌龟却一直向前坚持不懈地爬着,最后赢得了胜利。

【释义】 比喻只要奋发图强、锲而不舍,无论条件多差,也能取得成功。

◎ 贵族中的小市民

【溯源】 源自法国作家莫里哀的喜剧《贵人迷》。主人公茹尔丹是个年过半百、出身卑微、没有受过上流社会教育,却一心想钻进贵族社会的暴发户。为了达到这个目的,他请来许多家庭教师,每天教他学习文化、音乐、舞蹈、剑术和上流社会的礼仪和修养。他努力去结交贵族朋友,还要追求贵族夫人,认为这是当贵族必不可少的风流韵事。结果,茹尔丹到处出丑,受尽嘲弄。

【释义】 喻指好出风头的人、暴发户、靠钻营而飞黄腾达的人。

◎ 桂冠

【溯源】 源自古希腊罗马神话,指用月桂树枝编成的冠冕。古代希腊人和罗马人用月桂树的枝叶,或枝叶做成的桂冠奖励著名的诗人、英雄、竞技中的优胜者。

【释义】 成功、胜利、荣誉的象征。

◎ 滚木头

【溯源】 源自美洲森林地区的早期移民生活。对从欧洲大陆初到美洲安家落户的移民来说,最重要的是建造一处能遮风挡雨、防御土人和野兽侵袭的住所。新移民首先要在树林里拓出一块宅地,伐倒那块地上的树木,并将粗大的树干截成一段段圆木,作为建造住所的材料。许多已经安居的老移民,都会前来帮忙将那些圆木滚到新拓出的宅地旁,协助他们建造新屋,"滚木头"一语即由此而来。

【释义】 泛指互相合作、相互利用,引申意为互相勾结、相互吹捧。

哈利大街

【溯源】 英国伦敦市内的一条主要街道。早在维多利亚时代,那里便是医学界名流的聚集地。现今,哈利大街坐落着许多著名的医学院,很多名医都出自那里,被世人视作医学界中心。

【释义】 英国医学界的代名词。

哈利路亚

【溯源】 《圣经》用语,多见于《旧约·诗篇》。起初为犹太教习惯使用的欢呼语,后为基督教沿用。在礼仪赞美诗、圣歌中也常用来表示欢呼。

【释义】 原意为赞美上帝,后多用来表示心情愉悦时的欢呼。

哈伦·赖世德

【溯源】 哈伦·赖世德(763~809)是阿拉伯帝国阿拔斯王朝的哈里发。他既不是个伟大的统治者,也不是个贤明的君主,只以拥有大量财富与骄奢淫逸而闻名。可是,在阿拉伯民间故事《一千零一夜》中,哈伦却被美化成一位贤明、公正、爱民如子的哈里发,而且还成为艺术的保护者。

【释义】 比喻被美化的人或自我美化的人。

哈曼的胜利

【溯源】 源自《圣经·旧约·以斯帖记》。波斯王亚哈随鲁废除王后瓦实提后,立犹太少女以斯帖为后,以斯帖的堂兄兼养父末底改也进宫供职,深得亚哈随鲁的器重。不久,亚哈随鲁任用亚甲人哈曼为宰相。因为亚甲人传统上一直是犹太人的仇敌,所以末底改并未将哈曼放在眼里,使哈曼怀恨在心,计划诛灭国内的犹太人,还制造了一个高二十二米的绞刑架,准备绞死末底改。末底改得知此事后立即告知以斯帖,要她想办法营救犹太同胞。后来,以斯帖想办法在国王面前揭穿了哈曼的阴谋,哈曼被吊死在他为末底改准备的绞刑架上。

【释义】 比喻坏人所取得的一时的、短暂的胜利。

◎ 哈默尔恩的捕鼠人

【溯源】 传说在 1282 年，德国下萨克森州的哈默尔恩城爆发了猖獗的鼠疫。人们对此束手无策，于是市长悬赏征求能消灭老鼠的人。有一天，镇上来个穿花衣的吹笛人。他吹起奇妙的笛子，动人的笛声把镇上的老鼠都引诱到河里淹死了。可当他找市长领赏时，市长却翻脸不认账，不肯给他赏赐。气愤的吹笛人趁着市民去教堂做礼拜时，再次吹起笛子，把城里的儿童全部拐骗到郊区的柯本山。

【释义】 用来指代拐骗妇女和儿童的人，也指阴险毒辣的报复者。

◎ 哈姆莱特

【溯源】 英国剧作家莎士比亚同名悲剧的主人公。丹麦王子哈姆莱特是个有理想有魄力、平易近人的年轻人。在国外求学期间，他遭遇了父王暴死，叔父篡权，母后变节。回国后，他偶然得知父王惨死的真相，便决心杀掉叔父为父报仇。可是，因他的优柔寡断、顾虑重重，他一再坐失良机，虽然最后刺杀了奸王，自己也死在毒剑之下。

【释义】 比喻因犹豫不决、优柔寡断而坐失良机或一事无成的人。

◎ 还不如回过头来瞧瞧自己的尊容

【溯源】 语出俄国作家克雷洛夫的寓言《猴子和镜子》。猴子在镜子里看到自己的形象，对边上的熊说："我亲爱的朋友，你瞧瞧镜子里的那副丑样子，真是难看极了！我要是有一点像它，非难过得上吊不可！不过，我的至亲好友中，就有长得这么难看的，掰着指头就能数出五六个来。"熊回答说："与其费那个力气去数别人，老兄，还不如回过头来瞧瞧自己的尊容。"

【释义】 用来讽刺和批评那些只看到别人的缺点和不足，却看不到自己的缺点和不足的人。

◎ 还是皮子的最好

【溯源】 出自英国民间笑话。有座城市被敌人围困，情势十分危急。城里的官员连忙召集市民代表会议，商议保卫城市的办法。在会上，有位泥瓦匠首先发言，提议修建一堵能拒敌人于城墙之外的坚固石墙。可造船的木匠认为，造一堵木墙就足以御敌。这时，有个皮匠站出来反驳说："依我看来，造一堵皮墙最好。"

【释义】 讽喻自吹自擂或强调自己的利益最重要。

❀ 还未开花就已凋谢

【溯源】 语出俄国诗人波列扎耶夫的《晚霞》。原诗作写道：我永远，永远衰萎了！我从不，从不知道幸福！我活着，活着是为了死去……我用茂盛的生命，扼杀了我的希望……还未开花就已凋谢，在那阴暗的早上……

【释义】 比喻瞬间即逝的、尚未充分展示自己的才华便夭折的人物。

❀ 海伦

【溯源】 古希腊史诗中著名的女主人公，原为古代米诺斯的植物神、伯罗奔尼撒的丰产和光明之神，后来传说是天神宙斯和勒达所生的女儿。在少女时代，海伦就因美丽非凡而著称于世。

【释义】 代指美女，美女的共名。

❀ 海燕

【溯源】 苏联作家高尔基在 1901 年发表的散文《海燕之歌》中的形象。当时正值俄国民族解放运动高涨时期，高尔基以满腔的革命情绪、高昂的浪漫主义格调，在作品中塑造了大智大勇的海燕形象，鼓舞人们去迎接伟大的战斗。

【释义】 在俄语中，"海燕"一词意为"预告暴风雨的使者"，所以海燕被用为预告或迎接革命风暴的革命者的象征。

❀ 海妖塞壬

【溯源】 古希腊神话传说中半人半鸟的女仙，海神福耳库斯的女儿，传说有三位。她们原为海上美貌非凡的姑娘，在冥王哈得斯劫走丰产女神得墨忒耳的女儿珀尔塞福涅时，她们没有出手援救，因此被得墨忒耳惩罚，变成半人半鸟的女仙。她们居住在女巫喀耳刻的海岛和怪物斯库拉的洞穴之间的海岛，专用迷人的歌声诱惑航海者。

【释义】 用来指代歌声动人的女歌手，或迷人的美女。

❀ 含的儿子

【溯源】 源自《圣经·旧约·创世记》。大洪水消退以后，挪亚每天辛勤务农，开垦园地。有一天挪亚喝醉酒，赤身露体倒在帐篷里。挪亚的儿子含看到父亲一丝不挂，不但没有为父亲遮盖，而且还跑出去告诉他的两个弟兄闪和雅弗。闪和雅弗取件衣服搭在肩上，倒退着进入帐篷，背着脸为父亲盖上，不看裸体的父亲。挪亚酒醒后，知道了他们的所作所为，谴责并诅咒含，令含的儿子迦南永世为奴。

【释义】 旧时诬蔑劳动者的侮辱性称呼，"贱种"的代称。

◎ 汗流满面

【溯源】 语出《圣经·旧约·创世记》。亚当和夏娃因偷吃禁果获罪，被上帝从伊甸园中驱逐。上帝对亚当说："你必汗流满面才得糊口，直到你归了土。因为你是从地而出，你本是尘土，仍要归于尘土。"

【释义】 喻指辛勤、艰辛的劳动。

◎ 汉尼拔的誓言

【溯源】 汉尼拔是古迦太基的统帅，他的父亲是第一次布匿战争中的西西里将领。汉尼拔十岁的时候，父亲让他发誓永远与罗马为敌。汉尼拔长大后担任了西班牙的迦太基统帅，曾多次重创罗马军队，使罗马陷入困境。后来，他受命指挥一支舰队，因缺乏海战经验而失败。最终他自杀于俾提尼亚，至死恪守着自己的誓言。

【释义】 喻指坚忍不拔、誓死斗争的决心。

◎ 好酒何须挂树枝

【溯源】 英语谚语，源自英国民间旧俗。狄俄尼索斯是天神宙斯与情人塞墨勒的儿子，为植物之神、葡萄种植与酿酒业的保护神、酒神、狂欢之神。他有三大表征：常春藤花环、图尔索斯手杖的杖端有松果形饰物、双柄大酒杯坎撒洛斯。狄俄尼索斯曾走遍希腊、叙利亚、亚细亚，直到印度，后经色雷斯回到欧罗巴。一路上，他将酿酒术传授给人间，被人们奉作酒神，所以旧时的英国乡间酒肆的门外，常常悬挂一根绿色的常春藤枝条作为酒旗。

【释义】 借喻好货无须挂招牌、做广告。

◎ 喝干海水

【溯源】 源自法国作家拉封丹的寓言诗《一头死驴和两只狗》。两只看家狗看到远处的水面上漂着一头死驴，死驴被风吹着，离它们越来越远。它们想把驴弄来填饱肚皮，只是不知道如何才能弄到手。一只狗灵机一动，对另一只狗说："我们把这片水喝干吧，等我们喝完时，驴的尸体也晾干了，我们一星期的食粮也有了。"于是，两只狗开始喝水，喝得上气不接下气，直喝到胀破肚皮，断了气。

【释义】 喻指做一件根本不可能做到或根本不可能完成的事情。

◎ 何蒙古鲁士

【溯源】 中世纪炼金术士试图用人工方法制造的人。在德国作家歌德的《浮士德》中,何蒙古鲁士是浮士德博士的学生瓦格纳在中世纪式实验室中制造的"人造人",是一个生存于密闭玻璃瓶中的"小人",是一个虚假的生命。

【释义】 喻指虚假的、脱离现实的理论和幻想。

◎ 和平鸽

【溯源】 源自《圣经·旧约·创世记》记载,上帝降洪水毁灭世界之后,挪亚从方舟上放出一只鸽子,让它去探明洪水是否退尽。上帝让鸽子衔回橄榄枝,表示洪水退尽,人间尚存希望。1950 年 11 月,为纪念在华沙召开的世界和平大会,西班牙画家、雕塑家毕加索挥笔画了一只衔着橄榄枝的飞鸽。当时智利的著名诗人聂鲁达把它叫做"和平鸽",被正式公认为和平的象征。

【释义】 象征和平、和平的使者。

◎ 和平烟斗

【溯源】 源自北美印第安人的旧俗。和平烟斗是印第安人特制的、专门用于礼仪的"卡柳梅特"烟斗。这种烟斗通常采用大理石或红滑石做斗,白蜡木做烟杆,做工非常精细,常饰以兽毛或羽翎。若将烟斗递与陌生人,则表示愿意与其友好相处;在敌对部落缔结和约的仪式上,双方部落酋长席地而坐,同吸一只烟斗,则表示摈弃前嫌、和平共处。

【释义】 和平与友谊的象征,也喻指签订和约、和解。

◎ 赫柏

【溯源】 古希腊神话传说中的青春女神,天神宙斯和天后赫拉之女,战神阿瑞斯之妹。赫柏主要以奥林波斯诸神的仆役身份出现,为众神端送仙食美酒。

【释义】 常被用来称呼青春年少的姑娘、保持青春的妇女、饭店或酒吧的服务员。

◎ 赫尔墨斯

【溯源】 古希腊神话传说中奥林匹斯十二主神之一,天神宙斯与玛亚的儿子。赫尔墨斯出生在阿耳卡狄亚的一个山洞里,最早是阿耳卡狄亚的神,强大自然界的化身。奥林匹斯统一后,他成为畜牧之神,做了宙斯的传旨者和信使。

【释义】 指代使者或传送消息的人。

◎ 赫淮斯托斯

【溯源】 古希腊神话传说中的火神与锻冶之神,传说为天神宙斯和天后赫拉之子。在奥林波斯山上,他给众神建造富丽堂皇的铜殿、宙斯的王杖和神盾、酒神狄俄尼索斯的伸杖、阿喀琉斯的武器、太阳神赫利俄斯的太阳车……还用泥捏成美丽的少女潘多拉,用黄金造成能思想、会说话、会干活的女仆等等。

【释义】 指代技艺精湛的铁匠。

赫淮斯托斯的楔子

【溯源】 赫淮斯托斯遵奉宙斯的神谕,制造了把普罗米修斯锁在高加索山顶悬崖上的锁链和楔子,使这位窃火的天神无法逃脱宙斯的囚禁。

【释义】 常用来比喻牢固无比的东西。

赫卡忒

【溯源】 原为小亚细亚女神,后传入希腊,主宰大地、天空和海洋,也掌管人间事务。从公元前五世纪起,赫卡忒成为幽灵之神,掌管黑暗与月亮。她的艺术形象是一位有着三面朝向三个不同方向的身体,三头六臂,手持利剑、长矛、火炬的妇女。

【释义】 在诗歌中,常被用来表示月亮。

赫剌克勒斯

【溯源】 古希腊神话传说中著名的大英雄,天神宙斯和提壬斯王后阿尔克墨涅所生。他的母亲因害怕天后赫拉嫉恨,便把婴儿丢弃在荒野里。天后赫拉和智慧女神雅典娜正好路过,见到了这个惹人喜爱的婴儿,雅典娜劝赫拉给婴儿喂奶,赫剌克勒斯喝了赫拉的神奶后变得力大无穷,并跟从马人喀戎等名师学成各种武艺。他曾经赤手空拳猎取涅墨亚大森林中的猛狮、杀死九头巨蛇许德拉、生擒刻律涅亚山上的赤牝鹿……他死后被宙斯接到奥林波斯山,与青春女神赫柏结为夫妇。

【释义】 用来指代大力士或形容非凡的、伟大的事物。

赫剌克勒斯石柱

【溯源】 古希腊神话传说中的大英雄赫剌克勒斯奉命前往厄律提亚岛,去捕捉三头六臂的巨人革律翁的红毛牛。他经过长途跋涉后,到达地中海的直布罗陀海峡,以为到了世界的尽头,便在海峡两岸各竖立一根石柱作为纪念。传说直布罗陀海峡的两座隔海相望的悬崖峭壁,就是传说中的赫剌克勒斯石柱。

【释义】 喻指世界的尽头、或事物的极端、终点、极限。

赫利孔山

【溯源】 希腊北部的一座山峰,位于贝奥蒂亚州赫利孔山脉的延伸部分,海拔约一千五百米。在古希腊的神话传说中,掌管艺术与青春的第六感女神缪斯们就住在这座山上,因此又称缪斯为赫利孔女王、赫利孔姑娘、赫利孔主宰。

【释义】 用来比喻灵感与艺术的源泉。

赫列斯塔科夫

【溯源】 俄国作家果戈理的讽刺喜剧《钦差大臣》中的主人公。赫列斯塔科夫是彼得堡的一位小官吏,既轻浮又浅薄,平时就爱吹嘘撒谎。他在回家省亲途经某市时,与人赌博把钱输得精光,滞留在旅店无钱清账。正在他难以脱身时,被市长及其他官员错认为从京城来的钦差大臣,好生招待他。他在尽情享受一番后,与仆人坐上快马轻车溜之大吉。

【释义】 指代轻浮浅薄、吹牛撒谎、欺世盗名的骗子。

赫罗斯特拉特

【溯源】 古希腊以弗所人。公元前356年,他为了名扬千古,纵火焚毁了号称世界七大奇观之一的阿耳忒弥斯神庙。法庭将他处以死刑,并禁止人们提到他的名字。后来,希腊历史学家泰奥彭波斯违反了这一禁令,在自己的著作中记述了赫罗斯特拉特的罪行,他的名字才被后世所知。

【释义】 喻指不择手段,甚至不惜通过犯罪来谋取名声的人。

黑暗王国中的一线光明

【溯源】 源自俄国文学批评家杜勃罗留波夫对剧本《大雷雨》的评论文章。剧本中的主人公卡杰琳娜是个热爱自由的青年女子,她嫁给了自己不爱的富商之子季洪,受尽了公婆的虐待和折磨。在绝望中,她偷偷爱上了公公的侄子鲍里斯,并在小姑的帮助下多次与其幽会。正当她觉得生活中出现新的希望时,突然下了一场大雷雨,她以为这是上天在惩罚她的不忠,便向婆婆和丈夫坦白了与情人幽会的事。卡杰琳娜被丈夫毒打了一顿,囚禁在家里,鲍里斯也被打发到很远的地方。卡杰琳娜冲出家庭牢笼,想与临行前的鲍里斯私奔,却遭到他的拒绝。最终,悲观失望的卡杰琳娜投河自杀,表示了对封建黑势力的抗议。杜勃罗留波夫对此评论说,卡杰琳娜具有宁死不屈的反抗精神,体现了俄罗斯人民对真理与自由的追求,她是"黑暗王国中的一线光明"。

【释义】 比喻在愚昧、黑暗的环境中出现的某种令人鼓舞的、象征着光明、新气象的事物。

☺ 黑暗掌权

【溯源】 语出《圣经·新约·路加福音》。耶稣受难前夕,犹大率领大祭司的仆人前往客西马尼园,约定以接吻为暗号来指认耶稣。耶稣识破犹大的暗号,对来捉拿他的祭司长、守殿官和长老说:"你们带着刀棒出来捉我,如同捉强盗吗?我天天同你们在殿里,你们不下手捉我,现在却是你们的时候——黑暗掌权了。"

【释义】 在俄语中,"黑暗掌权"常用来说明旧俄罗斯农村的愚昧和落后。

☺ 黑马

【溯源】 语出十九世纪英国首相本杰明·迪斯累里的小说《年轻的公爵》。书中曾描写一个赛马的场景:两匹赛前最为看好的赛马都没能领先,而一匹从未引起人们注意的黑马却捷足先登,取得了胜利。

【释义】 比喻实力难测的竞争者或出人意料的优胜者。

☺ 黑森盲人

【溯源】 源自德国历史上图林根黑森林王位争夺战(1247~1264)中发生的一个笑话。有天傍晚,天色暗淡,视物不清,交战中的黑森人误将前方的粮垛和粪堆当成敌人,向其展开猛烈的进攻。由此,黑森人被讥称为"黑森盲人"。

【释义】 喻指鼠目寸光、见识短浅的人。

☺ 红豆汤

【溯源】 源自《圣经·旧约·创世记》。以撒是犹太人始祖亚伯拉罕的儿子,他的妻子利百加生了一对孪生子,长子叫以扫,次子叫雅各。有一天雅各正在熬汤,以扫打猎回来非常累,就对雅各说:"我累昏了,求你把这红豆汤给我喝了吧。"雅各说:"那你今日把长子的名分卖给我吧。"于是以扫便起了誓,把长子的名分卖给雅各,雅各将饼和红豆汤给了以扫。

【释义】 比喻因小失大、出卖珍贵的东西所换取的蝇头小利。

☺ 红帆

【溯源】 源自原苏联浪漫主义作家格林的同名中篇小说。女主人公阿索莉从小就喜欢听童话故事,总幻想有位年轻的王子驾着一艘红帆船来接她。男主人公格莱船长偶然得知阿索莉的愿望,出于对她的爱怜,便将挂着火红色风帆的海船驶进了她家附近的港口。阿索莉远远瞥见小港湾泊着一艘大红帆船,便欣喜若狂地疾奔过去,两位年轻人靠着爱的力量,把理想变为现实,热烈地拥抱在一起。

【释义】 比喻美好的理想,对远大理想的向往与追求。

哄骗田鼠

【溯源】 在旧时的法国,人们在田鼠、睡鼠等鼠类出没的地方,点燃一种汽油掺硫磺的液体。燃烧产生的烟雾将田鼠熏得晕头转向,不能动弹,人们就可以顺利捕获而杀之。

【释义】 表示用哄骗的方法突然抓住某人或欺骗某人。

后楼梯的影响

【溯源】 旧时的英国王宫有许多入口,以供不同级别的官员谒见国王议政。有些颇具权势的人,为了一定的利益和目的,常常暗中进入王宫参与朝政。为了避免被人发现行踪,他们总是悄悄从后门潜入,沿着专供仆役等下人使用的后楼梯进入宫内,会见宫中要人并左右朝政。

【释义】 喻指在暗中施加影响的秘密势力、幕后指使者,尤指影响政务的潜在势力。

糊涂思想

【溯源】 源自俄国作家格里鲍耶陀夫的喜剧《智慧的痛苦》中,反面人物法穆索夫对思想先进的贵族青年恰茨基说的一句话。法穆索夫视自由思想为洪水猛兽,指责恰茨基不认政府、无法无天,要将他扭送到法院。法穆索夫害怕恰茨基在即将当上将军的沙俄军官斯卡洛茹勃面前捅出娄子,便告诫恰茨基说:"……在他面前,请你不要有理没理地强辩,糊涂思想要抛干净。"

【释义】 原指恰茨基反对沙皇专制压迫、追求自由民主的"自由思想",现泛指错误的、荒谬的政治思想或观点。

狐狸嘴上粘着鸡毛

【溯源】 源自俄国作家克雷洛夫的寓言《狐狸和旱獭》。旱獭遇见匆匆忙忙的狐狸,问它要到哪里去。狐狸回答说:"我真是冤枉啊,我被驱逐出境了!我本来是鸡舍的法官,为了工作废寝忘食、日夜操劳,连身体都累垮了,却落得个贪污犯的下场!请你说句公道话,你见过我参与这种罪恶勾当吗?"旱獭回答说:"我倒是没见你干过什么,只是常常看到你嘴上粘着鸡毛。"

【释义】 喻指某人暗地参与了罪恶的、不光彩的勾当。

◎ 华尔街

【溯源】 美国纽约市曼哈顿区南部的一条主要街道,以金融中心而闻名于世。这条街道虽然短而狭窄,却高楼林立,美国各大银行几乎都在此设有机构,还有各类金融保险机构。

【释义】 美国金融界或美国证券交易界的同义语。

◎ 滑铁卢

【溯源】 1815 年 6 月 18 日,在比利时的滑铁卢,拿破仑率领法军与英国、普鲁士联军展开激战,法军惨败。随后,拿破仑以退位结束了其政治生涯,并被流放到南大西洋的圣赫勒拿岛。

【释义】 常被用来比喻惨痛的失败。

◎ 怀疑的多马

【溯源】 源自《圣经·新约·约翰福音》。耶稣在死后的第三日复活,第七日晚间向门徒显现,众门徒又惊又喜。当时多马不在场,事后有在场的使徒告诉他说:"我们已经看见主了。"多马却说:"如果不是看到他手上的钉痕,用手指探入钉痕,再探入他的肋旁,我是不会相信的。"过了八日后,耶稣再次显现,让多马伸出手指探他的钉痕和肋旁,多马惊喜地说道:"我的主,我的上帝!"耶稣对他说:"你因为看见我才信我,那些没看见就信的,有福了。"

【释义】 比喻生性多疑的人。

◎ 幻梦不可觅 岁月如流水

【溯源】 源自俄国诗人普希金的诗体小说《叶甫盖尼·奥涅金》。纯真的少女达吉雅娜爱上了贵族青年奥涅金,她感到奥涅金正是她期盼已久的理想意中人,便毫不犹豫地给他写了一封信,向他倾吐衷情。可奥涅金却不愿意用婚姻和家庭来束缚自己,甚至把达吉雅娜纯真的爱情看成是上流社会小姐的卖弄风骚,于是冷冷拒绝了她的爱情:梦幻难觅,岁月如流,我的心灵也无法再生……

【释义】 意为随着岁月的流逝,往日的梦幻早已消失殆尽。

◎ 幻灭

【溯源】 源自法国作家巴尔扎克的同名长篇小说。小说通过描写平民吕西安和科学家大卫两位青年的不幸遭遇和幻想破灭的过程,反映了王政复辟时期法国的社会生活面貌,批判了在金钱和等级制度支配一切的社会主导下,人与人之间的冷酷关系和职业的商品化。

【释义】 喻指希望、理想等像幻境一样消失、破灭。

荒凉之地

【溯源】 语出《圣经·旧约·但以理书》。先知但以理得知上帝将使耶路撒冷荒芜七十年，便向上帝祈祷认罪，恳求上帝不要向耶路撒冷发怒："主啊，求你按你的大仁大义，使你的怒气和愤怒转离你的圣山——耶路撒冷。耶路撒冷和你的子民，因我们的罪恶和我们列祖的罪孽，将被四周的人羞辱。我们的上帝啊，现在求你垂听仆人的祈祷和恳求，为自己使脸光照你荒凉的圣所。我的上帝啊，求你侧耳而听，睁眼而看，眷顾我们的荒凉之地和称为你名下的城……"

【释义】 形容满目荒凉、衰败不堪的景象。

黄金时代

【溯源】 古希腊神话传说中人类经历的第一个时代，即幸福时代。在那时，人们之间没有纠纷和战乱，也没有恐惧和忧虑，生活富裕充足，彼此和睦相处。

【释义】 喻指幸福时代和无忧无虑的生活，或指某个国家、某个民族在科学、艺术等方面的鼎盛时期。

黄色新闻

【溯源】 十九世纪末，美国报业主约瑟夫·普利策(1847~1911)的《世界报》开设了"黄色孩童"卡通画专栏，并在上面刊印了一个由美国卡通画家理查德·奥特考尔特画的、穿着宽大黄色衣服的滑稽孩子，因而获得全国报纸的最大销售量。后来，《纽约新闻报》的发行人威廉斯·赫斯特收买了理查德·奥特考尔特，在报上开始刊用与"黄色孩童"相似的卡通画。两家报纸相互竞争，还以色情、凶杀、犯罪等新闻拉拢读者，被新闻史学家称为"黄色新闻"。

【释义】 指用极度夸张及捏造情节的手法来渲染新闻事件，尤其是关于色情暴力、犯罪方面的事件，达到耸人听闻，进而扩大销售的新闻报道。

黄色魔鬼

【溯源】 1906年，高尔基为了躲避沙皇政府的迫害，离开俄国到了美国，在那里积极宣传俄国革命，为革命工作募集经费。他对美国社会中金钱主宰一切的现象极为不满，在杂文《黄色魔鬼之城》中将纽约描写成用石头和钢铁压迫人的庞然大物，那里的人都是"黄色魔鬼盲目的工具"。"金块是城市的心脏，它的搏动就是整个生活,它体积的增大就是生活的全部意义。"

【释义】 喻指奴役人的金钱。

🦁 挥舞大棒

【溯源】 美国第二十六届总统罗斯福(1858~1919)为共和党人,曾担任纽约市警察局局长、助理海军部长、纽约州长,1900 年竞选为副总统,后接任总统。他在担任总统期间,一贯奉行弱肉强食的武力外交政策,曾在一次演讲中引用"说话和气甜如蜜,手持大棒威千里"来表述自己的武力外交思想。这种帝国主义蛮横霸道的武力外交政策,被后人讥称为"大棒政策"或"大棒加胡萝卜政策"。

【释义】 比喻动用权力或武力进行严格控制,或以武力相威胁。

🦁 灰姑娘

【溯源】 欧洲童话故事《灰姑娘》中的女主人公。善良的女孩因为受到继母和继母带来的两个姐姐的虐待,终日在厨房里做苦工,以致弄得满身是灰,被称为"灰姑娘"。后来,灰姑娘在仙女的帮助下,参加了王子的舞会,王子对她一见钟情。因为她总是急匆匆地离开王宫,王子只好想办法弄到她的一只水晶鞋,最后凭靠鞋子找到了灰姑娘,把她带到王宫里,举行了盛大的婚礼。

【释义】 比喻遭受到歧视、虐待、压迫等等不公平的处境后,终于获得好运的人或群体。

🦁 灰马

【溯源】 源自《圣经·新约·启示录》中,羔羊揭开"七印"中的第四印时,"世界末日"呈现的景象:"你来,我就观看,见有一匹灰色马,骑在马上的名字叫做死,阴曹地府也随着他。有权柄赐给他们,可以用刀剑、饥荒、瘟疫、野兽杀害地上四分之一的人。"

【释义】 引用时多喻指死亡。

🦁 灰鼠般奔跑的生活

【溯源】 语出俄国诗人普希金的诗作《不眠之夜写就的诗》。在作品中,诗人表露出不安于凡俗的日常生活、以及有所追求的心态。"我辗转不眠,又没有灯火/一片漆黑和死寂包围着我/在我附近,只有滴嗒的钟声/伴着那令人厌倦的梦/这命运的老妇似的低语/这沉睡的深宵的颤栗/这生活,像灰鼠似的奔跑……"

【释义】 形容平淡无奇、波澜不惊的日常生活。

⊛ 灰衣主教

【溯源】 指十七世纪法国国王路易十三的首相黎塞留(1585~1642)的亲信约瑟夫神父(1577~1638)。黎塞留怀有使法国称霸欧洲的大略,约瑟夫与他所谋一致,便竭力推行黎塞留的政策,与他一起驱使法国投入三十年战争,导致法国人民遭受很多痛苦与灾难。约瑟夫生前即遭到对手的忌恨,最后在民众的怨恨中死去,被讥称为"灰衣主教"。

【释义】 指代心腹谋士或幕后操纵者。

⊛ 回收别针

【溯源】 法语成语,源自十五世纪时法国的儿童游戏。先在靠近墙边的地上画一圆圈,圈内放进若干别针。参加游戏者把弹子打在墙上,使其反弹后落在圆圈内,将别针弹出或碰到圈外,再将别针拾起来,即为"回收别针",回收数目最多的人为胜者。

【释义】 引申为巧妙机智地脱身或摆脱困境。

⊛ 悔过之凳

【溯源】 源自苏格兰教会的习俗。在苏格兰教堂中,布道的讲坛前常常摆放一条矮凳,专供被指责的教徒就坐。布道结束后,坐在矮凳上的忏悔者通常还需要站到矮凳上,当众接受牧师的训诫。

【释义】 喻指犯错误的人所处的地位。

⊛ 浑水摸鱼

【溯源】 源自伊索寓言《渔夫》。渔夫在河里张网捕鱼,并用绳子栓块石头击打河水,把鱼群赶进网里。附近的住户埋怨他把水搅浑了,使别人喝不上清水,他却说:"若不把河水搅浑,我就得饿死。"

【释义】 比喻趁着混乱或制造混乱去获取不正当的利益。

⊛ 活着的狗比死了的狮子更强

【溯源】 语出《圣经·旧约·传道书》。原文为:"与一切活人相连的,那个人就还有指望,因为活着的狗比死了的狮子更强。活着的人知道必死,死了的人毫无所知,也不再得赏赐。他们的名无人记念,他们的爱恨情仇都消失了,在日光之下所行的一切事物,他们永远不再有份了。"

【释义】 喻指无论发生什么,人都要选择活着,相似于汉语的"好死不如赖活着"、"宁活勿死"。

火药筒里还有火药

【溯源】 语出俄国作家果戈理的中篇小说《塔拉斯·布尔巴》。小说描写了十七世纪时,乌克兰著名的扎波罗热哥萨克军营的战斗生活。在哥萨克远征波兰,攻打杜勃塔城时,许多哥萨克战士英勇牺牲。老哥萨克为了鼓舞士气,问战士们道:"怎么样? 老乡们,火药筒里还有火药吗? 哥萨克的力量没有减弱吧? 哥萨克们还没有泄气吧?"哥萨克的勇士们豪迈地回答:"老爹,火药筒里还有火药! 哥萨克的力量还没有减弱! 哥萨克们还没有泄气! "

【释义】 比喻还有继续坚持战斗的勇气和力量。

火中取栗

【溯源】 源自十七世纪法国诗人拉封丹的寓言《猴子与猫》。猴子想吃壁炉里烤着的栗子,又怕烫着,就哄骗猫去取。猫经不住猴子的甜言蜜语,尽管好几次爪子被烫得缩回来,但还是忍着痛把栗子一个个取出来。而猴子却在旁边坐享其成,吃光了所有的栗子,一个都没给猫留。

【释义】 比喻因受到欺骗而冒着危险为别人效劳。

获得马刺

【溯源】 在中世纪的欧洲,金马刺是青年骑士的荣誉和象征。获得金马刺的骑士在战斗中要冲锋在前,英勇杀敌,以出色的战绩证明自己无愧于获得的金马刺。金马刺也常被授予初次参加比武的青年人,激励他们在比武中战胜对手。

【释义】 喻指赢得某种荣誉,或表示初显身手,崭露头角。

获得棕榈枝

【溯源】 源自古罗马习俗。在古罗马,人们常将棕榈枝作为奖品,奖励给在竞技比赛或角斗中的获胜者。据《圣经》记载,耶稣受难前不久,骑驴最后一次进耶路撒冷,人们都手持棕榈枝热烈欢迎他。从那以后,每到纪念这一事件的"棕枝主日"时,牧师就会在庆祝仪式上,将降福的棕榈枝作为吉祥物分发给众人。

【释义】 喻指获得胜利,得到奖励。

上面的一点

【溯源】 德语成语,语出德国作家歌德的剧本《浮士德》。在西欧的一些国家,拉丁字母是本国语言的标准字母。按照正确的书写方法,小写字母 i 在书写的时候,要先写下面部分,而后再写上面的一点。如果缺少那个小点,就不能成为字母,也无法与其他字母组成有意义的词语,因此,这是非常关键的一点。

【释义】 比喻决定事情成败的不可缺少的必要条件。

饥饿暴君

【溯源】 源自俄国诗人涅克拉索夫的诗作《铁路》。1846 年至 1851 年,沙皇尼古拉一世驱使成千上万的农民修筑从彼得堡到莫斯科的铁路。修铁路的农民在酷热和严寒中饱受折磨,他们住在土窑里,没有吃过一顿饱饭。诗人通过劳累致死的亡灵之口,悲愤地控诉了折磨他们的暴君:沙皇尼古拉一世和饥饿。诗中写道:这项工程大得惊人——一个人的力量决不能胜任! / 世上有个暴君,这个暴君残酷无情 / "饥饿"就是他的姓名。

【释义】 引用时多指折磨人的饥饿。

饥渴的人

【溯源】 俄语成语,源自《圣经·新约·马太福音》。耶稣在登山训众论"福"时说道:"饥渴慕义的人有福了,因为他们必得饱足。"

【释义】 原指对耶稣的道德准则如饥似渴的人,后转义为贪得无厌的人或怀着强烈希望的人。

基列的乳香

【溯源】 源自《圣经·旧约·耶利米书》。基列是约旦河以东古代巴勒斯坦地区的名字,乳香是一种既可敬神又可作馈赠礼物的贵重香料。以色列人因崇拜偶像,被上帝降罪惩罚,先知耶利米为此哀叹道:"麦秋已过,夏令已完,我们还未得救! ……我哀痛,惊惶将我抓住。在基列岂没有乳香呢? 在那里岂没有医生呢? 我百姓为何不得痊愈呢? "

【释义】 喻指能医治创伤,减轻痛苦的东西。

积财不富

【溯源】 源自《圣经·新约·路加福音》。耶稣告诫门徒要谨慎自守,免去一切的贪心,因为人的生命不在乎家道丰裕,而在于一心侍奉上帝,以至善为根本。耶稣用比喻对门徒说:"有个田产丰厚的财主,犯愁自己的财产无处收藏,就在心里合计把仓房拆掉,再盖间更大的仓房,把财物都收藏在那里后,就可以告诉灵魂安安逸逸地吃喝玩乐啦! 可上帝告诉他说:'无知的人啊,如果今夜必要你的灵魂,你所预备的要归谁呢? 凡为自己积财,在上帝面前却不富足的,也是这样。'"

【释义】 喻指人要具备知识或精神道德方面的能力。

🐔 鸡肥不下蛋

【溯源】 英语谚语,源自《伊索寓言·寡妇和母鸡》。有个寡妇养了只每天生一个蛋的母鸡,她因为贪心而突发奇想,想通过多喂饲料的办法促使母鸡每天生更多的蛋。结果,母鸡被喂得越来越肥,竟然不生蛋了!

【释义】 比喻养尊处优者难成大事。

🐴 集市上名为马丹的驴子不止一个

【溯源】 旧时的法国农民习惯给自家的驴子取名叫"马丹",因而在集市上呼唤自家驴时,往往有许多也叫"马丹"的驴子做出反应,于是逐渐衍生出谚语"集市上名为马丹的驴子不止一个"。

【释义】 比喻不能用孤立、片面、以偏概全的观点看待世界,以免犯主观主义的错误。

🐟 既挨了打 又吃了臭鱼

【溯源】 语出德国的一篇短篇小说。主人吩咐仆人到集市去买鱼,仆人买回来的都是些腐烂发臭的死鱼。主人非常恼火,让仆人从三种被处罚的方式中选择一种:吃掉臭鱼、挨一百大板、罚一百个钱币。仆人考虑再三,选择吃掉臭鱼。可是,他吃了几条就再也咽不下去了,只好恳求主人停止吃鱼,甘愿挨打。刚挨了几板,他就疼得大喊大叫无法忍受,最后只好接受罚款,三种处罚全受过了。

【释义】 喻指接二连三地遭受不幸,或必须忍受最严厉的惩罚。

🐴 既然头脑是空的 地位也不能使这头脑聪明

【溯源】 语出俄国作家克雷洛夫的寓言《帕耳那索斯山》。诸神被赶出希腊,安排在各地的神庙里后,其中有一位来到帕耳那索斯山,在山上养了一群驴。这些驴得知以前缪斯就住在这座圣山上,自以为是缪斯的替代者,便沾沾自喜地高声唱起歌。可是,它们嗓子所发出的吱吱嘎嘎的响声,使主人实在忍无可忍,赶紧将它们赶下山关进畜栏里。克雷洛夫写道:"不学无术的人既然头脑原本是空的,地位也不能使这头脑聪明。"

【释义】 讽刺不学无术却又自作聪明的权势者。

🕮 既无韵律 又无条理

【溯源】 英语成语。英国政治家、《乌托邦》的作者托马斯·莫尔在担任内阁大臣期间,有一位著名的作者将自己的作品呈送给他,希望能得到他的指教。莫尔看完后,对那位作者说道:"你得使它合辙押韵才行。"那位作者修改后再次送给莫尔指教,莫尔说道:"噢,噢,这回行了,这回行了。现在倒是押韵了,可是先前它既无韵律,又无条理。"

【释义】 表示做事或写文章杂乱无章、毫无条理。

🕮 加尔各答黑洞

【溯源】 英语成语。1756 年的夏天,孟加拉的纳瓦布带兵攻打被英军占领的加尔各答,英国驻军无力抵抗,宣布投降。当时,大约有 146 个英军俘虏被囚禁在一间仅有 5.5 米长、4.5 米宽、名为"黑洞"的监房内,因人多缺氧,大部分俘虏窒息而死。这个事件曾轰动一时,"加尔各答黑洞"一语即由此而来。

【释义】 喻指兵营中狭小的禁闭室,或燥热黑暗、令人窒息的斗室。

🕮 加西莫多

【溯源】 法国作家雨果的长篇小说《巴黎圣母院》中的主要人物之一。加西莫多是个相貌奇丑无比的弃儿,自幼被巴黎圣母院副主教克洛德·富洛娄收养,长大后成为圣母院的敲钟人。克洛德企图占有在巴黎街头卖唱的吉卜赛少女埃斯梅拉达,便指使加西莫多拦路抢劫她。当加西莫多在广场上被当众鞭笞时,克洛德却见死不救。埃斯梅拉达见他口渴,不顾一切将水罐送到他的嘴边,使加西莫多感激涕零,成为埃斯梅拉达忠实的守护者。后来,埃斯梅拉达被克洛德诬告而受绞刑,加西莫多将克洛德推下楼顶摔死,自己也自尽在埃斯梅拉达的墓窟。

【释义】 用来比喻相貌丑陋,但内心善良的人。

🕮 伽倪墨得斯

【溯源】 古希腊神话传说中达耳达尼亚国王特洛斯的儿子,因俊美非凡被诸神掠至天上,做了天神宙斯的侍酒童子,备受宙斯宠爱。

【释义】 喻指为客人侍酒的侍者或堂倌。

🕮 迦流

【溯源】 迦流是古罗马帝国的官员。他出任亚该亚省总督时,在处理犹太人与新兴基督教的矛盾问题上,总是一副置之不理、不愿理会的态度,将纠纷者赶出公堂。

【释义】 指代不愿多管闲事的人。

假得像筹码

【溯源】 法语成语。在法国,最早使用的是不能进位也不能计算的罗马数字,所以人们只能用金属制造的圆形筹码进行计算。当时使用的筹码多为铜质或银质,大小和外观颇像流通的货币,于是有些骗子就用筹码冒充钱币在市场上使用,"假得像筹码"一语即由此而来。

【释义】 指虚假的、虚伪的、欺骗的,也指代骗子和伪君子。

肩头有块木片

【溯源】 在旧时的美国林区,欲挑衅滋事的斗殴者,常将一小块木片放在自己肩头上,以示挑战。如果被挑战者将木片击落,就表示接受对方的挑战。

【释义】 常用来表示心情恶劣、与人发生口角,或因受辱而心怀不满。

剪刀加糨糊

【溯源】 瑞士历史学家、教授、评论家博德默尔在批评一些剧作家创作质量低劣的剧本时,曾使用"磨快的剪刀和魔粉做成的糨糊"和"一把剪刀和一瓶糨糊"等类似词语,意即拼拼凑凑、东抄西引。

【释义】 用来批评那些剽窃、抄袭而来的文学作品,也喻指新闻记者粗制滥造的报道文章。

剪开桌布

【溯源】 德语成语。在古代的德国,桌布是亲人之间、阶级团体成员之间不可分割关系的一种象征,剪开桌布就表示彼此间断绝关系。夫妻离异、父子断绝关系等,都要将桌布剪开。中古时期,德国对贵族荣誉最严厉的惩处就是剪开他的桌布,意即将其从贵族中开除出去,剥夺其贵族资格。

【释义】 表示分道扬镳、一刀两断、彻底决裂等意思。

简洁是天才的姐妹

【溯源】 语出俄国作家契诃夫给兄弟亚历山大的信:"……在写剧本的过程中,你应当努力成为具有独创性的人、尽可能聪明的人,但不要害怕显露了自己的愚蠢。写剧本需要的是自由思想,具备自由思想的人才不怕写出愚蠢的东西。不要过分地雕琢,不要过分地修饰,而要笨拙和鲁莽,简洁是天才的姐妹。"

【释义】 表示说话或写作忌讳华丽拖沓的修饰,只有抓住最简单、最根本的东西,才能获得成功。

健忘的伊万

【溯源】 伊万是俄国最常见的人名。在沙俄时代,许多逃跑的苦役犯被抓住后,为了掩盖自己的过去,都不敢说出自己的真实姓名,就说自己叫伊万。如问及他们的身世,则答忘记了,因而他们在警察局里被登记为"忘记身世的人","健忘的伊万"一语即由此而来。

【释义】 指代背弃原则、忘记传统、没有信仰的人。

将刀打成犁头

【溯源】 源自《圣经·旧约·以赛亚书》。先知以赛亚得到默示,预言上帝的敌人必遭灭绝,上帝的忠仆必获拯救。原文为:末后的日子,耶和华殿的山必坚立,超乎诸山,高举过于万岭,万民都要流归这山。必有许多国的民众前往,说:"来吧,我们登耶和华的山,奔雅各上帝的殿,主必将他的道教训我们,我们也要行他的路,因为教诲必出于锡安,耶和华的言语必出于耶路撒冷。他必在列国中施行审判,为许多国民断定是非。他们要将刀打成犁头,把枪打成镰刀,这国不举刀攻击那国,他们也不再学习战事。"

【释义】 喻指将战争变为和平。

狡猾的蛇

【溯源】 源自《圣经·旧约·创世记》。上帝明令亚当和夏娃不得采食知善恶树上的果子,说他们吃了就会死。蛇对夏娃说:"你们吃了不一定死,因为上帝是怕你们吃了果子后眼睛变得明亮,能够像他一样知道善恶。"在蛇的诱惑下,夏娃采摘了智慧果,同亚当一起吃了,结果被上帝逐出伊甸园。狡猾的蛇也被上帝咒诅,罚它用肚子行走、终生吃土、永远与人类为敌。人见到蛇要打它的头,蛇见到人要伤人的脚跟。

【释义】 喻指诱惑者、勾引异性的人。

杰尔日摩尔达

【溯源】 俄国作家果戈理的讽刺喜剧《钦差大臣》中的一名警察,市长的得力"保镖"。这个人行为暴躁、粗鲁,在维持秩序时,无论别人是对还是错,他总是动不动就挥拳头把人家打得鼻青眼肿。

【释义】 指代蛮横粗鲁的行政官员。

杰克尔与海德

【溯源】 英语成语,源自英国小说家罗·路·斯蒂文森的中篇小说《化身博士》。医学博士杰克尔虽然是个品行端庄、德高望重的人,但是他的内心总是有许多难以抑制的欲望无法宣泄。于是,他研制出能把人天性中的善与恶截然分开的变形药物,先在自己身上做实验。杰克尔服下药物后,就变成一个又瘦又小的人,他给这个化身起名为"海德",将自身的恶习和欲望都传给了他。这样,他每天通过化身海德去寻欢作乐后,再变回受人尊敬的杰克尔博士。渐渐地,他体内邪恶的力量越来越旺盛,即使他自己也非常不满海德的所作所为,但已经无法抵挡恶的诱惑,甚至不用服变形药就能变出海德的身形,且放纵无度到不可收拾的地步。最后,万般无奈的杰克尔只好服毒自杀,以此摆脱可恶的海德。

【释义】 喻指具有双重性格或两副面孔的人。

杰克·凯奇

【溯源】 十七世纪时英格兰一位臭名昭著的行刑吏。据记载,他总是以极其残酷的方法将被执行人处死,最高纪录甚至砍了八斧头。当时有一些民谣将他描绘成一个杀人、嗜血成性的屠夫。

【释义】 指代凶狠残暴的刽子手。

杰米扬的鱼汤

【溯源】 源自俄国作家克雷洛夫的同名寓言。杰米扬宴请爱喝鱼汤的邻居福卡,在席间频频劝餐,让福卡多喝些鱼汤,还让妻子帮忙一起劝餐。福卡盛情难却,一盘接一盘地吃着,直到吃得满头大汗,再也无法忍受,赶紧匆匆地逃回家。

【释义】 喻指过分殷勤的、令人难以忍受的款待,也泛指把自己的主观想法强加于别人。

解下某人的纽扣

【溯源】 十四世纪以后,纽扣成为财富的标志和象征。达官贵人衣服上的纽扣,钉的都是金纽扣、银纽扣、象牙纽扣、琥珀纽扣和珍珠纽扣。普通官吏和商人则多用铜纽扣,最多仅在上面镶些龟壳之类的材料。社会底层的贫民和工匠只能使用兽骨或木头制作的纽扣。

【释义】 意为骗取或抢夺别人的钱财。

⊛ 借来的羽毛

【溯源】 源自《伊索寓言·穴鸟和鸟类》。天神宙斯欲为鸟类立王,便定下吉日,召集众鸟,由他从鸟类中选出最美丽的册封为王。穴鸟知道自己相貌丑陋,肯定落选,便将其他鸟儿褪落的羽毛拾来,用胶粘到自己身上。宙斯见穴鸟的羽毛五颜六色,非常炫丽,便有意封它为王。其他鸟类见状非常气愤,一齐扑向穴鸟,从它身上衔走各自的羽毛,穴鸟又现出原本的丑陋面目。

【释义】 喻指借来的华丽衣裳,或不属于自己的社会声誉和地位。

⊛ 今年有许多榛子果

【溯源】 在德国,人们常用榛子树比喻怀孕的姑娘、非婚生子女、婚外发生的性关系,榛子树丛则被视为婴儿诞生的秘密地点,所以也称榛子树为小孩树。在古代德国的民间婚礼上,人们要向新婚夫妇赠送榛子果,以预祝爱情的良好开端以及子孙后代的兴旺。榛子果也被作为情侣间的礼物,在圣诞节和新年赠给心上人。

【释义】 喻指将会有许多孩子出生。

⊛ 金牛犊

【溯源】 源自《圣经·旧约·出埃及记》。摩西率领以色列人逃出埃及后,奉上帝之召登西乃山,在那停留四十昼夜。以色列人见他迟迟不归,便要求摩西的兄长亚伦为他们造一个神明引路。亚伦用妻子儿女的金耳环熔铸成一只金牛犊,并在铸像前建筑一座祭坛。以色列人在坛前膜拜献祭,并大吃大喝,饮酒作乐,使上帝怒不可遏,要灭绝以色列人,幸好摩西恳求上帝改变了主意。摩西下山后,见到金牛犊铸像和狂欢的人群,气得将金牛犊熔化,磨成粉末撒在水中,然后命令以色列人喝下去,以此惩罚他们。

【释义】 喻指黄金、财富、金钱等的威力。

⊛ 金羊毛

【溯源】 源自古希腊神话传说中伊阿宋率领阿耳戈船英雄寻找金羊毛的故事。伊阿宋长大后,回到故乡要求篡权的叔父珀利阿斯归还王位和王杖。珀利阿斯要求伊阿宋到科尔喀斯国王那里取回金羊毛,以此作为归还王位的条件。伊阿宋邀请了五十名英雄,乘坐轻快的阿耳戈船,历经千难万险后,在公主美狄亚的帮助下,终于取得了金羊毛。

【释义】 金银财宝的同义词。

⊗ 金子般的评价

【溯源】 源自英国作家莎士比亚的悲剧《麦克白》中的一段台词。三个女巫预言苏格兰大将麦克白将成为葛莱密斯爵士、考特爵士、未来的君王。前两个预言果然很快就得到证实，使他燃起实现第三个预言的野心。在奸毒的妻子怂恿下，他竟然预谋暗杀前来做客的国王，可又怕因弑君篡权遭到世人的唾弃，他对妻子说道："我们还是不要进行这件事吧！他最近给了我极大的尊荣，我也从众人的嘴里获得了金子般的评价，我的名誉正在发射最灿烂的光芒，不能这么快就把它丢弃了。"

【释义】 喻指得到的赞誉，至高无上的评价。

⊗ 禁果

【溯源】 源自《圣经·旧约·创世记》。亚当和夏娃住在伊甸园中，上帝允许他们食用园中的果实，唯独知善恶树上的果实不能吃。狡猾的蛇引诱他们吃了禁果，从此他们懂得了善恶，辨别出了真假，而且产生了羞耻之心。上帝因此将他们逐出伊甸园。

【释义】 比喻渴望得到却被禁止得到的东西，有时也指男女情爱。

⊗ 进入栅栏

【溯源】 中世纪时期，法国人常常举行一种骑马比武的竞赛活动。比赛开始时，骑士选手们在手执长矛等武器的"步兵"们的引导下进入比赛场地。因为选手们用的都是真刀真枪，又没有防护措施，导致时有伤害事故发生。后来，为了使比赛增加安全性，人们用木桩或布料将参赛选手隔开，以防被对方的长矛碰伤。这些木桩或布料在当时被称为"栅栏"，为了确保安全又改为双层间隔。"进入栅栏"一语即由此而来。

【释义】 原指进行比赛，现今使用时也指参加讨论或辩论。

⊗ 精神贵族

【溯源】 挪威哲学家、物理学家亨利希·斯特芬斯(1773~1845)对德国文学理论家奥古斯特·威廉·冯·施莱格尔(1767~1845)的拥护者的泛称。施莱格尔是早期浪漫主义的主要代表人物，在对德国古典文学的评论方面取得了很大的成就，对欧洲十九世纪上半叶的文学发展产生了深远的影响。

【释义】 形容那些自以为在文化修养上高人一等的人。

◎ 荆棘冠

【溯源】 源自《圣经·新约·马太福音》。耶稣被判处死刑后,巡抚的兵把耶稣带进衙门,叫全营的兵都聚集在那里。他们给耶稣脱了衣服,穿上一件朱红色的袍子,用荆棘编作冠冕戴在他的头上,又拿根苇子放在他的右手中,然后跪在他面前,戏弄他说:"恭喜犹太人的王啊!"又往耶稣的脸上吐唾沫,用苇子打他的头,直到戏弄够了,才给耶稣换上自己的衣服,带他出去,准备钉十字架。

【释义】 比喻遭受痛苦、屈辱和苦难。

◎ 酒倒在杯里还不等于喝到嘴里

【溯源】 法语谚语。旧时的法国人习惯半躺着用餐,当时的酒杯杯口很大,杯身很矮,因此杯子还未接触到嘴唇时,酒就会先洒掉一些,由此产生"酒倒在杯里还不等于喝到嘴里"一语。

【释义】 比喻从产生愿望到实现愿望之间还会发生变故,从制定计划到实现计划之间还有很大的距离。

◎ 救人的谎话

【溯源】 俄语成语,源自《圣经·旧约·诗篇》。原文在宣扬上帝救恩时说道:"君王不能因兵多得胜,勇士不能因力大得救。靠马得救是枉然的,马也不能因力大救人。"其中"靠马得救是枉然的"可直译为"靠马得救是谎话",于是便演变为"救人的谎话"。

【释义】 指对受骗者有利的谎话。

◎ 救世主

【溯源】 也称"救主",源自《圣经·新约·约翰福音》。基督教认为耶稣的降世,是为了拯救信仰他的人脱离罪恶,获得永生。"现在我们信,不是因为你的话,是我们亲自听见了,知道这真是救世主。"

【释义】 基督教对耶稣基督的称谓。

◎ 举角

【溯源】 语出《圣经·旧约·诗篇》。原文为:我对狂傲的人说:"不要行事狂傲。"对凶恶的人说:"不要举角。不要把你们的角高举,不要挺着颈项说话。"因为高举非从东、非从西、也非从南而来,唯有上帝能断定。他使这人降卑,使那人升高。

【释义】 喻指行事狂妄自大、盛气凌人。

举着火把送客

【溯源】 德语成语,源自德国古老的待客习俗。旧时街上没有路灯,来访的客人在晚上回家时,主人常派仆人举着火把陪送。这种本来表示友好的待客习俗,到后来却演变成逐客的方式。1311 年,施魏特尼茨城有些面包师想移居国外,市议会决定将为首者驱逐出境。为了嘲弄他,命人在白天燃起火把,将他送出城。

【释义】 喻指逐客、送客的意思。

卷发可儿

【溯源】 语出英国作家莎士比亚的悲剧《奥赛罗》。当威尼斯贵族元老勃拉班修得知自己的独生女爱上无财无貌的异族军官奥赛罗,并要随之私奔时,气急败坏地斥责奥赛罗道:"……你不想想你自己是个什么东西,胆敢用妖法蛊惑她! 我们只要凭着情理判断,像她这样一个年轻美貌、娇生惯养的姑娘,我们国里多少个有财有势的卷发可儿她都看不上,若不是中了魔,怎么会不怕别人笑话,背着尊亲投奔到你这个丑恶的黑鬼怀里? "

【释义】 喻指上流社会的纨绔子弟、花花公子。

爵爷的游戏

【溯源】 语出法国作家拉封丹的寓言诗《园子的主人和他的爵爷》。一座长满蔬菜和鲜花的园子遭到一只野兔的吞噬和践踏。主人用尽办法也没除掉这只野兔,便去镇上向领主爵爷请求帮助。爵爷带着浩浩荡荡的人马前来灭兔,不仅在主人家大吃大喝,还肆无忌惮地对主人的女儿动手动脚。最后,野兔从洞里逃走了,园子也被爵爷的人马糟蹋得不成样子,主人痛心地叹气说:"这就是爵爷的游戏啊!"

【释义】 用来讽刺不顾别人的利益,只顾自己纵情取乐的行为。

◎ 喀耳刻

【溯源】 古希腊神话传说中太阳神赫利俄斯和海洋女神珀耳塞的女儿，住在埃亚岛上华丽的宫殿里，不但容貌美丽、歌声动人，还精于魔法。特洛亚战争结束后，希腊英雄俄底修斯在返回希腊的途中经过埃亚岛，受到喀耳刻的招待。俄底修斯的同伴因喝了喀耳刻的魔酒而变成了猪猡，只有俄底修斯拿着黑茎白花的药草才幸免于难。后来，在赫尔墨斯的帮助下，喀耳刻又将他们一一恢复人形。俄底修斯与喀耳刻同居了几个月后才离开埃亚岛。

【释义】 喻指迷人的、靠美貌蛊惑人心美女。

◎ 喀迈拉

【溯源】 古希腊神话传说中巨人堤丰与蛇妖厄喀德拉之子。喀迈拉有狮子头、山羊头、巨蟒头三个头，三张嘴同时喷射火焰和热风，对生灵危害极大，后来被希腊英雄柏勒洛丰从空中射杀。

【释义】 喻指怪物，也转义为幻想、妄想。

◎ 卡夫卡式的变形

【溯源】 源自奥地利作家卡夫卡的小说《变形记》。主人公格里高尔·萨姆沙是一家衣料公司的旅行推销员，他循规蹈矩，忠于职守，成年累月为了微薄的工资到处奔波，因为他的工资是家里重要的经济来源。有一天早晨醒来，他发现自己变成了一只巨大的甲虫，从那时起，他的不幸接踵而来，不但失去了工作，连父亲、母亲、妹妹也渐渐开始嫌弃他，还抱怨他是家里一切不幸的根源。格里高尔在饱尝被亲人遗弃的痛苦后，在极端的孤独中悄然死去。

【释义】 指通过扭曲的、怪诞离奇的变形形象，来反映当前不合理的社会现实的艺术表现手法。

◎ 卡拉塔耶夫

【溯源】 俄国作家托尔斯泰的长篇小说《战争与和平》中的人物。卡拉塔耶夫是一位五十岁的普通农民,因为到别人家树林里伐木材而遭到鞭打和审问,并被送去当兵。他认为这是件很幸运的事,因为这样他的兄弟就可以不用去当兵了。他特别崇尚忍耐精神,被法军俘虏后,心甘情愿地为法军士兵缝制衬衣,还夸他们的衬衣做得很好。后来因为在行军途中生了病,被法军枪杀。

【释义】 指代在生活中逆来顺受、安于天命、苟且偷安的人。

◉ 卡列班

【溯源】 英国剧作家莎士比亚的传奇剧《暴风雨》中的人物。卡列班生在一个海岛上,生性愚蠢顽钝,相貌奇丑无比。失去王位的米兰公爵普洛斯彼罗漂泊到该海岛后将他收伏,教他说话、认知事物,但仍然无法改变他的顽劣野性,于是将其囚禁在岩洞中做苦役。后来,卡列班将漂流到岛上的醉汉视若神明,并怂恿他去杀害自己的主人,最终被人们丢弃在岛上。

【释义】 喻指野性难改的丑怪。

◉ 卡麻丘的婚宴

【溯源】 源自西班牙作家塞万提斯的小说《堂吉诃德》。堂吉诃德与仆人来到一座正在大摆婚宴的村庄,豪华至极的婚宴排场是他们前所未见、前所未闻的:整棵榆树做成的大木叉上烤着整头公牛,树上挂着无数只剥了皮的兔子和褪了毛的母鸡,白面包堆得像谷场上的麦垛,干奶酪犹如砌成的墙……足够一支军队放开肚量大吃一顿。

【释义】 喻指豪华丰盛的宴会。

◉ 卡珊德拉的预言

【溯源】 古希腊神话传说中特洛亚国王普里阿摩斯和赫卡柏的女儿。卡珊德拉原是阿波罗神庙的女祭司,跟从阿波罗学会预言吉凶的木领。后因拒绝阿波罗的求爱,被他诅咒预言不再为人所信。特洛亚战争中,希腊人使用木马计时,卡珊德拉预言死亡将从木马的肚子里冲出,可没有任何人相信她。希腊人攻陷特洛亚后,她被分给阿伽门农,随他来到希腊。在阿伽门农王宫前,她预言阿伽门农将被妻子杀害,自己也将与他同归于尽。后来,她预言的一切都得以验证。

【释义】 指预示灾难或不幸的降临。

◉ 卡斯塔利亚圣泉

【溯源】 古希腊神话传说中音乐之神阿波罗与文艺女神缪斯居住的帕尔那索

斯山的山泉。据传说,阿波罗爱上了河神阿刻罗俄斯的女儿卡斯塔利亚,卡斯塔利亚为了摆脱阿波罗的追求,化作了这条圣泉。

【释义】 喻指写作、创作时灵感的源泉。

◎ 开门吧 芝麻

【溯源】 语出阿拉伯民间故事集《一千零一夜》中的《阿里巴巴和四十个强盗的故事》。有一天,阿里巴巴进山打柴时遇见一伙儿强盗,他们走到一个山洞前,喊了声:"开门吧,芝麻!"山洞的石门便应声而开。等他们离开后,阿里巴巴也通过此法进入山洞,发现里面全是金银财宝,便装了几口袋用毛驴驮回家。强盗们得知后,千方百计想杀害阿里巴巴。在聪明的女仆马尔基娜的帮助下,阿里巴巴用计杀死了所有的强盗,靠洞中的财宝无忧无虑地度过了一生。

【释义】 喻指解决难题,获得成功的秘诀。

◎ 凯歇斯

【溯源】 英国作家莎士比亚的历史剧《裘力斯·凯撒》中的人物,谋杀裘力斯·凯撒的主谋。凯歇斯见凯撒战绩显赫、在罗马权倾天下,便游说凯撒的朋友罗巴行政长官勃鲁托斯,挑起他对独裁专制的不满,并欲借他的名望与权势赢得世人的理解与同情。为了诱使勃鲁托斯加入谋刺凯撒的行动,凯歇斯又模仿普通市民的笔迹和口气,给勃鲁托斯写了几封匿名信,暗示凯撒有实行独裁的野心,罗马人对他抱有巨大的信任和期望,希望他能为正义挺身而出,拯救国家。勃鲁托斯早已对凯撒的军事独裁很不满,于是决定为罗马人民的利益挥戈除暴。公元前 44 年,凯撒被刺身亡。

【释义】 常用来喻指阴险狡诈、善于欺骗游说的危险人物。

◎ 看风挂外套

【溯源】 在中世纪时期的德国,男子的外套是用以遮住肩膀的一整块长方形布,开襟处只是互相扣住,很容易被风吹起。因此晾晒时可以根据风向挂外套,以便及时将其吹干。

【释义】 比喻随着情况的变化而灵活机动地应付。

◎ 考狄利娅的天赋

【溯源】 源自英国剧作家莎士比亚的悲剧《李尔王》。不列颠国王的小女儿考狄利娅因不愿用漂亮虚假的言辞表达对父王的爱心,被父王剥夺应分得的财产,嫁给法兰西王而远去。不久以后,她的两位姐姐原形毕露,勾搭在一起欺凌父王,使李尔王落到无家可归的惨境。考狄利娅得知后,率领法军来解救父王,却惨遭姐姐杀害。李尔王抱着她的尸体,终于明白小女儿才是真正关心他的人。他悲痛万分地呼唤着爱女的名字:"考狄利娅!考狄利娅!等一等!你在说什么?她的声音总是那么柔软温和,那么轻曼娇弱,这正是女儿家的动人之处⋯⋯""考狄利娅的天赋"一语即由此演变而来。

【释义】 喻指女子温柔的声音以及温良贤淑的品质。

柯楚白又有声名又有钱

【溯源】 语出俄国诗人普希金的长诗《波尔塔瓦》。富裕的贵族柯楚白是沙皇彼得一世手下的总监。他的女儿玛丽娜违背父命,投入年迈的将军马塞帕的怀抱。柯楚白为了报复,向沙皇密告马塞帕企图谋叛。可彼得一世却听信马塞帕的谗辞,下令制裁高密行为,马塞帕趁机斩杀了柯楚白。"柯楚白又有名声又有钱"为长诗的首句。

【释义】 比喻某人家境富裕,声名显赫。

柯罗博奇卡

【溯源】 俄国作家果戈理的长篇小说《死魂灵》中一个穷乡僻壤的小地主婆。闭塞的乡村生活和自给自足的小农经济,使柯罗博奇卡成为一个迷信而又愚蠢的人。她孤陋寡闻,从不过问庄外的事,却善于经营田庄,积聚财产。她一边哭穷,悲叹收成不好,一边把钱按面额仔细分好,塞到藏在五屉柜内的印花粗布缝制的钱包里。

【释义】 用来比喻或讽刺顽固愚钝、吝啬守旧的人。

科本尼克上尉

【溯源】 1906 年,在德国发生了一起耸人听闻的诈骗案。有位刚从监狱释放的鞋匠威廉·沃依格特,租了套上尉军装,摇身一变成了军官。他命令一队士兵占领了柏林附近的科本尼克市的市议会,并逮捕了市长,抢走了大笔公款。此事件经报纸披露后,顿时轰动了整个德国。

【释义】 指代外表衣冠楚楚、为人处世厚颜无耻的诈骗犯。

科吉歇尔人的举动

【溯源】 科吉歇尔位于英格兰东部埃塞克斯郡境内。据传,那里有位老农见疯狗咬了他的手推车,便惊恐万状,怀疑手推车被传染上狂犬病。他拿了条铁链,像拴狗那样将手推车锁在车棚里不再使用,以防它危及到家里的其他东西。

【释义】 喻指愚蠢的、匪夷所思的行为。

🦬 可去变卖你所有的 你还要来跟从我

【溯源】 语出《圣经·新约·马太福音》。有位年轻人来见耶稣说:"夫子,我该做什么善事才能得到永生?"耶稣对他说:"你为什么以善事问我呢?只有一位是善的。你若要进入永生,就当遵守诫命。"年轻人问:"是什么诫命呢?"耶稣答:"就是不可杀人,不可奸淫,不可偷盗,不可作假见证,当孝敬父母,又当爱人如己。"年轻人说:"这一切我都遵守了,还缺少什么呢?"耶稣说:"你若愿意作完全认,可去变卖你所有的,分给穷人,就必有财宝在天上,你还要来跟从我。"年轻人听完这些话,就思虑重重地走了,因为他的产业很多。

【释义】 喻指义无反顾地跟随某人,或坚决彻底地接受某种信仰。

🦬 客里空

【溯源】 源自苏联作家柯涅楚克的剧作《前线》。有一位名叫客里空的新闻记者,写稿子从不调查研究,而是闭门造车、瞎编乱造。有一次他听说前线总指挥的儿子阵亡了,马上就编造了总指挥的儿子在牺牲前如何发誓、总指挥听说儿子牺牲后如何痛哭流涕等情节。这样,"客里空"就成了新闻写作中弄虚作假、无中生有、凭空捏造的代名词。

【释义】 喻指那些歪曲事实的新闻报道。

🦬 克娄巴特拉

【溯源】 埃及国王托勒密十二世的次女、马其顿王朝的末代女王、史称克娄巴特拉七世。她拥有倾国倾城的美貌和高雅超凡的气度,声音娇柔宛转,悦耳动听。为了恢复马其顿王朝的荣耀,她先后蓄意以美色征服了罗马大将裴力斯·凯撒和罗马执政官马可·安东尼。最后,她勾引罗马统帅屋大维未遂,为避免成为阶下囚,便自杀于寝宫内。

【释义】 喻指美貌多情、聪慧超群、手握重权的女性。

🦬 刻耳柏罗斯

【溯源】 古希腊神话传说中看守冥国大门的恶犬。这只恶犬长着三个头,生有蛇尾,脖颈上还缠着长蛇。它不阻止阴魂进入冥国,但一个阴魂也不准从冥国出去。为了讨好刻耳柏罗斯,古希腊人常在死者的灵柩上放一块蜜饼。

【释义】 指代凶恶的卫士、门卫,也指恶狗。

肯特郡人的狂热

【溯源】 肯特郡位于不列颠群岛的东南端,濒临英吉利海峡,是英格兰的一个郡。在1828~1829年间,那里曾举行过声势浩大的反对罗马天主教制度的集会。当时,情绪激奋的听众不时对演讲者报以长时间的、极为热烈的掌声和欢呼声。"肯特郡人的狂热"一语即由此而来。

【释义】 喻指经久不息的掌声和欢呼声,也用作形容反对声和嘲笑声。

库珀式的审判

【溯源】 库珀位于伊登河谷地,十三世纪时曾为司法中心。据记载,在贵族世袭司法审判权制度被废止以前,这里曾发生过将犯人先以绞刑处死后,再进行审判的荒唐事件。"库珀式的审判"即由此而来。

【释义】 指未经正式审判程序,便对被告施以极刑的司法行为。

狂暴斗士

【溯源】 狂暴斗士原是古代斯堪的那维亚传说中,装扮成熊形的游手好闲的人。在古代,人们认为将野兽打死并穿上兽皮,就会拥有野兽的力气。后来出现的狂暴斗士就是披着兽皮的人,他们不戴盔甲,不拿武器,经常赤手空拳与人争斗。

【释义】 用来形容野蛮无知或暴跳如雷的人。

旷野的呼声

【溯源】 源自《圣经·旧约·以赛亚书》,指施洗约翰在犹太旷野里宣传悔改的声音。原文为:在旷野有人声喊着说:"当预备耶和华的路,在沙漠地修平我们上帝的道,一切山洼都要填满,大小山冈都要削平,高低的要改为平坦,崎岖的必成为平原。耶和华的荣耀必然显现,凡有血气的必一同看见,因为这是耶和华亲口说的。"

【释义】 现转义指无人理睬的呼喊、无人响应的号召。

盔甲下的苍苍白发

【溯源】 语出法国古典主义剧作家高乃依的诗剧《勒·熙德》。高迈斯在决斗中被女儿施曼娜的恋人罗德里克所杀。施曼娜要求国王处死罗德里克,国王让罗德里克的父亲唐·狄哀格回答施曼娜。唐·狄哀格竭力为儿子辩护道:"尊敬的陛下,如果我生的不是一个值得自豪的儿子,这些盔甲下的苍苍白发,这些为了效忠您而多次流出的血液,这昔日让敌军胆战心惊的臂膀,都将带着耻辱进入坟墓!"

【释义】 用来形容某人行伍一生,或终身致力于某种职业。

拉伯雷的片刻

【溯源】 源自十六世纪法国作家拉伯雷的生前轶事。拉伯雷有一次从罗马返回巴黎,途中住在里昂的一家旅店里。因一时无钱付账,便在房间里显眼的地方放了几个药包,上面分别写着"给国王的毒药"、"给王后的毒药"等等。旅店老板发现后,惊恐万分,赶紧报告了骑警队。骑警队把拉伯雷带到巴黎,国王知道缘由后,非但没怪罪他,还笑着请他吃了饭。

【释义】 本意为"付钱的时刻",后引申为令人烦恼的时刻。

拉紧缰绳

【溯源】 语出法国作家莫里哀的喜剧《吝啬鬼》。吝啬鬼阿尔巴贡决定把女儿白莉丝嫁给不要嫁妆的老贵族。正当白莉丝与父亲争执不下时,她的意中人法赖尔走了过来,阿尔巴贡赶紧叫他出来评理。法赖尔一面让白莉丝装病拖延日期,一面假意支持阿尔巴贡的决定,并批评白莉丝不服从父亲的管束。阿尔巴贡高兴极了,把管教白莉丝的任务交给了法赖尔。法赖尔假装严厉地训斥了白莉丝,又对阿尔巴贡说道:"对她必须要拉紧缰绳!"

【释义】 比喻要严加管束某人,或对某种事物进行严格管制。

拉科尼亚人的简洁

【溯源】 最早见于古希腊哲学家柏拉图的《普罗塔戈拉篇》。拉科尼亚人是对居住在古伯罗奔尼撒的斯巴达人的称呼。拉科尼亚人以言辞简洁而著称。据传萨摩斯岛的使者前来时,曾发表过长篇演说。拉科尼亚人听后说道:"你开头说的话我们已经忘了,因为那是很久以前说的话,而且因为我们忘了开头的话,所以就没能明白结尾的意思。"

【释义】 喻指说话或写文章言语简洁、准确。

拉撒路复活

【溯源】 源自《圣经·新约·约翰福音》。拉撒路是耶稣的好友。拉撒路病故后,耶稣见他的两位姐姐非常悲恸,就决定复活拉撒路。耶稣来到拉撒路的墓前,令人打开已经封葬了四天的墓洞,然后大声呼叫说:"拉撒路出来!"拉撒路随声复活,从墓洞内走了出来,脸上和四肢还裹着尸布。

【释义】 比喻重病后的康复,或被遗忘、消亡的旧事物再度出现。

拉下马鞍

【溯源】 源自欧洲中世纪骑士时代的习俗。每当骑士进行决斗时,按照决斗规则,失败的一方不仅被人拉下马鞍,而且连同他的坐骑以及武器装备都成为获胜者的战利品,释放日期和赎金数量都由胜者决定。

【释义】 比喻将某人赶下台,或排挤某人。

拉·夏特尔手中的字据

【溯源】 语出十七世纪法国名妓尼侬·德·朗克洛的一段风流韵事。朗克洛从小就随父亲养成了对伊比鸠鲁哲学的持久兴趣。父亲因犯罪从巴黎逃走后,她留在巴黎并建立了一个沙龙,吸引了许多当时文学界和政治界的知名人物。她的情人中有侯爵,也有公爵,甚至受到剧作家莫里哀和诗人斯卡龙的爱慕。有一次,深爱着她的侯爵德·拉·夏特尔不得不与她暂别,便要求她立下字据,保证决不移情他人。侯爵走后没几天,朗克洛就违背了誓言,每次与别人幽会前,她都会大声地笑着说:"啊!拉·夏特尔手中的字据!"

【释义】 喻指无法兑现的允诺或毫无价值的字据。

拉着提琴送客

【溯源】 德语成语。在中世纪的德国,贵族和上流社会的人士为了炫耀自己的地位和财富,常在家中举行有乐队伴奏的舞会或盛宴。聚会结束后,客人们就在提琴乐声中被送回家。据传,有一次罗马军队包围了纽伦堡,后因久攻不下而撤退,纽伦堡人奏乐欢呼,唱道:"你听不到公鸡叫,还想来扰乱纽伦堡?滚吧!让人拉着提琴把你送回家!"

【释义】 表示毫不客气地打发某人或拒绝接待某人。

剌达曼堤斯

【溯源】 古希腊神话传说中天神宙斯与欧罗巴的儿子,冥界的统治者和三判官之一,以严厉和公正著称。传说希腊大英雄赫剌克勒斯曾受教于严厉苛刻的利诺斯,有一次利诺斯责打他时,他因不服失手用竖琴砸死了利诺斯。赫剌克勒斯作为谋杀者被传到法庭,法官刺达曼堤斯赦免了他的杀人罪,并规定凡因自卫而致人死命者不得处以极刑。

【释义】 指代严厉、公正无私的法官。

◎ 蜡烛两头点

【溯源】 法语成语。在中世纪的法国,蜡烛被视为奢侈品,一般人根本用不起。当时最好的蜡烛是从北非摩尔人的布日伊城进口的。这种布日伊烛用精制的蜂蜡制成,价格十分昂贵,连王公贵族也不轻易使用。在王宫内,掌玺大臣用剩的烛头都得交给管理国库的官员,其珍贵程度可见一斑。在当时的这种情况下,如果有人点燃蜡烛的两头,自然会被视作极大的浪费。

【释义】 喻指铺张浪费、挥霍钱财,也比喻糟蹋身体、挥霍健康。

◎ 来到合适的铁匠铺

【溯源】 在中古时代,马都要在铁匠铺打马掌。因为马掌钉得好坏对马的役使起着很大的作用,所以人们都要找技术高明的铁匠师傅钉马掌。"来到合适的铁匠铺"一语即由此而来。

【释义】 喻指找对了门路,得到正确的答案,或得到令人满意的服务。

◎ 来自爱丽舍园的女儿

【溯源】 语出德国作家席勒著名的抒情诗《欢乐颂》。在古典作品里,爱丽舍园象征着神仙福地和极乐世界。作者在诗中写道:欢乐啊,群神的美丽的火花/来自爱丽舍园的女儿/天仙啊,我们意气风发/踏进你神圣的天堂。

【释义】 喻指极乐世界的仙女,欢乐的象征。

◎ 莱涅克狐

【溯源】 德国作家歌德的同名叙事讽刺长诗中的重要角色。这篇长诗以兽寓人,通过讽刺狮王及其仆从狼、熊、猫等的愚蠢和贪婪,来影射当时封建社会的腐败现象。诗中的来涅克狐善于欺上瞒下,美化自己,为了达到目的不择手段,甚至欺凌弱小、诬陷别人,最终爬上统治者的位置。

【释义】 用来指代阴险狡诈、凶狠残忍的人。

◎ 蓝胡子

【溯源】 法国作家夏尔·佩罗童话集中《蓝胡子》的主人公拉乌尔,又称为蓝胡子骑士。他娶过六个妻子,都因违反他的禁令,进入他秘密害人的房间而被他杀害。

后来,他又娶了法蒂玛为妻,在一次外出旅行前将家中钥匙给了妻子,并告诉她唯独一个小房间不能进。法蒂玛出于好奇,打开了小房间的门,发现地上的血迹和墙角处六具被捆绑的女尸。她吓得惊恐万状,失手将钥匙落在地上沾上了血迹。拉乌尔当晚回到家,发现钥匙上的血迹,明白妻子知道了他的秘密,便要处死法蒂玛。幸亏在紧急关头,法蒂玛的姐姐找来两个兄弟,刺死了拉乌尔,救下法蒂玛。

【释义】 指代生性多疑,凶狠残忍的丈夫。

🕮 蓝花

【溯源】 源自德国作家诺瓦利斯的长篇小说《亨利希·封·奥夫特尔丁根》。主人公亨利希·封·奥夫特尔丁根是一位青年抒情诗人。有一天,他梦到一朵"蓝花",从此便念念不忘,与母亲和几个商人从故乡旅行到奥格斯堡,去寻找梦中的"蓝花"。在寻找"蓝花"的过程中,他学习了很多新知识,诗才也得到了发展,由此"蓝花"也成为浪漫主义的象征。

【释义】 用来比喻无法实现的幻想和空想。

🕮 蓝色绶带

【溯源】 用来佩戴嘉德骑士勋章的绶带,因其蔚蓝色而得名。嘉德骑士勋章是英王爱德华三世于十四世纪中叶所创立。随着骑士在战争中作用的削弱,嘉德勋章授予的对象不再局限于军人,受封者也不再享有以往的骑士待遇,仅成为一种最令人向往的荣誉。

【释义】 常用来指代"嘉德骑士勋位",也指代最高荣誉或头等奖赏。

🕮 蓝色血液

【溯源】 公元 711 年,阿拉伯摩尔人从北非渡过直布罗陀海峡,侵入西班牙,统治了西哥特人。深肤色的摩尔人发现,透过西哥特人的浅色皮肤能看到蓝色的血管,便误以为西哥特人有蓝色的血液。后来,西哥特人经过长期斗争,终于收复被阿拉伯人占领的土地,昔日低下的"蓝色血液"成了高贵的贵族血统。

【释义】 喻指高贵、显赫的出身。

🕮 篮中公鸡

【溯源】 德语成语。旧时,德国人习惯把鸡放在编织的篮筐里饲养,认为篮筐是一种最好的鸡窝。农妇经常把公鸡放在篮子里,拿到集市上去卖。罗马人在斗鸡之前,常常把最有希望获胜的公鸡放在篮中展示给现场的观众看。"篮中公鸡"即由此而来。

【释义】 指主角、宠儿,也指一群女人中唯一的男人。

❀ 狼来了

【溯源】 语出伊索寓言《开玩笑的牧人》。有位牧人在野外放羊,他假装受到狼的袭击,大声向村里呼救:"狼来了!狼来了!……"村民们都急忙赶来帮他打狼,却发现他在撒谎开玩笑。如此这样反复几次,等狼真的来临时,听到呼救声的村民们再也不相信他,结果牧人的羊都被狼吃光了。

【释义】 喻指经常说谎话、言辞无法令人信任的人。

❀ 浪子

【溯源】 源自《圣经·新约·路加福音》中浪子回头的故事。某人将财产分给了两个儿子。小儿子拿着财产远走他乡,终日在外花天酒地,挥霍放荡,很快就变得穷困潦倒,不得不为别人放猪。他醒悟自己的过错,决心回家向父亲认错。父亲见他回来,立刻给他换上最好的衣饰,又杀了肥牛犊给他吃,家里一片欢声笑语。从田里劳动回来的大儿子见状非常生气,不禁埋怨父亲偏心。父亲对他说:"儿啊,你常和我在一起,我一切所有的,都是你的。而你这个兄弟是死而复活、失而又得的,所以我们理当欢喜快乐。"

【释义】 比喻那些迷途知返、痛改前非的人,有时也指不务正业、行为放荡的人。

❀ 老底嘉教会的政策

【溯源】 源自《圣经·新约·启示录》。老底嘉教会是罗马帝国亚细亚省的七个教会之一。基督耶稣曾向使徒约翰显现,要他写信批评这个教会对耶稣所持的"不冷不热"的"温和态度"。

【释义】 比喻冷淡的、不热心的态度或政策。

❀ 老近卫军

【溯源】 法国皇帝拿破仑一世的精锐部队的称呼,这支近卫军是独立部队,与其他的军团、炮兵、骑兵等完全无关,成员都是经过特别选拔、出类拔萃的士兵和军官。老近卫军经历过多次战斗的考验,在拿破仑战争中发挥了巨大的作用,被誉为不可战胜的勇士。

【释义】 喻指久经考验,经验丰富的活动家。

◎ 老卡萨诺瓦

【溯源】 乔·卡萨诺瓦(1725~1798)是意大利的教士、士兵、间谍、作家、外交官，主要以冒险家和浪荡子而著名。1822 年,他的自传《我的生平》被编辑让·拉法格随心所欲加进去大量的色情描写,歪曲了卡萨诺瓦的形象,使他的名字成为浪荡子、酒色之徒、强奸犯、人口贩子等一系列坏名声的同义词。这件冤案直到一个多世纪后才得以澄清。

【释义】 指代道德败坏的好色之徒。

◎ 勒安得耳与赫洛

【溯源】 古希腊神话传说中一对生死不渝的恋人。他们分别住在海峡的两岸,为了见到心上人,勒安得耳每夜都泅过海峡与赫洛约会。赫洛为了帮助心上人渡海,每夜都在塔楼上高举火炬为他引路。在一个风雨交加的夜晚,火炬熄灭了,勒安得耳失去方向,不幸溺水而死。第二天清晨,海浪把他的尸体冲到塔下,赫洛见到后悲痛欲绝,投海而死。

【释义】 喻指情深意笃,生死不渝的恋人。

◎ 勒忒河

【溯源】 古希腊神话传说中冥国的一条忘河。传说当死者的阴魂进入冥国后,喝一口忘河的水,就会忘却人间和往事。

【释义】 遗忘的象征。"淹没在勒忒河中"指永远消失、永远遗忘。

◎ 泪谷

【溯源】 语出《圣经·旧约·诗篇》。原文为:我的主,我的上帝啊!在你的祭坛那里,麻雀为自己找到房屋,燕子为自己找到抱雏之窝,如此住在你殿中的,便为有福。他们仍要赞美你,靠你获得力量,心中想往锡安大道的,这人便为有福。他们经过流泪谷,让这谷变为泉源之地,并有秋雨之福盖满了全谷。

【释义】 喻指痛苦的生活、悲惨的命运、苦难的深渊。

◎ 鲤鱼池中的狗鱼

【溯源】 狗鱼是敏捷的好进攻的凶猛鱼类。它经常在鱼池中将游动缓慢的鲤鱼赶来赶去,使它们久长不肥。

【释义】 喻指破坏安定的人,也指能使人活跃起来的人。

李尔王

【溯源】 英国剧作家莎士比亚同名悲剧中的主人公。李尔王因年老力衰,决定把国土和财产分给三个女儿。长女和次女用娓娓动听的甜言蜜语取悦父王,各自得到一大笔财产。小女儿不想用滥美的词汇去讨好父亲,她应得的财产被李尔王分给了长女和次女。不久后,小女儿嫁给法兰西国王,离开了李尔王。长女和次女露出真面目,不但拒绝赡养父王,还把李尔王折磨得疯疯癫癫。小女儿带兵前来解救父王,却不幸惨遭毒手,李尔王随后也忧伤而死。

【释义】 常被用来指代被儿女抛弃后流离失所、无家可归的老人。

利德福德法律

【溯源】 利德福德位于今苏格兰德文郡境内,是英国古代撒克逊人的一个自治市,撒克逊人在那里构筑了四座要塞,以抵御外族的侵扰。十四世纪时,诺曼人又在那一带建起数座城堡。在那些城堡中,有一座后来成为锡矿区的监狱。那里的地牢阴暗潮湿、恶臭无比,环境非常恶劣。关押在那里的犯人往往还未等到出庭受审,便已丧命。

【释义】 喻指先施体罚,再进行审判的司法行为。

连皮带头发

【溯源】 源自德国古代的刑罚。古人把皮肤和头发看作身体和生命。据《德国古代法律》记载,古代日耳曼刑法规定,除皮肤和头发外,对妇女不能施以过重的刑罚。所以在处罚女重犯时,便将其绑在木柱上,剪掉她的头发,再用枝条把她上身抽打得鲜血直流。

【释义】 用来表示全部、完全、毫无保留等意思。

连猪也看不懂

【溯源】 德国俗语。十七世纪时,在德国石勒苏益格地区有户姓施魏因的人家,这家人不仅识文断字,而且非常乐于助人。周围不识字的居民经常来求他们代读文件或书信,或写状纸等等,在他们心目中,施魏因一家无所不知,无所不懂。如果遇见施魏因一家难以辨认、看不懂的书信,他们便会惊叹地说道:"连施魏因都看不懂!"渐渐地,他们把不明白、无法解释的事物,都说成是"连施魏因也看不懂"的东西。在低地德语中,"施魏因"和"猪"的发音相似,久而久之,就被说成了"连猪也看不懂"。

【释义】 表示谁都看不懂,谁都不明白。

◎ 两个埃阿斯

【溯源】 古希腊神话传说中两位英雄的名字。大埃阿斯是萨拉弥斯国王忒拉蒙的儿子,身材高大魁梧,性格莽撞勇猛,是位英勇的角斗士。小埃阿斯是罗克里斯国王俄琉斯之子,希腊军队中公认的最优秀的投枪手。他们两人都参加了特洛亚战争,一个力大无比,一个捷足如飞,在战争中并肩作战,被人们并称为"两个埃阿斯"。

【释义】 比喻形影不离、难舍难分的挚友。

◎ 两击不中　只剩一击

【溯源】 源自棒球运动的比赛规则。按照棒球比赛的规则规定,攻方的击球员每人有三次击球机会,若三击不中,则被判出局。当"两击不中,只剩一击"时,显然大势已去,难以获得成功。

【释义】 借指处于不利的境地,一切事情都无法逆转。

◎ 两刃的利剑

【溯源】 两刃剑指正反两面都能伤人的剑。语出《圣经·新约·启示录》中,使徒约翰描述的耶稣基督向他显现的情景:我转过身来,要看是谁发声与我说话。转过来后,就看见七个金灯台。灯台中间,有一位好像人子,身上穿的长衣直垂到脚,胸间束着金带,须发皆白如羊毛,又如白雪,眼目如同火焰。他的脚好像在炉中锻炼光明的铜,声音如同众水之音。他的右手拿着七星,从他口中出来一把两刃的利剑,面貌如同烈日放光。在这里,"两刃的利剑"是种象征性的比喻,用来表达基督的审判意识,一刃用于审判,一刃用于拯救。

【释义】 用来形容某人言语刻薄,无论说什么都会伤害人,或比喻对双方都不利的证据等等。

◎ 列彼季洛夫

【溯源】 俄国作家格里鲍耶陀夫的喜剧《智慧的痛苦》中的一个丑角。列彼季洛夫是个混迹于上流社会的浪荡子,他最善于信口雌黄、搬弄是非。他没有灵魂,没有自尊,为了证明自己没有撒谎,他可以发誓诅咒自己。由于他总是说谎,谁也无法确定他的真实身份和经历,大家都不相信他的谎话,而且认为他本性难移,无药可救。

【释义】 代指社会的渣滓、游手好闲、谎话连篇的人。

☺ 鳞从眼睛上掉下来

【溯源】 语出《圣经·新约·使徒行传》。扫罗在去大马士革的途中,忽然有道天光照着他,他的眼睛突然就变瞎了,被人扶进城内,三日不吃不喝。同时,大马士革的门徒亚拿尼亚收到主的指示,让他去访问一位名叫扫罗的人,去治好他的眼睛。于是,亚拿尼亚找到扫罗,把手按在扫罗身上说:"兄弟扫罗,在你来的路上向你显现的主,就是耶稣,他让我来使你能看见,又被圣灵充满。"这时,扫罗的眼睛上好像有鳞立刻掉下来,扫罗的眼睛立刻就好了。

【释义】 用来暗喻突然醒悟、豁然开朗、恍然大悟。

☺ 林叩斯

【溯源】 古希腊神话传说中墨西拿国王阿法柔斯的儿子。他的目光非常锐利,能透视土地、石头和深水,曾参加阿耳戈船英雄们的远征,担任领港人。

【释义】 用来指代机智灵敏、警惕性高的卫士。

☺ 林中孩儿

【溯源】 源自英国古时的一则民间故事。有位庄园主死后留下遗嘱:自己的一男一女两个孤儿由妻弟代为抚养,如果两个孩子先舅父而亡,则他们继承的财产归舅父所有。一年后,贪婪的舅父企图谋财害命,暗中唆使两个恶棍将孩子们骗入森林除掉。年幼无知的孩子们不知其中有诈,丝毫没有防备心,反而欢欣雀跃,快乐无比。其中一个恶棍见孩子们如此天真可爱,良心发现,将同伙除掉后,丢下孩子自己逃跑了。可怜两个弱小的孩子,在森林里找不到归路,当天夜里就死在林中。

【释义】 喻指不谙世故、易于上当受骗的人,或指代初出茅庐、天真无邪的青年人。

☺ 吝啬的骑士

【溯源】 俄国诗人普希金同名诗体悲剧中的主人公。他积财成瘾,爱财如命,把金钱当作主子,像个黑奴一样服侍它。他把自己封闭在金钱的世界里,对自己的儿子也一毛不拔,甚至要提出与儿子决斗。当儿子接受了父亲的挑战时,他顿时气绝而死。临死前,他还念念不忘那把开启他藏着财宝的大木箱的钥匙。

【释义】 吝啬鬼、守财奴的代名词。

☺ 灵魂的锚

【溯源】 语出《圣经·新约·希伯来书》。书中指出上帝的应许和誓言是不会改变的,只要坚定对上帝的信仰,并竭力付出自己全部的精神,就能得到上帝应许的福,所以一定要持守对上帝应许的盼望。"我们有这盼望就如同灵魂的锚,又坚固又牢靠,且通入幔内。"

【释义】 原指对上帝的信仰,后喻指精神支柱、坚定的信仰、在危难时可以依靠的人或物。

⊛ 令人钦佩的克赖顿

【溯源】 詹姆斯·克赖顿(1560~1582)是苏格兰演说家、辩论家、旅行家、诗人。1575 年,年仅十五岁的克赖顿只用一年时间便学完了常人需用两年才能完成的课程,取得了圣安德鲁斯大学文学硕士学位。他相貌英俊、聪慧博学,不但掌握十几种外语,通晓各类学科知识,而且还拥有能与骑士相媲美的剑术。

【释义】 喻指多才多艺的年轻人。

⊛ 硫磺与火

【溯源】 语出《圣经·旧约·创世记》中上帝毁灭罪恶之城所多玛和蛾摩拉两城的故事。"当时,耶和华将硫磺与火从天上降到所多玛和蛾摩拉,把那些城、平原,以及城里所有的居民,甚至连地上生长的都毁灭了。"

【释义】 喻指可怕的、令人胆战心惊的事物。

⊛ 楼梯上的智慧

【溯源】 在十七世纪时,法国特别流行沙龙集会。参加沙龙的人不仅可以谈论、探讨文学、艺术、政治、社会等问题,还可以借此炫耀自己的聪明才智,所以机敏与口才非常重要。有时,在需要正确表达自己的思想时,却找不到最恰当的词汇,往往在沙龙结束后,走在楼梯上时才会想起来。"楼梯上的智慧"一语即由此而来。

【释义】 比喻事前无主见,事后才高谈阔论的人。

⊛ 卢库鲁斯的宴席

【溯源】 卢库鲁斯是古罗马的统帅。在多年的征战中,他掠夺了大量的金银财宝,过着奢侈豪华的生活。他修建了许多富丽堂皇的宫殿和别墅,每日饮酒作乐。他宴请客人的排场和巨大耗费使客人都觉得过意不去,而不再接受他的邀请。有一次,他独自进餐,负责膳食的奴仆以为没有请客,可以不必过于破费,所以只为他准备了一桌酒菜,没想到他大发雷霆说:"你不知道今天是卢库鲁斯宴请卢库鲁斯吗?"

【释义】 用来形容丰盛豪华的宴席。

◎ 路得拾麦穗

【溯源】 源自《圣经·旧约·路得记》。寡妇拿俄米打发两个失去丈夫的儿媳回娘家再嫁。一个儿媳与婆母挥泪而别，另一个叫路得的儿媳却舍不得离开婆母，表示誓死要与婆母在一起。正值收割大麦的季节时，路得经过婆婆同意，到田里去拾别人收割时落下来的麦穗。当她来到公公亲属家的田里时，亲属知道她很孝顺婆母，不但允许她在自己的田里拾麦穗，还让仆人在地里留些麦捆，让她任意拾取。路得很轻易就拾了许多麦穗，拿回去供养婆母。

【释义】 比喻不用费大力气的、轻松的劳动。

◎ 露出犄角

【溯源】 在欧洲旧时的文化意识中，山羊是由魔鬼创造的，是邪恶的象征，所以魔鬼常常被描绘成类似山羊的半人半兽的怪物，生着两只山羊角和一对偶蹄。传说魔鬼常常假扮人形，诱惑世人误入歧途。可是，无论魔鬼怎样装扮，总是遮掩不住头上的犄角和脚上的偶蹄。

【释义】 喻指露出凶恶本性，或准备争辩或争斗。

◎ 驴影之争

【溯源】 源自古希腊雄辩家狄摩西尼讲述的一则故事。有个人租了一头驴，骑着去古城迈加拉。行至晌午时，火辣辣的太阳照得他酷热难耐，便停下来想找个地方避避暑气。可四下看去，没有一块阴凉的地方，他只好躲在驴的影子下。这时，驴的主人赶来了，声称出租的只是驴，不包括驴影，只有他才有权在驴影下乘凉。两个人激烈地争执起来，谁也没注意到驴已经挣脱缰绳，悄悄溜走了，只剩下他们在争吵不休。

【释义】 讽喻毫无意义的争吵或不利于双方的争执。

◎ 吕西安

【溯源】 法国作家巴尔扎克的小说《幻灭》中的主人公。他出身于社会下层，为了改变自己卑贱的社会地位，他凭借自己的俊美与才气，结识了贵族领袖巴日东夫人。在这位贵妇人的怂恿下，他来到巴黎，开始追逐名誉和地位。为了早日过上奢华的贵族生活，他选择投身报界的捷径，只要有利可图，他可以随时改变信仰，用灵魂和才气做交易。后来，在自由党和保王党的联合进攻下，他在巴黎失去了立足之地，被赶回了故乡。

【释义】 指代在金钱和权势的诱惑下,走上堕落道路的青年人。

滤出蠓虫 吞下骆驼

【溯源】 源自《圣经·新约·马太福音》。耶稣在加利利传道时,向门徒谴责了法利赛人假冒为善,舍本求末的罪行。"你们这假冒为善的文士和法利赛人有祸了!因为你们将薄荷、茴香、芹菜献上十分之一,那律法上更重的事,就是公义、怜悯、信实反倒不行了。你们这瞎眼领路的,蠓虫你们就滤出来,骆驼你们倒吞下去。"

【释义】 喻指见小不见大,舍本求末。

绿色贝雷帽

【溯源】 贝雷帽是一种绿色的、扁圆形的羊毛软便帽,上有迷彩图案。起初作为英国部队的军帽,后来被美国特种部队采用。

【释义】 指代美国陆军突击队,是美国陆军中规模最大的特种部队,经常被派往许多国家,执行各种使命。

绿眼妖魔

【溯源】 语出英国作家莎士比亚的悲剧《奥赛罗》中伊阿古的一段台词。伊阿古是威尼斯将军奥赛罗的旗官,因未被提升为副将而对奥赛罗怀恨在心,到处伺机挑拨离间。他利用奥赛罗醋妒成性的弱点,安排奥赛罗见到新婚妻子与别人暧昧的假象,并进一步挑拨道:"啊,主帅,您要留心嫉妒啊!那是一个绿眼妖魔,谁做了它的牺牲,就要受它的玩弄!……"西方人认为,强烈的嫉妒会使人的面色或眼睛变成青绿色,所以莎士比亚据此创造了"绿眼妖魔"这个词。

【释义】 代指强烈的、难以抑制的嫉妒。

伦巴第人

【溯源】 早在中世纪时,伦敦市内便有一条街称为"伦巴第人大街"。居住在这里的居民基本为伦巴第人,他们大多从事金匠手艺、借贷、银行业和典当业等,使这里逐渐成为英国各类大型银行的集中地。

【释义】 "伦巴第人"代指银行家或放债人,"伦巴第人大街"代指英国金融界。

罗宾汉

【溯源】 中古时期英国民间故事中的传奇英雄,因反抗官府的禁猎法令,逃往英格兰诺丁汉郡的舍伍德森林,成为绿林好汉。罗宾汉勇敢机智,为人忠厚善良。他率领一些同样遭受压迫的农民和工匠,专门劫富济贫,与封建势力做顽强的斗争。

【释义】 指代行侠仗义的英雄好汉。

◎ 罗得的妻子

【溯源】 源自《圣经·旧约·创世记》。罗得是先知亚伯拉罕的侄儿,与妻子和两个女儿住在所多玛城。上帝决定毁灭所多玛和蛾摩拉时,因罗得品行端正,便要天使通知他带着家人逃离所多玛,而且在逃命时不能回头看,也不能在平原停住,要往山上逃跑。罗得带领家人逃难时,他的妻子违反了禁令,忍不住回头看了一眼,立刻变成了一根盐柱。

【释义】 用来讽喻好奇心重、喜欢窥探别人秘密与隐私的女人。

◎ 罗累莱

【溯源】 德国民间传说中的女妖。传说她本是一位年轻貌美的少女,恋人变心后,她绝望地投入莱茵河自尽而死。她化作女妖后,常常高踞在莱茵河中的一座危岩上,利用美色和歌声引诱船夫触礁落水。

【释义】 代指利用美色和歌声引诱人并致人于死地的女性。

◎ 罗密欧与朱丽叶

【溯源】 英国剧作家莎士比亚的悲剧《罗密欧与朱丽叶》中的男女主人公。朱丽叶属凯普莱特家族,罗密欧属蒙太古家族,二人在舞会上一见钟情,真挚相爱。因为两家世代为仇不能结合,两个人只好在神父的帮助下秘密举行了婚礼。在罗密欧被放逐的时候,朱丽叶的父亲要将她嫁给别人,她只好再次求助于神父。神父一边让她服下安眠药装死拒婚,一边派人通知罗密欧。因为送信的人生病误了行程,罗密欧赶回来后,以为朱丽叶真的死了,随之服毒自尽。朱丽叶醒来后见丈夫已死,也用短剑结束了自己的生命。

【释义】 喻指热恋中的青年爱侣。

◎ 罗亭

【溯源】 俄国作家屠格涅夫同名长篇小说中的主人公。罗亭出身于穷地主家庭,富于理想,向往进步自由,追求美好的生活。可是,他缺乏意志与行动的力量,虽然创办过几十项新事业,均都以失败告终,一直过着漂泊的生活,连自己的爱情都没有决心去护卫。

【释义】 指代空下决心、却没信心去实现的懦夫。

马大

【溯源】《圣经》中的人物。马大家住在耶路撒冷附近的伯大尼村,有个妹妹叫马利亚。有一天,耶稣来到伯大尼村传道。马大把耶稣迎到家里,跑前跑后地忙着招待耶稣。妹妹马利亚却坐在耶稣脚前,专心听他讲道。马大忙不过来,过来对耶稣说道:"主啊,我的妹子留下我一人伺候,你不在意吗?请吩咐她来帮助我。"耶稣回答说:"马大,马大,你为许多事思虑烦忧,但是不可少的只有一件。马利亚已经选择了上好的福分,是不能夺去的。"

【释义】 指代目光短浅,整天忙于家务琐事的女人。

马丹失驴

【溯源】 法语成语。有个叫马丹的人,在集市上丢了一头灰驴。后来听说有人拣到了他的驴,就跑去向那个人要驴。那个人问马丹:"你的驴是什么颜色?"马丹回答灰色,那个人便撒谎说:"那不对,我拣到的是头黑驴。"于是仅仅因为那个人谎说了驴的毛色,马丹就没能要回自己的驴。

【释义】 喻指因为一点小情况而坏了大事。

马蒂尔德

【溯源】 法国小说家莫泊桑短篇小说《项链》中的女主人公。马蒂尔德的丈夫是名小公务员,有一次得到教育部长家庭晚会的请帖。马蒂尔德嫌自己衣着寒酸,又没有首饰,不肯同丈夫一起去参加晚会。丈夫用积攒的四百法郎给她买了件漂亮的衣裙,又叫她向女友借了一串钻石项链。于是,马蒂尔德在晚会上出尽风头,虚荣心得到极大的满足。晚会结束后,他们回到家里,发现项链不翼而飞,遍寻而无下落,只好四处借债,凑足三万六千法郎的巨款,买了一串相同的新项链还给了女友。接下来,他们节衣缩食,用了十年的时间才还清债务。当马蒂尔德偶然在公园遇见女友时,跟她说起自己这十年的生活。女友大吃一惊,告诉她那串项链是假的,最多值五百法郎。

【释义】 指代爱慕虚荣的女人。

◈ 马蜂腰

【溯源】 早在公元前,细腰就是希腊克里特岛妇女所追求的理想体形。为了追求完美的细腰身材,妇女们都用腰带把自己的腰部扎紧,时间久了,腰就越来越细,上身看上去几乎与下身分离,像马蜂的身体一样。

【释义】 细腰女人的代名词。

◈ 马弗里克

【溯源】 全名为塞缪尔·奥古斯塔斯·马弗里克,十九世纪时美国德克萨斯地方的农场主,曾担任圣安东尼奥市市长。有一次,有人送给马弗里克四头牛抵偿旧债。按当时西部牧场主的传统做法,主人要在自家牛犊身上烙上标记,以防走失与别人家的相混淆。可不经营牧业的马弗里克根本没把这四头牛放在心上,任凭它们在农场里四处游荡,自生自灭,更没有给牛烙上标记。他认为既然别人家的都烙上标记,那么没有标记的牛,自然就是他的了。因此,尽管马弗里克的牛四处游荡,大家都知道它们的主人是谁。数年后,这四头牛竟然繁殖出百十头后代。久而久之,人们就把那些没有标记的牛,或一些无主的牲畜称为"马弗里克"。

【释义】 喻指独行其事、言行与众不同、不随俗流的人。

◈ 马伏里奥

【溯源】 英国作家莎士比亚的喜剧《第十二夜》中的一位奴仆。马伏里奥是伯爵小姐奥丽维娅府中的管家。他惯于媚上欺下,自命不凡,认定伯爵小姐有意于他,有朝一日自己会成为伯爵大人。他的自负与傲慢,使府中人都很厌恶他。为了教训这个可恶的奴才,女仆玛利娅模仿伯爵小姐的笔迹和口吻写了一封情书,丢在马伏里奥的必经之路上。马伏里奥拾到信以后,以为是小姐在向他表白,连忙按照信上所说装扮自己,去见小姐。他不知道信上所说的装束都是小姐最讨厌的,而且还按照信上的指示,当众与小姐嬉皮笑脸,忸怩作态,无所顾忌地胡说八道。小姐断定他准是得了疯病,便吩咐将他关进黑屋严加看管。

【释义】 喻指虚伪傲慢、暗藏野心的人。

◈ 马口铁锅巷

【溯源】 据传,美国纽约一家报纸的记者去采访蒂尔泽出版公司,打算搜集些材料,写篇关于美国流行歌曲现状的文章。当时,蒂尔泽出版公司附近聚集着许多音乐出版机构，一走进街区，便会听到不绝于耳的歌唱声、乐器演奏声……嘈杂之状令人觉得来到了制作马口铁平底锅的作坊。于是，这位记者便在他的专访中将此处称为"马口铁锅巷"。

【释义】 指代流行歌曲作曲家和出版商的聚集地，或此类行业的社会活动圈子。

马拉松

【溯源】 公元前 490 年，波斯国王第二次远征希腊。波斯舰队横渡爱琴海，在雅典城东北六十公里的马拉松平原登陆。雅典人立即派出快跑能手斐迪辟向邻邦斯巴达求救，这位使者在两天之内跑了一百五十公里到达了斯巴达。后来，雅典军队在马拉松山坡击溃了入侵的波斯军队，斐迪辟又出发向雅典报捷。由于他已经负伤，再加上跑得太快，以致于到达雅典中央广场时，只说了句"大家欢乐吧，我们胜利了"就倒地长眠。为了纪念他，1896 年在雅典举行第一届奥林匹克运动会时，特意在马拉松修建了一个起跑点，经过马拉松平原到达雅典市中心的体育场，总距离四万多米，自此之后便成为运动会中的马拉松项目。

【释义】 转义指旷日持久、无休止的事情或活动。

马尼洛夫

【溯源】 俄国作家果戈理的长篇小说《死魂灵》中的人物形象，主人公乞乞科夫为购买"死魂灵"而走访的第一个地主。马尼洛夫是个空想家，在家里很少说话，大部分时间都在沉思默想。他还是个懒惰成性的寄生虫，从不去察看田地，仿佛庄稼是自生自长的。他的书房里总是放着一本书，书签永远夹在第十四页上。为了显示自己有教养，他的脸上总是带着甜得发腻的表情，举手投足间和言谈时表现得十分客气而礼貌。

【释义】 喻指整日耽于幻想、无所事事、崇尚空谈的人。

马其诺防线

【溯源】 第二次世界大战前，法国为了防备德国进攻，在瑞士与比利时之间的东部边境上，精心构筑了防御阵地体系。这道防线以主要设计者法国陆军部长马其诺（1877~1932）的名字命名，全长四百千米，由一系列有铁轨连结的据点和辅助工事构成，整个防御体系或在地下，或由大量混凝土掩体保护。后来，德国人在法比边境的阿登山区发起进攻，绕过了这条防线，致使整个防线失去作用。

【释义】 比喻貌似牢不可破，实则不堪一击的防线。

⊛ 马太效应

【溯源】 源自《圣经·新约·马太福音》中的一则寓言。主人要出门远行,临行前叫来仆人,把他的家业交给他们,依照各人的才干给他们银子,一个给了五千,一个给了二千,一个给了一千。领五千的仆人把钱拿去做买卖,另外赚了五千。领二千的仆人也照样另赚了二千,领一千的仆人去掘开地,把主人的银子埋了。主人远行回来后和他们算账。领五千银子的仆人和领二千银子的仆人带着自己赚的银子来见主人。主人说:"好,你们是良善又忠心的仆人。你们在很多事情上有忠心,我把许多事派你们管理。可以进来享受主人的快乐。"领一千的仆人说:"主人,我知道你是忍心的人,没有种的地方要收割,没有散的地方要聚敛。我就害怕,去把你的一千银子埋藏在地里。请看,你的原银在这里。"主人回答说:"你这又恶又懒的仆人,你既知道我没有种的地方要收割,没有散的地方要聚敛。就当把我的银子放给兑换银钱的人,到我来的时候,可以连本带利收回。"于是夺过他的一千来,给了那有了一万的仆人。后来,社会学家据此引申出"马太效应"这一概念,用来描述社会生活领域中普遍存在的两极分化现象。

【释义】 指强者越强,弱者愈弱的现象。

⊛ 吗哪

【溯源】 语出《圣经·旧约·出埃及记》。摩西率领以色列人逃出埃及后,经过长途跋涉,所带的食物已经吃完,面临着饥饿的威胁。以色列人纷纷抱怨起来,说在埃及虽然遭受奴役,但至少还能吃得饱足。于是上帝从天上给他们降下食物,在傍晚时,一大群鹌鹑铺天盖地飞来,使以色列人饱饱吃了顿烤鹌鹑。第二天清晨,宿营地四周旷野的地面上有层薄薄的霜一样的东西,味道像掺了蜜的薄饼。他们不知道是什么,彼此询问道:"吗哪?"意为"这是什么?"后来他们便把这种天赐的食物称为吗哪。

【释义】 用来比喻稀世珍宝或精神食粮。

⊛ 玛尔斯

【溯源】 宙斯与赫拉的儿子,古罗马神话中最受尊敬的神祇之一,好斗与屠杀的战神。玛尔斯司职战争,形象英俊,性格强暴好斗,十分喜欢打仗,而且勇猛顽强,是力量与权力的象征,同时也是嗜杀、血腥、人类祸灾的化身。

【释义】 指代威武英俊的男子。

◎ 玛卡翁

【溯源】 古希腊神话传说中的医生,医神阿斯克勒庇俄斯的儿子。在特洛亚战争中,希腊英雄阿伽门农的兄弟墨涅拉俄斯与特洛亚英雄帕里斯单独对阵,墨涅拉俄斯打败了帕里斯,却被别人用箭射伤。阿伽门农急令玛卡翁为他治伤,玛卡翁拔出箭,把瘀血吸干净,巧妙地涂上药膏,治好了他的箭伤。

【释义】 指代医术高超的医生。

◎ 玛丽·安布莉

【溯源】 源自英国古物收藏家托马斯珀西编辑的民谣集《英诗辑古》,玛丽·安布莉是其中一篇同名民谣的主人公。为了替牺牲的情人复仇,玛丽·安布莉参加了抗击西班牙军队的战斗,与战友们并肩作战,表现得十分机智、勇敢。

【释义】 指代女中豪杰、巾帼英雄,或充满复仇精神的女人。

◎ 玛士撒拉的年岁

【溯源】 玛士撒拉是《圣经》中的一位长老,以诺之子,据传活到九百六十九岁,是世界上有记录以来最长寿的人。他的子孙包括亚伯拉罕、雅各、大卫,还有筑方舟保存了地球各类动物的挪亚。

【释义】 用来表示长寿,或比喻年代久远。

◎ 埋葬战斧

【溯源】 旧时,在生产力低下的印第安人部落中,斧子的用途非常广泛,不仅是生产时的必备工具,也是用来自卫和战斗的锐利武器。斧子的主人常常在斧柄上刻下一道道条痕,来记录自己斩杀敌人的数目。在与敌方缔结和约时,印第安人通常要举行埋斧的仪式,将各自的战斧作为结束战争的象征而埋入地下。

【释义】 喻指纷争持久终于化敌为友的言和。

◎ 买下一头袋中猪

【溯源】 在旧时英格兰乡村的集市上,仔猪都是装在布袋里出售的。于是,常有奸猾的商人将猫装入布袋充作仔猪出售,使一些办事粗心大意的人上当受骗。"买下一头袋中猪"一语即由此而来。

【释义】 讽喻因未经仔细检查便买下货物而上当受骗。

◎ 迈森的傻小子

【溯源】 迈森是德国德累斯顿地区的一座城市,以生产瓷器闻名,是欧洲最早成功制造真正瓷器的地方。1840 年,迈森瓷厂为了扩大影响,吸引顾客参观厂内产品,便在展览室门前摆放了一件身穿仆役服装的瓷器男孩。瓷器男孩有一张憨傻的面孔,使人观之忍俊不禁。"迈森的傻小子"一语即由此而来。

【释义】　用来形容憨笨愚傻的面部表情。

◎ 麦基洗德的子孙

【溯源】　麦基洗德是撒冷王、至高无上的祭司。《圣经》上记载他"无父无母,无族谱。无生之始,无命之终,乃是与上帝的儿子相似"。犹太人祖先亚伯拉罕救出侄儿凯旋时,麦基洗德曾带着饼酒迎接,并为之祝福。

【释义】　指代来历不明、身份不明的人。

◎ 麦克白夫人

【溯源】　英国作家莎士比亚的悲剧《麦克白》中苏格兰大将军麦克白的夫人,是个野心勃勃、心如蛇蝎的女人。当她得知女巫预言自己的丈夫将成为苏格兰的君王后,便竭力怂恿丈夫弑君篡权。当丈夫因顾虑重重准备放弃罪恶的计划时,她怒斥丈夫是个畏首畏尾的懦夫,宣称自己能毫不犹豫地将在怀里吃奶的亲生子的头砸个粉碎。麦克白在她的威逼下,终于踏上了弑君的危途。

【释义】　指代虚伪狡诈,凶狠毒辣的女人。

◎ 卖熊皮

【溯源】　源自法国作家拉封丹的寓言诗《熊和两个伙伴》。两个伙伴因为手头拮据,决定向皮货商出售一张熊皮,于是议定价格,签下合同,定在两天后交货,两个人就信心满满地到森林里捕熊去了。没想到,当他们见到熊的时候,一个吓得爬上树,一个吓得躺在地上屏住呼吸装死。熊将"尸体"翻过来掉过去地看了看,又闻了闻他的鼻息,就离开了。树上的伙伴下来问装死的那个伙伴,熊贴近他时说了些什么。装死的伙伴说:"它对我说,不应当出售那张还没有打到的熊皮。"

【释义】　用来表示不要高兴得太早,不要对没把握的事情抱以期望。

◎ 满意就座

【溯源】　源自德国古代婚俗。结婚时,入赘的男子要带一把刻有自己名字的椅子来到女方家,表示在女方家占有一席之地。男子在这把椅子上坐过后,便被确认为女方家的成员,同时获得应该属于他的一切权利。

【释义】　喻指入赘能得到很多好处。

◎ 忙得像赶马车的苍蝇

【溯源】 源自法国作家拉封丹的寓言诗《马车和苍蝇》。在炎炎烈日下,六匹骏马拉着一辆马车,艰难地向坡顶爬去。这时,飞来一只苍蝇,一会儿在这匹马身上叮叮,一会儿在那匹马身上叮叮,一会儿落到车辕上,一会儿又落到车夫的鼻尖上。当马车终于到达坡顶后,苍蝇说道:"现在可以喘口气了,我费了九牛二虎之力,帮助你们到达坡顶,马先生们,请付给我酬金吧!"

【释义】 形容做无用功、毫无头绪地瞎忙。

◎ 盲人之宴

【溯源】 源自中古时期德国民间故事书《梯尔·欧伦施皮格尔》。有一天,欧伦施皮格尔遇到十二个双目失明的乞丐向他行乞,便对他们说道:"我的好人们,我给你们二十个弗洛林,你们去到小酒馆里尽情地吃喝吧!"乞丐们向他道了谢,一起去小酒馆里点了餐吃起来。酒足饭饱后,酒馆老板请他们付账。直到这时他们才知道,原来他们当中谁也没拿到那二十个弗洛林。

【释义】 喻指无人付账、被人白吃的宴席。

◎ 帽子上的羽毛

【溯源】 早在上古时代,位于地中海沿岸的吕底亚,就开始将羽毛用作奖品。在当时的竞技活动中,谁首先射死一只山鹬鸟,谁就能获得一根羽毛,作为奖品插在帽子上,成为荣誉的象征。后来,世界上的许多国家均有此习俗。

【释义】 喻指荣誉,值得骄傲的成绩等。

◎ 梅姆列佐夫

【溯源】 俄国作家乌斯宾斯基的短篇小说《岗亭》中的主人公,一个偏僻小城的警察。梅姆列佐夫既蛮横粗暴又愚昧呆板,穿着大而笨重的靴子,裹着一件大衣,每天在破旧的岗亭里执勤,把抓人视为天职,把训人当做乐趣,连夫妻吵架他都要干涉,不分青红皂白地大喊他不准。

【释义】 用来指代在专制制度下残暴的警察,或喻指蛮横无理、独断专行的人或行为。

◎ 梅塞纳斯

【溯源】 古罗马富有的贵族,罗马皇帝奥古斯都杰出的外交官和顾问。他与古罗马诗人维吉尔和贺拉斯结下深厚的友谊,是古代著名的文学赞助人,维吉尔的

《农事诗》和贺拉斯的前三卷《颂歌》都是献给他的。

【释义】 用来指代艺术和科学的保护者。

梅萨利纳

【溯源】 罗马皇帝克劳狄一世的第三个妻子,以淫乱和阴险出名。公元42年,她怂恿克劳狄处死元老西兰努斯,并且在她的诬陷下,许多元老死于屠刀之下,加剧了克劳狄与元老院之间的紧张关系。后经人揭发,原来她早已与情夫秘密结婚,且企图夺取政权,最终被克劳狄处死。

【释义】 指代淫荡、阴险的女人。

没舔好的熊

【溯源】 在法国,传说熊生下来时并不像熊,熊的形状完全是母熊细心舔出来的。"没舔好的熊"即尚未成形的熊。

【释义】 比喻粗鲁无礼、缺乏教养的人。

没有尽头的螺钉

【溯源】 螺钉是一种圆柱形或圆锥形金属杆上带螺纹的零件,在外力的作用下,能够旋转进入物体,起固定、连接的作用。普鲁士首相俾斯麦曾把税收比作螺钉,说道:"这种螺钉根本没有尽头!"

【释义】 用来比喻不断增加、没有尽头的事物。

没有牧人的羊群

【溯源】 语出《圣经·旧约·列王纪上》。犹太王约沙法和以色列王亚哈决定联合起来,从亚兰国夺回基列的拉末。出兵前,亚哈召集众先知,询问是否能攻打拉末。先知们都说上帝会使亚哈得胜,唯独先知米该亚表示反对说:"我看见以色列众民散在山上,如同没有牧人的羊群一般。耶和华说,众民没有主人,他们可以平安地各回各家。"亚哈不听米该亚的预言,仍去攻打拉末,结果被对方的流箭射死,以色列军只好收兵,让大家各归本城,各归本地。

【释义】 喻指无将之兵、没有领导的群众,也指乌合之众。

没有人把新酒装在旧皮袋里

【溯源】 语出《圣经·新约·马太福音》。耶稣向门徒论说新旧难合的道理时,用比喻说:"没有人把新布补在旧衣服上,因为所补上的反而带坏了那衣服,破的地方就变得更大了。也没有人把新酒装在旧皮袋里,若是这样,皮袋就会裂开,酒漏出来,连皮袋也坏了。只能把新酒装在新皮袋里,两样就都保全了。"

【释义】 比喻新的内容与旧的形式无法调和,或不能用旧的形式来约束新的内容。

没有一块石头留在石头上

【溯源】 语出《圣经·新约·马太福音》。耶稣预言圣殿将被彻底摧毁时,指着殿宇对门徒说道:"你们不是看见这殿宇么? 我实在告诉你们,将来在这里,没有一块石头留在石头上不被拆毁了!"

【释义】 意为彻底摧毁,完全被破坏。

没有安放枕头的地方

【溯源】 语出《圣经·新约·路加福音》。耶稣在前往耶路撒冷的途中,经过撒玛利亚的一个村庄,但撒玛利亚人不肯接待他,只好再到别的村庄去。在走路的途中,一个信徒对耶稣说:"无论你往哪里去,我都要跟从你。"耶稣说:"狐狸有洞,空中的飞鸟有窝,只是人子没有安放枕头的地方。"

【释义】 喻指漂泊不定,没有安身之地。

每次都在这里翻车

【溯源】 语出俄国民间艺人戈尔布诺夫的一则笑话《在驿站上》。一个车夫向乘客吹嘘说,路上的沟沟坎坎、坑坑洼洼他都了如指掌,请大家放心搭乘他的马车。乘客们相信了他,乘上他的马车。没想到,车子在夜间行驶时,突然翻了个底朝天。乘客气愤地骂道:"你不是对路了如指掌吗?见你的鬼!"车夫回答道:"告诉你们吧!每次到这里都要翻车的。"

【释义】 喻指总在相同的地方跌倒,总犯同样的错误。

每个理发师都知道

【溯源】 在古代的罗马,理发店是各色人等都可前往的公共场所。人们常在理发店谈论奇闻轶事、传播小道消息,因此店里的理发师总是知道得最早、最多、最详细的人,也是向外传播消息的主要渠道。如果每个理发师都知道,那么很快就会传得沸沸扬扬,无人不知,无人不晓。

【释义】 喻指尽人皆知,家喻户晓。

每片绿叶下都为它安排了吃住

【溯源】 语出俄国作家克雷洛夫的寓言《蜻蜓和蚂蚁》。能歌善舞的蜻蜓惬意地过了一个夏天,可转眼间冬天就来临了,田野中荒凉一片。那个阳光灿烂、每片绿叶下都为它安排了吃住的季节已经逝去,严寒和饥饿向蜻蜓袭来。它爬到蚂蚁面前说道:"求你收留我,让我在你的窝里躲避寒冬吧!"蚂蚁冷冷地问它:"夏天时你没干活吗?"蜻蜓回答:"夏天哪里顾得上干活啊,我整天在草丛里唱歌。"蚂蚁说:"既然你已经唱够了歌,那你现在就到外面去跳舞吧!"

【释义】 比喻过着无忧无虑、坐享其成的生活。

美得像熙德

【溯源】 源自法国作家高乃依的诗剧《勒·熙德》。此剧自从在 1636 年公演后,轰动了整个巴黎,王室和公众对这部戏赞不绝口,都说"美得像熙德",将其誉为古典主义戏剧的奠基之作。

【释义】 喻指优秀的文学作品和事物。

美化双腿

【溯源】 法国俗语。在十六世纪时的法国,随着短裤渐渐流行,双腿成了男子注重打扮的对象。很多男人都穿着齐膝的短裤,再穿上一双长筒袜。后来到了十七世纪,一些纨绔子弟和花花公子还喜欢穿上镶有饰带的长筒丝袜。

【释义】 喻指自命不凡、装腔作势的样子。

美惠三女神

【溯源】 古希腊神话传说中的丰产女神,天神宙斯和天后赫拉的女儿。在不同的传说中,她们的人数也不尽相同,但通常为三人:代表快乐的欧佛洛绪涅、代表花的塔利亚、代表光辉的阿莱格亚。

【释义】 代指容貌美丽、优雅迷人的女子。

门托耳的口气

【溯源】 希腊英雄俄底修斯的朋友。俄底修斯随希腊联军远征特洛亚时,曾委托他帮忙照顾家庭。门托耳抚养并教育俄底修斯的儿子,并保护俄底修斯的妻子,打击向她求婚的人。所以"门托耳"常用来指代青年人的导师、家庭教师、师傅等。

【释义】 意为训人的口气、教训人时的态度。

靡菲斯特斐勒司

【溯源】 德国诗人歌德的诗剧《浮士德》中的魔鬼。天帝认为人在前进的道路上有时会迷失方向,但最终会走上正道。而魔鬼却怀疑一切、否定一切、嘲笑一切。天帝与魔鬼打赌,以浮士德为赌赛对象。魔鬼去引诱浮士德,如果浮士德堕落了,那就证明魔鬼的看法正确,否则就是天帝得胜。魔鬼使出浑身解数,带浮士德经历各种享乐的生活,可惜浮士德均不感到满足。后来,浮士德决定从事改造自然的伟大事业,率领人们建立了一个理想的王国,魔鬼最终遭到失败。

【释义】 指代恶毒的嘲笑者,嘲讽轻视别人的人。

◎ 迷宫

【溯源】 源自古希腊传说中克里特岛的迷宫,里面住着半人半牛的怪物弥诺陶洛斯。因为雅典每九年要向怪物进贡七对童男童女,雅典王子忒修斯为了解除雅典人民的苦难,决定前去消灭怪物。到达克里特岛后,他得到美丽的阿里阿德涅公主的帮助,给了他一团线球和一把魔剑,使他顺利除掉了怪物。

【释义】 比喻没有线索便无法明了的复杂的结构和布局,或指扑朔迷离,难以理解的事物。

◎ 迷途的羔羊

【溯源】 源自《圣经·新约·马太福音》。耶稣向信徒讲解如何对待曾偏离教义、误入歧途,后又改过自新的人时,用比喻说:"假如一个人有一百只羊,一只迷了路,你们的意思如何呢? 他能不撇下这九十九只,去山里寻找那只迷路的羊吗? 我实在告诉你们,他找到这只羊的欢喜,比那没有迷路的九十九只欢喜还大呢! 你们在天上的父,也是这样不愿意这小子里失丧一个。"

【释义】 比喻不务正业,在生活中迷失方向的人。

◎ 弥达斯

【溯源】 古希腊神话传说中小亚细亚佛律癸亚国王。弥达斯因救了酒神的义父,从酒神那里学会了点金术,凡是他身体能触到的东西都能变成黄金。贪财的弥达斯把石块、泥土、殿柱,食物、酒全变成了黄金,甚至无意中碰到了女儿,连心爱的女儿也变成了僵硬的黄金。弥达斯终于感受到黄金带来的灾难,只好请求酒神解除他的点金法术。酒神让他去帕克托罗斯山泉里洗个澡,清除了贪欲的罪孽,解除了魔法。

【释义】 指代因为贪婪而受到惩罚的人。

◎ 弥隆

【溯源】 公元前六世纪末的希腊运动员,大力士。据说在奥林匹克竞技会上,弥隆曾举着一头公牛绕场一周，然后在一天之内把这头牛的肉吃光。他是六届奥林匹克竞技会和六届皮锡奥斯竞技会上的摔跤冠军。

【释义】 同"大力士"，指代力大无穷的人。

◎ 米太亚得的桂冠

【溯源】 米太亚得是古雅典的统帅。公元前 490 年，波斯军队第二次大举入侵希腊时，米太亚得受命于危难之中，作为统帅成功地制定战术，获得空前的胜利，赢得了辉煌的声誉。雅典政治家和统帅地米斯托克利也参加了这次战役，当时他还是个青年人，米太亚得的崇高声望使他心驰神往、彻夜难眠，甚至谢绝参加以往的聚会邀请。有人问他为什么生活突然反常，他回答说："米太亚得的桂冠使我难以入眠。"

【释义】 喻指某人获得的荣誉和成绩。

◎ 勉强自己的天赋

【溯源】 源自法国作家拉封丹的寓言诗《小狗和驴子》。有一头毛驴看到小狗常向主人伸出爪子，然后就能得到主人的爱抚，甚至能与主人平起平坐。毛驴认为那是一件轻而易举的事情，它也想学小狗的样子去取悦主人。于是它笨拙地走到主人面前，一边唱着歌，一边举起它那又硬又粗的蹄子，伸到主人的下巴边。主人被吓了一跳，赶紧喊道："棍子马丁，你快过来！"棍子立刻奉命来到，毛驴立刻改变了声调。

【释义】 比喻不了解自己的实力，勉强而行。

◎ 面包师的一打

【溯源】 古代欧洲的法律规定，对售卖时短斤少两的商贩要施以重罚。当时许多面包商由于没有精确的衡器，难以确定所售面包的准确重量，所以为了避免重量不足，索性每出售一打面包便赠送一个，就是一打十二个再加上一个，因此面包师的一打实为十三个。

【释义】 因为西方迷信十三是个不吉利的数字，所以总是借其他语汇来表达，"面包师的一打"便指代十三。

◎ 面对音乐

【溯源】 在美国最早的剧院，初次登台的演员，上场前难免很紧张。到了该上场的时间，他们常常会鼓励自己说："只好去面对音乐了！"这里的"音乐"指舞台前面的乐池。因为灯光的原因，演员在舞台上只能看到近在眼前的乐池，所以即出此语。

【释义】 喻指勇敢地面对困难、批评，或准备好为所做的错误行为承担后果。

◎ 面粉团

【溯源】 源自法国作家拉封丹的寓言诗《猫和老耗子》。一只老谋深算的猫用装死的办法欺骗老鼠，捉住了几只行动迟缓的老鼠。它自以为很聪明，又把面粉撒在自己身上，缩成一团蹲在打开的面包箱里。老鼠们出来觅食时，一只经验丰富的老耗子看穿了猫的诡计，待在洞口远远地对猫说道："你伪装成面粉也没用，即使你是面粉袋，我也不会靠近你。"

【释义】 比喻伪装得十分拙劣、漏洞百出的圈套。

◎ 闵希豪生

【溯源】 十八世纪德国文学中的人物形象，非常擅于吹牛撒谎、编造荒诞离奇的冒险故事。譬如他的纽扣能飞出去打死野兽、他的马能分成两截、他的脑袋可以搬家、他能把樱桃核打进鹿头，使鹿头上长出樱桃树等等。

【释义】 指代擅于撒谎吹牛的人。

◎ 名利场

【溯源】 源自英国作家约翰·班扬的寓言小说《天路历程》。有位叫克里斯琴的人从书中得知自己居住的城市将被天火所灭，于是在传教士的启示下去天国追求光明。在途中，他经过一座叫"名利"的城市，城市中有个叫"名利场"的市场。在那个市场里，荣誉、爵位、官职、灵魂、肉体等等都是出卖的商品，而且欺诈、无赖、奸淫、恶棍随处可见。

【释义】 指追逐名利的场所，常用来讽喻以追求名利为生活目标的人。

◎ 鸣铃小丑

【溯源】 源自德国作家歌德的剧本《浮士德》。鸣铃小丑是古代欧洲宫廷中供帝王娱乐的小丑，一般身材矮小，衣服和帽子上系有小铃，走路时会发出响声。浮士德与助手瓦格纳就演说进行了对话：瓦格纳，可是演说家成功全靠雄辩／我很明白，但是还差得很远／浮士德，成功要走正当的途径！／别学鸣铃小丑的模样／只要有头脑和诚实的心／没什么技巧也可以演讲……

【释义】 用来讽刺用夸夸其谈来显示自身存在的愚夫。

◎ 命运女神

【溯源】 古希腊神话传说中掌管人命运的女神，传说有三位：执掌纺绩命运之线的克罗托,分配命运之线长短的拉刻西斯,负责剪断生命之线的阿特洛波斯。命运女神常被描述为有些跛足的老妪,以示命运变化之慢。

【释义】 常用来谴指丑陋的老太婆。

缪斯

【溯源】 缪斯是古希腊神话中九位文艺和科学女神的通称。她们均为主神和记忆女神之女。她们以音乐和诗歌之神阿波罗为首领,分别掌管着历史、悲剧、喜剧、抒情诗、舞蹈、史诗、爱情诗、颂歌和天文。古希腊的诗人、歌手都向缪斯呼告,祈求灵感。

【释义】 常用来喻指诗人、文学、写作和灵感等。

摩耳甫斯

【溯源】 古希腊神话传说中的梦神,睡神许普诺斯的儿子。摩耳甫斯会收集人类的梦,他身上有一对无音翼,可以静悄悄地出现在人的梦中,在人的梦中化成不同人的形象。

【释义】 喻指甜美的梦。

摩洛

【溯源】 摩洛是古代腓尼基宗教崇拜的神灵,信徒用儿童做祭品向他献祭。上帝向摩西晓谕律法,禁止犹太人遵守埃及或迦南的习俗,不可将儿女献与摩洛。凡是把自己的儿女献给摩洛的,要用石头把他打死,从民众中剪除。

【释义】 指代残酷无情的人或残暴的势力。

摩摩斯的子孙

【溯源】 古希腊神话传说中的诽谤与嘲讽之神。为了杀戮人类,减轻人间的负担,他曾建议宙斯挑起特洛亚战争。他还责怪神匠赫淮斯托斯制造人时,没有在人的胸口留下一个小洞以窥探人的心理活动。后来,他因为在女神阿佛洛狄忒身上挑不出任何可嘲笑的毛病,气极而死。

【释义】 指代喜欢讽刺、嘲弄别人的人。

摩西

【溯源】 源自《圣经·旧约·出埃及记》。摩西出生时正值希伯来人在埃及为奴,埃及法老限制希伯来人增添男婴,摩西的母亲便将他装在筐里,放在尼罗河中埃及公主沐浴处。公主把他捡回去收养,取名摩西。摩西长大后,受上帝之命率领以色列人逃出埃及,为以色列人立法,规定典章制度,并申明耶和华是他们唯一的上帝。

【释义】 喻指伟大的领袖、立法者。

◉ 摩西的虱子

【溯源】 源自《圣经·旧约·出埃及记》。摩西奉上帝之命,要率领六十万以色列人离开埃及,回到迦南,但遭到埃及法老的拒绝。摩西在上帝的帮助下,在埃及降下许多灾祸,虱灾就是其中之一。当时,埃及遍地的尘土都变成了虱子,爬满人和牲畜的身上。

【释义】 比喻无法抵御的外界力量。

◉ 磨平缺口

【溯源】 德语成语。原为农民的劳动用语,指农民用镰刀收割庄稼的时候,不小心镰刀砍到石块上,使刀刃碰出缺口。农民把镰刀在磨刀石上磨几下后,缺口就会磨平。

【释义】 喻指弥补缺陷或改正错误。

◉ 魔鬼

【溯源】 魔鬼在《圣经》中名为撒旦,原为上帝创造的一个天使,因妄图与上帝比高下而堕落,成为魔鬼。魔鬼具有超人的本领,专门抵挡上帝,诱使人犯罪。

【释义】 指代一切邪恶和罪恶的根源。

◉ 魔鬼宿在钱包里

【溯源】 法国旧时钱币上的图案,一面为国王图像,另一面为十字架。基督教认为十字架是信仰的标志,作为邪恶化身的魔鬼害怕十字架,见到十字架就会逃走,只能待在没有装"带有十字架图案钱币"的钱包里,即钱包里没有钱币。

【释义】 喻指身无分文,囊空如洗。

◉ 谟涅摩绪涅

【溯源】 古希腊神话传说中的提坦女神之一,天神乌剌诺斯与地母该亚的女儿,记忆女神。奥利波斯诸神打败提坦之后,要求宙斯创造能够庆祝他们胜利的神。宙斯与谟涅摩绪涅在一起连续待了九夜,谟涅摩绪涅就生了缪斯女神。

【释义】 常用来指代记忆。

◉ 膜拜临门庙

【溯源】 源自《圣经·旧约·列王纪下》。亚兰军队的统帅乃缦不幸得了可怕的皮肤病,于是带着贵重的礼品前往撒玛利亚,求先知以利沙为他治病。以利沙要他在约旦河里洗澡七次,治好了他的病。通过这件事,乃缦才相信只有以色列有上帝。可亚兰人崇奉临门神,乃缦搀扶主人去临门庙膜拜时,必定也要屈身,所以他向先知以利沙请求,请求耶和华原谅他在临门庙屈身的事情,以利沙答应了他的要求。

【释义】 比喻因顺应他人或社会,不得不做违背自己原则的事。

莫尔恰林

【溯源】 俄国作家格里鲍耶陀夫的喜剧《智慧的痛苦》中的人物。莫尔恰林出身卑微,父母死后,贵族官僚法穆索夫收养了他,把他带到莫斯科,培养他做了自己的秘书。他一心依附权贵,时刻妄想进入上流社会。为了达到自己的目的,他在贵族面前低声下气,阿谀奉迎,甚至把爱情也当作进身的阶梯。

【释义】 指代为了追求功名利禄,不惜趋炎附势、做事圆滑虚伪的人。

墨涅拉俄斯

【溯源】 古希腊神话传说中斯巴达国王,美女海伦的丈夫。海伦被特洛亚英雄帕里斯拐走后,墨涅拉俄斯在希腊各地英雄的帮助下,发动了特洛亚战争,最后攻陷了特洛亚城,带着海伦回到了斯巴达。

【释义】 常用来指代妻子有外遇的丈夫。

拇指朝下

【溯源】 源自古罗马时代盛行的竞技角斗活动。角斗士一般由罪犯、逃亡奴隶或战俘充任,他们或与猛兽格斗,或彼此相互角斗。获胜的角斗士可以获得释放——摆脱奴隶或战俘的身份而成为自由人,但必须由当时观看角斗的贵族的最高首领来定夺。如果定夺者朝上伸出大拇指,意为准予释放;朝下伸出大拇指,则表示不予释放。

【释义】 用来表示反对、拒绝等意思。

☺ 拿伯的葡萄园

【溯源】 源自《圣经·旧约·列王纪上》。撒玛利亚王亚哈的王宫附近有一个葡萄园,园主叫拿伯。亚哈非常喜欢拿伯的葡萄园,想用更好的葡萄园或金钱跟拿伯交换。拿伯答复说:"我敬畏耶和华,绝不敢把祖先留下的产业跟你交换。"亚哈得不到葡萄园,闷闷不乐地回到宫里,躺在床上不吃不喝。王后耶洗别得知他的心事,便以亚哈的名义授意与拿伯同城居住的长老和贵族,让他们诬告拿伯亵渎上帝、诽谤国王,将拿伯用石头打死。就这样,亚哈王不费吹灰之力就得到了拿伯的葡萄园。

【释义】 喻指令人一心想据为己有的财产。

☺ 拿出四分之一

【溯源】 源自古代西班牙人和荷兰人签订的战争协议。协议规定在战争中,如果某方的军官被俘,只要被俘者拿出相当于军饷四分之一的钱作为赎金,就可以保全性命。

【释义】 借指宽容、原谅、赦免某人。

☺ 拿到台布上

【溯源】 德语成语。在中世纪的欧洲,会议桌上常常铺着绿色的台布。如果在开会时,有人将某种东西放在台布的醒目处,即表示他要与到会者讨论某件事情。

【释义】 表示谈论某事,或把某事拿到桌面上讨论。

☺ 拿起粗布袋

【溯源】 "粗布袋"指当时四处流浪打零工的人盛放工具的口袋。做零工的人出去找工作时,肩上常背着这种粗布袋。如果雇主对他说:"拿起你的粗布袋吧!"便意味着被雇主解雇了。

【释义】 喻指被解雇、被开除,或被情人抛弃。

☺ 拿起讨饭棍

【溯源】 德语成语。在古代的德国,手杖是权力、地位、财富的象征,各个阶层的人都使用与其身份相对应的手杖。例如国王及权贵使用的手杖精致华丽,四处流浪的工匠使用的旅杖,沿街乞讨的乞丐手中粗糙的讨饭棍等。生活没有着落或破产后一无所有的人,都不得不拿着粗糙的讨饭棍,以乞讨为生。

【释义】 意指倾家荡产,变得一贫如洗。

拿撒勒还能出什么好的么

【溯源】 语出《圣经·新约·约翰福音》。耶稣收腓力为门徒后,腓力又引领拿但业去见耶稣,并告诉拿但业,摩西在律法上所写的和众先知所记的那个人,就是约瑟的儿子拿撒勒人耶稣。拿但业不相信地问道:"拿撒勒还能出什么好的么?"拿但业见到耶稣后,才相信他确实是上帝的儿子、以色列的王,于是虔诚地成为他的门徒。

【释义】 用来表示对小地方能出大人物的怀疑。

拿细耳人

【溯源】 古代希伯来人中经过洁身归圣的人。在摩西的律法下,男人或女人许了特别的愿,就要离俗归耶和华,严格遵守戒律。在离俗期间他们不许理发,不许喝酒,不许吃葡萄或葡萄干,更不许接触尸体,哪怕是最亲近人的尸体。早期的拿细耳人具有超凡的能力,晚期的拿细耳人仅戒酒、蓄长发、禁触尸体。

【释义】 喻指虔诚、忠实的信徒。

那耳喀索斯

【溯源】 古希腊神话传说中河神刻菲索斯和水泽女神利里俄珀之子,性格傲慢执拗的美少年。他看不上任何人,总是轻率地拒绝别人的求爱。有个受过他侮慢的青年向天祷告,要求惩罚他。于是复仇女神使那耳喀索斯爱上自己在水中的倒影,那耳喀索斯爱得如醉如痴,昼夜不眠,一直待在水边深情注视着自己的影子。后来,他终于明白那个影子就是他自己,他永远也不能将影子抱入怀中,最后在顾影自怜中抑郁而死。

【释义】 指代孤芳自赏、妄自尊大的人。

那就是胡椒里的兔子

【溯源】 德语成语,源自德国人的饮食习惯。德国人爱用胡椒做食物的调料,经常将胡椒与其他作料混调成卤汁来卤制肉类,尤爱用来烧兔肉。德国人认为胡椒卤汁是兔肉味道好坏的关键,制作时将宰杀干净,或已经烧熟的兔肉浸泡在胡椒卤汁中。

【释义】 喻指症结所在或所处困境的关键。

纳尔逊风格

【溯源】 纳尔逊（1758~1805），英国著名海军统帅，21岁时便晋升为上尉。1803年，纳尔逊担任地中海舰队司令，统领英国海军对法国和西班牙海军作战。他提出打破惯常的以一字长蛇阵式的战术编队，而将舰队分为两个纵队，同时攻击法西联合舰队，并将这种战术称为"纳尔逊风格"。1805年10月，英军运用此风格的战术大获全胜，彻底挫败了拿破仑入侵英国的计划。

【释义】 喻指果敢决断、雷厉风行的作风。

南海泡沫

【溯源】 源自1720年英国南海公司制造的一起股票投机大骗局事件。自从1718年国王乔治一世出任公司董事长后，公司股息率便上升到百分之百。1720年，南海公司承诺接收全部国债，又相继创立虚拟的子公司来诱骗投资，使股票行情大涨，到1720年竟然升到百分之一千。可是，到了12月份，股票又猛跌至百分之一百二十四，导致许多投资者倾家荡产。经下议院调查后发现，至少有三位内阁大臣受贿并参与了这次投机活动，南海公司从此名誉扫地，被迫转卖了大部分权益。

【释义】 喻指易于被揭穿的骗局，或不正当的投机事业。

拈阄分内衣

【溯源】 源自《圣经·新约·马太福音》。耶稣被犹大出卖后，犹太人的祭司长和长老等人将耶稣捆绑起来，交给罗马驻加利利总督彼拉多，要求处死耶稣。兵丁们把耶稣钉在十字架上后，就把他的外衣分成四份，每人各得一份，然后又要分他的内衣。可内衣没有衣缝，是上下一片织成的，于是兵丁们商议说："我们别撕开它，抓阄儿决定好了，谁抓着，这件内衣就归谁。"

【释义】 喻指人还没死，身旁的人便争着分遗产。

涅墨西斯

【溯源】 古希腊神话传说中最古老、最受尊敬的女神之一，夜神倪克斯的女儿。涅墨西斯最初为命运的化身，后来成为惩罚女神，负责惩罚破坏常规者，渐渐起到报复女神的作用，变得冷酷无情。

【释义】 多喻指命运或报复。

涅瑞伊得斯

【溯源】 古希腊神话传说中的女海神,海神涅柔斯的女儿,传说有五十位。她们是一群身披轻纱的美貌少女,住在大海深处的宫殿里,用金纺车纺线,在大海波浪的节拍下舞蹈,待人亲切和善,经常主动援助遇难者。

【释义】 在西方诗歌中,"涅瑞伊得斯"指代海浪。

涅索斯的血衣

【溯源】 涅索斯是古希腊神话传说中半人半马的怪物,守在达欧厄诺斯河的河边,按规定价格背负旅行的人渡河。希腊大英雄赫剌克勒斯与妻子得伊阿尼拉途经这里时,请涅索斯将妻子背过河。走到河中心时,涅索斯迷恋得伊阿尼拉的美色,忍不住拥抱她。赫剌克勒斯听到妻子的呼救声,在涅索斯快上岸时,用一支沾了毒血的箭射穿了涅索斯的胸膛。涅索斯为了报仇,在临死前骗得伊阿尼拉说,只要把他身上流出的血收集起来,涂在给丈夫穿的紧身衣上,丈夫就不会再爱别的女人。不久,赫剌克勒斯在作战时带回一个美丽的女俘虏。有人告诉得伊阿尼拉,女俘虏是赫剌克勒斯过去的情人。得伊阿尼拉在妒恨中想起自己曾收集的涅索斯的血,于是以送礼为名,派人给丈夫送去了一件华贵的紧身服。赫剌克勒斯不知就里,穿上了这件涅索斯的血衣,因此而丧生。得伊阿尼拉得知后,也用利剑刺胸自杀。

【释义】 喻指无法逃避,不能摆脱的厄运。

宁可在乡下为王 也不在城里位居人下

【溯源】 语出古希腊传记作家普鲁塔克的《希腊罗马名人传·凯撒传》。据说古罗马统帅凯撒越过阿尔卑斯山后,途经一座只有极少数蛮人居住的小镇时,他的朋友们笑着问他:"莫非这里也有权势之争,也有名门望族间的纠纷吗?"凯撒非常严肃地回答说:"至于我嘛,我宁可在这里为王,也不愿在罗马位居人下。"显示了凯撒誓要夺取罗马统治权的雄心。

【释义】 比喻宁在小范围内当家做主,也不在大范围内听人支配。

浓妆艳抹的耶洗别

【溯源】 源自《圣经·旧约·列王记》。耶洗别是腓尼基沿海城市推罗和西顿统治者的女儿,以色列第七代国王亚哈之妻。耶洗别是个崇拜自然神巴力、蔑视上帝先知、心狠手辣、淫行邪术的女人,她嫁给亚哈后,便劝亚哈崇拜巴力,建造巴力的庙,为巴力筑坛,最终获罪于上帝。

【释义】　用以指代行为放纵的娼妓与荡妇。

◎ 暖在怀里的蛇

【溯源】　源自伊索寓言《农夫和蛇》。有位农夫在冬天遇到一条冻僵的蛇。农夫很可怜它,就把它放在自己怀里温暖它。蛇受了暖气,渐渐苏醒过来,等到恢复了体力,便咬了农夫致命的一口。农夫在临死前感叹地说道:"我怜惜恶人,应该受到这个恶报啊!"

【释义】　喻指恩将仇报的坏人。

◎ 挪亚方舟

【溯源】　源自《圣经·旧约·创世记》。上帝创造世界后,对人世间充满仇恨、嫉妒、强暴而感到忧虑,于是决定用洪水来消灭人类。因为挪亚是个义人,上帝想留下他一家人,便叫他造一只方舟躲避灾难。挪亚依照上帝的吩咐,整整用了一百二十年的时间,造成了一只长三百肘、宽五十肘、高十三肘、分上中下三层的大方舟。挪亚一家和部分动物躲在方舟里,经过四十个昼夜的洪水,安然保全了性命。

【释义】　喻指灾难来临时的避难所或救星。

◎ 诺兹德廖夫

【溯源】　俄国作家果戈理的长篇小说《死魂灵》中的人物,是主人公乞乞科夫为购买"死魂灵"而走访的一个地主。诺兹德廖夫依靠俄国对农奴制度的保护,靠压迫和剥削农奴,过着放荡游乐的生活。他不但是个嗜赌成性的赌徒,还是个嗜酒如命、搬弄是非的吹牛大王,他经常信口开河、胡说八道,即使被当面戳穿也不感到羞耻。

【释义】　指代到处惹是生非、招摇撞骗的无赖小人。

❀ 欧迈俄斯

【溯源】 古希腊英雄俄底修斯的奴仆、牧猪人。特洛亚战争结束后,历尽艰险的俄底修斯在女神雅典娜的指示下,乔装成乞丐回到伊塔刻岛,与其子忒勒马科斯在欧迈俄斯的住处相见,制定了惩罚向俄底修斯的妻子求婚的贵族男子的计划。忠诚的欧迈俄斯毫不犹豫地协助主人杀死了求婚者。

【释义】 常用来指代牧猪人。

P

❀ 爬上树胶树

【溯源】 树胶树泛指能产生树胶的树木。这类树木的树皮在受到外力损伤,或被细菌、昆虫等入侵后,就会自动流出核桃般大小的浅黄色胶团。有些善于爬树的小动物,在遭到突然袭击时,常常会爬到高树上躲避。当它们一旦爬上能产生树胶的树木上时,向上爬有被树胶粘住的危险,退下来则有被擒获之忧,顿时陷入进退两难的绝境。

【释义】 喻指处于进退维谷、一筹莫展的困境。

❀ 爬上乐队车

【溯源】 在美国诸州,每当政治性或其他性质的会议召开之际,常常见到一些乐队乘坐五彩缤纷的彩车,吹吹打打地沿街做宣传工作,这种彩车被称为"乐队车"。后来,在各党派的竞选期间,也常常使用这样的乐队车大造声势。一些支持者会爬上乐队车,站在竞选者身旁以示支持。这些支持者通常有一定的社会地位,竞选者的成败与他们的仕途前景有很大的关联。

【释义】 喻指为了个人利益而做出支持某人或某计划的举动。

❀ 帕耳那索斯山

【溯源】 古希腊神话传说中阿波罗和缪斯的居住地,位于希腊中部品都斯山脉的石灰岩山岭,顶峰高 2457 米,山麓有特尔斐神示所和阿波罗神庙。

【释义】 因为阿波罗和缪斯是诗歌艺术之神,所以文学家们常用"帕耳那索斯山"来指代诗坛。

❀ 帕拉刻亚

【溯源】 希腊语意为"能治百病的女人",古希腊神话传说中的女医神,医神阿斯克勒庇俄斯的女儿。她的几个兄弟都是在特洛亚战争中为英雄们疗伤的名医。

【释义】 喻指包治百病的"灵丹妙药"。

167

⊙ 帕里斯

【溯源】 古希腊神话传说中的特洛亚王子。帕里斯俊美异常,臂力超群,他拐走了斯巴达国王的妻子海伦,引发了特洛亚战争,因此希腊人和特洛亚人都憎恨他。在战争末期,帕里斯在阿波罗的帮助下杀死了希腊大英雄阿喀琉斯,但本人也被毒箭所伤。其妻因丈夫变心而嫉恨,拒绝为其疗伤,帕里斯最后因伤而死。

【释义】 指代美男子或花花公子。

⊙ 帕提亚人的箭

【溯源】 帕提亚即为上古时代的安息帝国,位于里海东南,米底以东。公元前一世纪,罗马帝国灭了塞琉古王国后,企图继续东侵,与帕提亚人长期作战。帕提亚人多为游牧民,精于骑射,骁勇善战。他们经常在作战时佯装败退,策马奔逃,当敌人追近时,便回头侧身放出一箭,常令敌人在疏忽大意下中箭丧命。

【释义】 常用来表示在分手时讲出的令对方措手不及、无暇回答的尖刻或耐人寻味的话语。

⊙ 潘的恐吓

【溯源】 潘是古希腊神话传说中的森林之神和牧神。传说潘生下来时全身长满毛发,下半身是羊脚和羊蹄、头上长着羊角和羊耳、塌鼻、长须、还有尾巴,使母亲见了惊恐万状,把他抛弃。神使赫耳墨斯捡到他,带他到了奥林波斯山,加入神祇行列。潘是一位快乐之神,有时爱清静,不愿被人打扰。如果谁打扰了潘,就会收到他的恐吓而惊慌万状,传说他的吼声能把士兵吓跑。

【释义】 喻指能引起许多人惊慌不安的恐吓。

⊙ 潘多拉的盒子

【溯源】 潘多拉是古希腊神话传说中的美女。普罗米修斯盗天火给人间后,天神宙斯为惩罚人类,用黏土塑成一个年轻美貌、虚伪狡诈的姑娘,取名"潘多拉",意为"具有一切天赋的女人",并给她一只巨大的密闭魔盒降到人间。潘多拉因好奇偷偷打开魔盒,于是各种恶习、灾难、疾病和战争等立即从里面飞出来,盒子里只剩下唯一美好的东西:希望。但希望还没来得及飞出来,潘多拉就将盒子永远地关上了,从此人类充满灾难却见不到希望。

【释义】 喻指造成灾害和不幸的根源。

☺ 盘蛇杖

【溯源】 古希腊神话传说中奥林波斯诸神的使者赫耳墨斯的标志物。最初是末梢分成两叉的橄榄枝,装饰着花环和缎带。后来花环改为身子相互缠绕、面部相向的两条蛇,蛇的上方还有一对翅膀,喻指赫耳墨斯迅疾的速度。

【释义】 现多用于商业的标志。

☺ 盼望水动

【溯源】 语出《圣经·新约·约翰福音》。在耶路撒冷的羊门附近有一个水池,水池旁边有五个围廊,许多瞎眼的、瘸腿的、血气枯干的病人躺在那里盼望水动。因为天使按时下池子搅动池水,水动之后,谁先下去,无论什么病都能立即痊愈。

【释义】 转义为盼望获得幸福或成功。

☺ 庞奇

【溯源】 英国十七世纪初流传的傀儡剧《庞奇与朱迪》中的主要角色。庞奇的招牌形象为鹰钩鼻、驼背、头戴睡帽。他在家中是个经常殴打、谩骂妻子的暴君,在外是个蛮横无理、有仇必报、刁钻狡猾,经常与官府作对的无法无天的男人。这部傀儡剧通常在街头巷尾搭台演出,因此庞奇的艺术形象影响非常巨大,被称为"庞奇特征"。

【释义】 指代家庭暴君、蛮横无理的男人。

☺ 抛弃领航员

【溯源】 1890年3月29日,英国幽默杂志《笨拙》刊载的一幅讽刺漫画的题目。拿破仑战争结束后,德意志成为一个松散的邦联,受制于奥地利。1862年,俾斯麦出任普鲁士首相后,极力维护本阶级利益,推行"铁血政策",实行强权统治,最终完成了德意志的统一。这位为帝国立下汗马功劳的忠臣,却在1890年被独断专行的德皇威廉二世革职。《抛弃领航员》这幅讽刺漫画,画着威廉二世正在解雇身着领航员制服的俾斯麦,就是在影射这一事件。

【释义】 喻指抛弃久经考验、精明能干的忠实助手。

☺ 跑得像切除脾脏的狗

【溯源】 在进行剧烈的运动时,人们有时会感到肋下脾脏有刺痛感而不得不停止运动,所以古人认为如果能使脾脏缩小或阻止其扩大,运动员就能跑出最快的速度。十七世纪末,有些外科医生为了使狗跑得更快,便将狗的脾脏切除,但手术却远远没达到预期的效果。"跑得像切除脾脏的狗"一语即由此而来。

【释义】 形容跑得很快或飞得很快。

❀ 佩德罗·加西亚斯之灵

【溯源】 在西班牙的塞拉曼加有两位学者发现了一块墓碑，碑文中写道："佩德罗·加西亚斯之灵在此安息"。两位学者继续探寻，希望能发现更多与此有关的线索。结果，他们只在那里掘到一个钱袋，里面装有一百枚金币。

【释义】 代指钱币、钱财。

❀ 披麻蒙灰

【溯源】 语出《圣经·新约·马太福音》。耶稣在诸城中行了许多异能，那些城的人终不悔改，于是耶稣责备他们说："哥拉汛啊，你有祸了！伯赛大啊，你有祸了！因为在你们中间所行的异能，若是行在推罗、西顿，他们早已披麻蒙灰悔改了。"

【释义】 古代以色列人表示哀痛或忏悔的一种做法，现今仍用来比喻悔恨或痛苦。

❀ 披着狮皮的驴子

【溯源】 源自法国作家拉封丹的同名寓言诗。一头驴子披上狮皮，显出一副凶神恶煞的样子。周围的动物以为狮子来了，都吓得胆战心惊。然而可笑的是，驴子不小心露出了耳朵尖，于是被彻底揭穿了骗局。

【释义】 用来讽刺那些色厉内荏、装腔作势的人。

❀ 披着羊皮的狼

【溯源】 源自《圣经·新约·马太福音》。耶稣在登山训众时告诫门徒说："你们要防备假先知。他们到你们这里来，外面披着羊皮，里面却是残暴的狼。"并告知门徒，要凭借他们的果子去识别，凡不结好果子的树，就砍下来丢在火里。

【释义】 喻指两面派、伪善者、狡猾阴险的人。

❀ 毗斯迦的一瞥

【溯源】 源自《圣经·旧约·申命记》。摩西率领以色列人离开埃及后，历经四十年的千辛万苦，终于到达上帝应许之地迦南。但正如耶和华所说，摩西只登上毗斯迦山顶，向远方眺望了迦南的全景后便死在摩押地。耶和华将他埋葬在摩押地的毗耳对面的谷中，以色列人为摩西哀哭了三十日，只是到今日也没有人知道摩西的坟墓究竟在哪里。

【释义】 表示对可望不可及、只能看到却不能得到的事物的一瞥。

◉ 皮格马利翁效应

【溯源】 皮格马利翁是古希腊神话中的塞浦路斯国王，精于雕刻。他不喜欢塞浦路斯的凡间女子，决定永不结婚。有一次，他雕刻了一座美丽的少女像，在夜以继日的工作中，皮格马利翁把全部的精力、全部的热情、全部的爱恋都赋予了这座雕像。后来，爱神看他情感真挚，就赋予雕像以生命，使两人结为夫妻。

【释义】 "皮格马利翁效应"指一个人只要心中强烈期待什么，就一定会得到什么。

◉ 皮洛斯的胜利

【溯源】 皮洛斯是古希腊伊庇鲁斯国王，年少时非常崇拜马其顿国王亚历山大大帝，是个勇敢而有野心的少年。在与罗马的两次战斗中，皮洛斯虽然都取得了胜利，损失却非常惨重。据传在当时，皮洛斯看到有个人为胜利而欢呼雀跃，便对他说道："如果再打一次这样的胜仗，就没有人能跟我回国了。"

【释义】 喻指代价惨重的胜利。

◉ 皮索的公道

【溯源】 皮索是公元前 58 年罗马的执政官，是个昏庸腐败、凶狠残酷的暴君。有一次，皮索武断地判定一个无辜的人犯有谋杀罪，便下令即刻将其处死。行刑前，那个被皮索认定已被谋杀的人出现了，于是负责行刑的百夫长没有处死犯人，将真实情况报告了皮索。没想到皮索下令处死他们三人，并认为这是最公道的判决。他说那个犯人本来就是要处死的，百夫长没执行命令应该被处死，而正因为那个误以为被谋杀的人，才使前面两个人被处死，所以他更应该被处死。

【释义】 用来形容好像很公道，实际上很荒谬的事情。

◉ 皮提亚

【溯源】 古希腊特尔斐阿波罗神庙中的预言女祭司。皮提亚平时饮帕耳纳索斯山麓的圣泉之水，食用圣月桂之叶，坐在放置于岩石裂隙上的三只脚的金椅上，吸取岩缝中冒出的毒气，渐渐进入痴狂状态，说出时断时续的谵语，作为阿波罗的神示。

【释义】 常用来指代女预言家、女占卜师。

⚝ 平克顿侦探小说

【溯源】 平克顿(1819~1884)是美国著名私人侦探事务所的创建人和侦探,从1842 年破获制造伪币集团案开始踏上侦探生涯,著有《莫利·马圭尔派与侦探》和《侦探生涯三十年》。在十九世纪后半期,美国出现了许多以侦探平克顿为主人公的侦探小说,被认为是平克顿侦探事务所的广告。

【释义】 喻指低级庸俗的侦探小说或侦探手段。

⚝ 泼留希金

【溯源】 俄国作家果戈理的长篇小说《死魂灵》中的人物,是主人公乞乞科夫为购买死魂灵而走访的最后一个地主。泼留希金家道殷实,拥有上千农奴,可孤独的生活却使他变成一个匪夷所思的吝啬鬼。他的穿着打扮如同乞丐,连半张纸片都要捡起来据为己有。别人忘在外面的东西,哪怕是一根马刺,到了他手里就再无归还之理。

【释义】 守财奴、吝啬鬼的代名词。

⚝ 珀伽索斯

【溯源】 古希腊神话传说中的飞马,传说由女妖墨杜萨的尸体所变,曾登上奥林波斯山,把雷电送给宙斯。有一次,缪斯们高声歌唱时,赫利孔山兴奋得不断升高,一直顶到天穹。珀伽索斯遵照海神波塞冬的指令,把赫利孔山踩回到地上,据说赫利孔山顶峰的马泉就是这样形成的。

【释义】 引申为诗人灵感的象征。

⚝ 珀涅罗珀的织物

【溯源】 珀涅罗珀是希腊英雄俄底修斯的妻子。俄底修斯随希腊联军远征特洛亚,离家二十年。当地贵族青年纷纷向珀涅罗珀求婚,并在宫中饮酒作乐,挥霍财产。珀涅罗珀是个忠贞女人,千方百计想办法摆脱求婚者的纠缠。她借口必须织完公公的榖布才能改嫁,白天织、夜晚拆,总也织不完。此事被女仆泄露出去后,珀涅罗珀又要求进行拉弓比赛,求婚者谁能拉开丈夫俄底修斯的弓箭,她就嫁给谁,她知道求婚者中根本没人能拉开俄底修斯的硬弓。决赛当天,俄底修斯扮作乞丐回到家中,利用比赛之机,射死所有的求婚者,夫妻得以团圆。

【释义】 喻指无休无止的工作,或故意推延时间的办法。

❀ 破木盆

【溯源】 源自俄国诗人普希金的童话诗《渔夫和金鱼的故事》。海边住着贫穷的渔夫和他的老伴。有一天，老渔夫在海里网到一条金鱼，金鱼以满足渔夫提出的要求做交换，哀求渔夫把它放回大海。善良的渔夫没有索取任何报酬就放了金鱼，回到家遭到老伴的痛骂，说家里的破木盆已经要不能用了，让他去向金鱼要只新木盆。金鱼满足了她的要求后，贪心的老伴又逼着渔夫一次次提出新要求，甚至要当海上的女霸王，让金鱼服侍她。金鱼听完渔夫的要求，一言不发游回海里。老渔夫回到家一看，家里又恢复到最初的样子，摆在老伴面前的，还是那只破木盆。

【释义】 常用来喻指得而复失、由盛到衰的境遇。

❀ 仆人眼里无英雄

【溯源】 马其顿国王安提柯二世（前 319~前 239）曾被颂扬为"神"与"太阳之子"，据此他说道："我的仆人对此一无所知。"针对这句话，法国哲学家蒙田（1533~1592）在《随笔集》中说道："世界将某人敬奉为神，但在他的妻子和仆人眼中，却看不出他有丝毫值得被关注的地方。很少有人会引起自己仆人的赞叹。"

【释义】 意为一个人无论地位多么崇高显赫，其实都是平凡的人。

❀ 葡萄是酸的

【溯源】 源自古希腊寓言作家伊索的寓言《狐狸和葡萄》。有只饥饿的狐狸溜进果园，看到架子上垂着一串熟透的葡萄，不禁垂涎欲滴。可惜葡萄挂得太高，狐狸用力跳了几次都摘不到，只好悻悻然离开。临走时，它自我安慰道："这有什么稀罕的啊，葡萄一定是酸的。"

【释义】 喻讽对无法得到的东西所表示出的怀疑和鄙视的态度。

❀ 普里阿得斯七姊妹

【溯源】 古希腊神话传说中提坦神阿特拉斯和大洋神女普勒俄涅的七个女儿。传说她们为猎人俄里翁所爱，为摆脱他的追求而向神祈祷，神祇将她们变为七只鸽子，后又化为七星。

【释义】 用来比喻或称呼几位杰出人物的群体。

❀ 普里阿摩斯

【溯源】 古希腊神话传说中的特洛亚国王。他结婚多次，生有五十个儿子和众多女儿。他的儿子、十二个已出嫁的女儿及其丈夫都住在他的宫廷内，是个典型的父权制的大家族。在特洛亚战争中,他曾到希腊人的营地找到阿喀琉斯,要赎回儿子赫克托耳的尸体。阿喀琉斯被他的悲伤所感动,将尸体交还给他。

【释义】 用来指代多子女的家长。

◎ 普罗米修斯

【溯源】 古希腊神话传说中的提坦神之一,创造人类和造福人类的神。他为人类从奥林波斯山盗来天火,并教会人类如何用火,而且为了人类的幸福,不惜与众神作对。后来,愤怒的宙斯下令将普罗米修斯缚在高加索的悬崖上,用矛刺穿他的胸部,让大鹰在每个白天啄食他的肝脏,夜间再完好复原,如此反复折磨了数千年,直到赫剌克勒斯射死了大鹰,普罗米修斯才得以释放。

【释义】 喻指为了给人类带来福祉而遭受苦难的英雄。

◎ 普洛克汝斯忒斯的床

【溯源】 普洛克汝斯忒斯是古希腊神话传说中的拦路大盗。他在阿提卡厄琉西斯城附近开了一家黑店,店里有两张床,一张很长,一张很短。如果旅客身材矮小,他便把旅客放在长铁床上拉长,直到旅客气绝身亡;如果旅客身材高大,他便把旅客放在短铁床上剁去腿脚,直到旅客因疼痛而死。后来,英雄忒修斯路过此地,捉住了普洛克汝斯忒斯,并以其人之道还治其人之身,把他放在短铁床上,砍掉他的腿,使他受到应有的惩罚。

【释义】 喻指强制别人就范,或不顾具体条件生搬硬套。

◎ 普洛透斯

【溯源】 古希腊神话传说中海神波塞冬的属下,精于预言和变化,住在埃及附近的法洛斯岛,为波塞冬放牧海豹。希腊英雄墨涅拉俄斯曾被逆风吹到法洛斯岛,趁普洛透斯从海里浮上山岩午睡时抱住他,请求他指点回家之路,即使他不停地变换身形也不放手。普洛透斯只好为墨涅拉俄斯指明回乡之路,并预告了在特洛亚战争中其他英雄的命运。

【释义】 喻指多种多样的艺术创作方法,或演员塑造各种形象的才能。

◎ 七个施瓦本人

【溯源】 源自德国《格林童话》中的同名故事。七个施瓦本人决定一起去闯荡世界，做番大事业。他们共同握着根又粗又长的长矛，要去和巨龙搏斗。愚蠢又自大的施瓦本人在路上出尽了洋相，有一次竟把兔子当成怪兽，吓得战战兢兢，不敢上前。后来，他们来到摩泽尔河边，河上既没有桥梁，也没有渡船，误以为当地人说的"下水"即"过河"的意思，于是贸然渡河，最后全淹死在水中。

【释义】 代指愚蠢、遇事不多加思考的人。

◎ 七雷

【溯源】 源自《圣经·新约·启示录》中所描绘的世界末日的景象。"我又看见另有一位大力的天使从天而降，披着云彩，头顶有彩虹，脸面像日头，两脚像火柱。他手里拿着小书卷是展开的，右脚踏海，左脚踏地，大声呼喊如狮子在吼叫。呼喊后，就有七雷发声。七雷发声后，我正要写出来，就听见天上有声音说：'七雷所说的你要封上，不可写出来。'"

【释义】 用来比喻巨大的声响和非凡的力量。

◎ 七十个七次

【溯源】 语出《圣经·新约·马太福音》。彼得问耶稣说："主啊，我弟兄得罪我，我应当饶恕他几次呢？到七次可以吗？"耶稣回答说："我对你说，不是到七次，而是到七十个七次。"耶稣此语意为彻底饶恕。

【释义】 用来比喻无数次，很多次的意思。

◎ 七印封严的书卷

【溯源】 语出《圣经·新约·启示录》。在用七印封严的书卷中，用种种异象列出了世界末日的景象。其主要内容表达了上帝将惩罚一切仇敌，并在胜利之日奖赏他的子民，赐给子民一个崭新的世界。

【释义】 喻指秘不可知、深奥难解的事物。

⊛ 骑飞马

【溯源】 希腊英雄珀尔修斯杀死女妖墨杜萨之后,从墨杜萨的血中生出一匹飞马,即长有双翼的神马珀伽索斯。飞马暴烈异常,凡人难以驯服,后被科任托斯英雄柏勒洛丰驯服。柏勒洛丰骑着飞马,建立了许多丰功伟绩。当他想骑着飞马上天参加诸神的会议时,结果却颠覆坠地。飞马珀伽索斯升天后成为主神宙斯的坐骑,凡是它的蹄子踏过的地方就会有泉水涌出,就是诗人可以从中获得灵感的灵泉。

【释义】 比喻诗人灵感爆发、文思泉涌,或在诗坛上占有一席之地。

⊛ 骑木杆

【溯源】 源于旧时苏格兰和英格兰北部地区的一种风俗。如果某个丈夫虐待妻子,村民们便惩罚他骑坐在一根木竿上,由众人扛着游行示众。骑在木杆上的丈夫不但难以坐稳而左右摇摆,还要承受众人的斥责和嘲弄,出尽了洋相。

【释义】 喻指怕老婆或受制于女人。

⊛ 骑上高头大马

【溯源】 在中世纪的法国,马是主要的运输工具,大致分为三种:一种是供君主和达官贵人使用的漂亮温驯的检阅马或旅行马,一种是供运输和普通人乘骑的驿马,一种是作战时使用的体型高大的战马。"骑上高头大马"意为开赴前线作战。

【释义】 喻指某人傲慢不恭、盛气凌人的样子。

⊛《启示录》中的四骑士

【溯源】 源自《圣经·新约·启示录》中有关描写世界末日景象的七印。七印中出现了四个骑士,分别骑着白马、红马、黑马和灰马,象征着战争、杀戮、瘟疫和饥荒。

【释义】 常用来指代人间的战争、杀戮、瘟疫、饥荒四大灾难。

⊛ 乞乞科夫

【溯源】 俄国作家果戈理的长篇小说《死魂灵》中的主人公。俄国的地主们将他们的农奴叫做"魂灵"。乞乞科夫当上法院代书人后,先打通了上至省长下至建筑技师的大小官员的关系,而后去市郊向地主们收买已经死去,但尚未注销户口的农奴,企图把他们当成活的农奴高价抵押给别人,从中牟取暴利。他走访了一个又一个地主,买到大批的死魂灵,可最终被人揭穿了他的罪恶勾当,只好灰溜溜逃跑了。

【释义】 代指具有乞乞科夫式的虚伪、贪婪、狡诈、卑鄙的人。

恰尔德·哈罗尔德

【溯源】 英国诗人拜伦的长诗《恰尔德·哈罗尔德游记》中的主人公。厌倦了花天酒地的贵族公子恰尔德愤而离开祖国,开始孤独忧郁的漂泊生活。他陆续去过很多国家,可异国的一切都不能震撼他那冷漠的灵魂,他感到只有大海、沙漠、森林、洞窟才是他真正的归处,终于明白自己生活空虚,悲观厌世,所以不再为失望而忧伤。

【释义】 常用来代指孤独、冷漠、消极厌世的人。

签发贫穷证明

【溯源】 德语成语。在以前的德国,谁想得到国家的救济,就得先出示由官方签发的贫穷证明书,证明自己一贫如洗。由于人们认为贫穷乃是无能的表现,因而"贫穷证明"即转义为"无能的证明"。

【释义】 常用来表示精神方面的空虚和贫乏,或证明某人无能。

签已抛出

【溯源】 公元前 49 年,罗马执政官庞培与元老院合谋解除凯撒的军权后,凯撒决定进军罗马,夺取政权。当时他只带了不到三百名的骑兵和五千步兵,命令指挥官和百人团团长丢下一切重兵器,只带匕首去占领高卢重镇。当他到达卢比孔河边时,他对自己即将挑起内战的行为产生了动摇,他知道渡过这条小河将会给所有人带来怎样的灾难,也知道后人将如何评价他做出的举动。最后,他像是抛弃了顾虑和彷徨,坚定地说出一句话:"让签抛出去吧!"然后便渡过河,罗马内战由此爆发。

【释义】 喻指做出最后决定、倾尽所有的力量来搏一胜负。

钱能叫万事应心

【溯源】 语出《圣经·旧约·传道书》。传道者论懒惰时说道:"因为懒惰,房顶塌下;因为手懒,房屋滴漏。设摆宴席,是为喜笑。酒能使人快活,钱能叫万事应心。"

【释义】 意同"有钱能使鬼推磨",喻指金钱是万能的。

强权者的论据

【溯源】 源自法国作家拉封丹的寓言诗《狼和小羊》。一只小羊在溪边喝水,一只觅食的饿狼来到溪边,为了理所应当吞下小羊,便诬蔑小羊搅浑了它喝的清水。小羊辩解说自己在狼的下游,不可能搅浑狼的清水。狼又说小羊去年说过它的坏话。小羊说自己去年还没出世。狼说那不是小羊就是小羊的哥哥。小羊又说自己没有哥哥。恼羞成怒的狼恶狠狠地说道:"总之一定是你们家的另一个,你们的牧人和你们的狗,全都不肯放过我,因此别人都劝我要报这个仇!"说完就扑上去吃掉了小羊。

【释义】 喻指凭借权势获得胜利的荒谬论据。

窃取某人的雷声

【溯源】 英国剧作家约翰·邓尼斯(1657~1734)为加强自己剧本演出时的舞台效果,研制出可以模拟雷鸣的装置。因为演出被撤销,这个装置就一直闲置而没有派上用场。不久以后,别人在上演莎士比亚的戏剧时,使用了他设计的雷鸣装置,并获得了极大的成功。邓尼斯虽然是个多产的剧作家,但成功之作不多,总是颇受冷落。他设计的雷鸣装置本可为他带来荣誉,却被别人抢先一步搬上舞台,他不禁为此感到十分失落,在一篇文章中抱怨说:"上帝啊,这些家伙不上演我的剧本,却在把玩我的雷鸣!"

【释义】 喻指窃取他人的发明成果,或抢先实施了他人的计划,使其成功的愿望破产。

青鸟

【溯源】 源自比利时作家梅特林克的童话剧《青鸟》。蒂蒂尔和米蒂尔兄妹是樵夫的两个孩子,他们在圣诞节前梦到仙女贝丽吕娜,并在她的拜托下去寻找青鸟,给她病重的女儿治病。兄妹俩在各位精灵的帮助下,随着光的引导走遍了记忆之乡、思念之土、幸福之园、未来王国等地方,历经千辛万苦,寻找象征着幸福的青鸟,都没有找到。清晨,他们从梦中醒来,邻居来为生病的女儿讨圣诞礼物,蒂蒂尔决定把心爱的鸽子送给她,没想到鸽子变成了遍寻不得的青鸟,还治好了小女孩的病。

【释义】 转义为"幸福之源",象征人类物质上和精神上的幸福。

情愿右手忘记技巧

【溯源】 语出《圣经·旧约·诗篇》。原语句出处为:"我们怎能在外邦唱耶和华的歌呢? 耶路撒冷啊,我若忘记你,情愿我的右手忘记技巧。我若不纪念你,若不看耶路撒冷过于我所最喜乐的,情愿我的舌头贴于上膛。""情愿右手忘记技巧"是不可能的事情,用此语来表达巴比伦囚虏绝不会忘记故乡耶路撒冷。

【释义】 表示绝不可能忘记,永远不会忘记。

◎ 丘比特的神箭

【溯源】 丘比特即厄洛斯,爱神之子,主管神、人的爱情和婚姻。他有一张金弓、一枝金箭和一枝铅箭。如果被他的金箭射中,便会产生爱情,即使是冤家也会成为快乐甜蜜的佳偶。如果被他的铅箭射中,便会拒绝爱情,即使是佳偶也会变成痛苦妒恨的冤家。据说丘比特射箭时眼睛是蒙起来射,因此人们把爱情说是缘分。

【释义】 喻指爱情的到来、爱情的缘分。

◎ 求饼而得石头

【溯源】 源自《圣经·新约·马太福音》。耶稣教训门徒说:"你们祈求,就给你们;寻找,就寻见;叩门,就给你们开门。因为凡祈求的,就得着;寻找的,就寻见;叩门的,就给他开门。你们中间,谁有儿子求饼,反而给他石头呢? 求鱼,反给他蛇呢? "

【释义】 喻指祈求怜悯却遇到铁石心肠,所遇非所求。

◎ 球的孩子

【溯源】 中世纪时期,法国盛行网球,出现了很多网球世家。在这些家庭出身的孩子,从小就受到优良的网球训练,成人后多为难以匹敌的网球高手,这些网球世家的后代,被称为"球的孩子"。

【释义】 常用来指代继承父业的人。

◎ 取下护面比武

【溯源】 在中古时期,骑士在开始比武前,都要先取下护面,互致问候,后演变为现代击剑运动中规定的礼节:在比赛结束后,双方运动员取下护面,相互握手以示友谊。取下护面比武,表示与实战不同,而是一种按照规则比试武艺的公开比赛。

【释义】 表示在进行论争时,要光明正大地用真实的身份参与。

◎ 去格斗

【溯源】 德语成语。在中世纪的德国,各地兴起了许多剑术学校,教授年轻人剑术,也招收年轻的手工业工匠。这些年轻人学成后,就开始在各地流浪表演,以获取观众的赏赐和施舍。因此,格斗便有了乞讨的意思。

【释义】 喻指去行乞、讨饭。

❀ 冉阿让

【溯源】 法国作家雨果的长篇小说《悲惨世界》中的主人公。冉阿让是个失业工人,他诚实、善良,为了挨饿的外甥偷了一块面包,被判五年苦役。因不堪忍受非人的监狱生活,他屡屡越狱以致罪刑加重,共服了十九年的苦役。出狱后,他受到米里哀主教的热情款待,却以怨报德,偷走了主教家的银器。米里哀主教宽厚待人,使他免于再次入狱,他深受感动,决心弃恶从善,后逐渐成为大富翁,还当上了市长。冉阿让好善乐施,满怀仁爱之心,后因救助别人遭到通缉,到处飘泊,受尽不白之冤,在痛苦和孤独中度过晚年。

【释义】 代指乐善好施的慈善家。

❀ 让军曹去代替伏尔泰

【溯源】 语出俄国作家格里鲍耶陀夫的喜剧《智慧的痛苦》。沙俄军官斯卡洛茹勃粗鲁而愚昧,他最讨厌读书做学问,满脑子是队列训练和军事术语。有一天,不务正业的列彼季洛夫邀请他去参加公爵家的聚会,不但可以喝到香槟酒,还可以与四十多个人高谈阔论,学到很多学问。斯卡洛茹勃听到"学问"二字就反感,于是说道:"饶了我吧,用学问骗不了我,叫别人去吧,要是你愿意,我可以给你们派一个军曹去代替伏尔泰,他会把你们排成三列,谁敢哼一声,立刻让谁知道厉害!"

【释义】 用来比喻用残暴的军事手段扼杀自由思想和进步文化。

❀ 让每块石头都翻个身

【溯源】 公元前 479 年,希腊军队击败了波斯大将马多尼奥斯的军队。因为盛传马多尼奥斯在自己的营帐内藏匿了大量的珍宝,底比斯的波利克拉特斯便派人仔细搜查,然而却一无所获。于是,他去阿波罗神庙祈求神谕,得到一句话:让那里的每一块石头都翻个身。他依照神谕行事,果然找到了那些珍宝。

【释义】 比喻为达到目的竭尽全力,不惜牺牲时间和金钱。

⊛ 人活着不是单靠食物

【溯源】 语出《圣经·新约·马太福音》。耶稣从约旦河回来,被灵光引到旷野。魔鬼试探耶稣,让他四十天不吃东西。四十天后,耶稣饿了,魔鬼对他说:"你若是上帝的儿子,可以吩咐这块石头变成食物。"耶稣回答说:"经上记着说:'人活着不是单靠食物,乃是靠上帝口里所出的一切话。'"

【释义】 指人活着不仅有物质上的需要,还有精神上的追求。

⊛ 人类灵魂的工程师

【溯源】 1932 年 10 月 26 日,苏联领导人斯大林在高尔基处会见作家时,称苏联作家是"人类灵魂的工程师"。后来,教育家米哈伊尔·伊凡诺维奇·加里宁将此语引用到教育界,他说:"很多教师常常忘记他们应该是教育家,而教育家也就是人类灵魂的工程师。"

【释义】 对教育工作者和文学艺术工作者的特定称谓。

⊛ 人情的乳汁

【溯源】 语出英国作家莎士比亚的悲剧《麦克白》。苏格兰大将麦克白平息叛乱后凯旋,途中遇到三个女巫,预言他将成为考特爵士和未来的君王。过了不久,麦克白果然被加封为考特爵士,他对女巫的预言深信不疑,并将此事写信告诉夫人。夫人读罢来信,自言自语说道:"……你现在做了考特爵士,将来还会达到预言告知你的高位,可我却为你的天性忧虑:它充满了太多人情的乳汁,使你不敢采取最近的捷径。你希望做一个伟大的人物,你不是没有野心,可是你却缺少和那种野心相匹配的奸恶。"

【释义】 喻指人类善良的天性与恻隐之心。

⊛ 人种的是什么 收的也是什么

【溯源】 语出《圣经·新约·加拉太书》。原文为:"在道理上受教的,应当把一切需用的供给施教的人。不要自欺,上帝是轻慢不得的。人种的是什么,收的也是什么。顺着情欲撒种的,必从情欲收败坏;顺着圣灵撒种的,必从圣灵收永生。"

【释义】 意同"种瓜得瓜,种豆得豆"、"善有善报,恶有恶报"。

⊛ 忍耐到底必然得救

【溯源】 语出《圣经·新约·马太福音》。门徒问耶稣世界末日有什么预兆,耶稣回答说:"你们会听见打仗的风声。多处必有饥荒、地震……那时必有许多人跌倒,也要彼此陷害,彼此恨恶,也会有很多假先知起来迷惑人。不法的事增多,许多人的爱心渐渐冷淡,唯有忍耐到底的必然得救。这天国福音要传遍天下,对万民作见证,然后末期才来到。"

【释义】 原意为忍受一切苦难,坚持到最后必得永生。现多用来劝勉要坚持忍耐。

任凭死人埋葬他们的死人

【溯源】 语出《圣经·新约·马太福音》。耶稣在加利利各地传道时,有许多人来追随他。有个门徒对耶稣说:"主啊,容我先回去埋葬我的父亲。"耶稣说:"任凭死人埋葬他们的死人,你跟从我吧。"

【释义】 喻指不念旧情,或义无反顾、勇往直前。

扔出手套

【溯源】 在中世纪时期的欧洲,人们喜爱随身佩带刀剑,一旦发生争执,常常用决斗的方式来解决矛盾。手套是举行决斗仪式的标志,扔出手套代表挑战,对手拾起手套代表接受挑战。

【释义】 "扔出手套"与"拾起手套"常用来表示挑战和应战。

日光之下无新事

【溯源】 语出《圣经·旧约·传道书》。传道者说:"虚空的虚空,凡事都是虚空,人一切的劳碌,就是他在日光之下的劳碌,这有什么益处呢?一代过去,一代又来,地却永远长存。日落日出,总归所出之地。风儿南刮北转不住地旋转,最终返回原道……已有的事,后必再有;已行的事,后必再行。日光之下无新事,没有一件事能有人指着说是新的,因为在我们以前的世代,早已有了。已过的世代,无人记念;将来的世代,后来的人也不会记念。"

【释义】 喻指万事皆空的消极厌世思想。

日历经常有错

【溯源】 语出俄国作家格里鲍耶陀夫的喜剧《智慧的痛苦》。贵族老妇人赫廖斯托娃与贵族官僚法穆索夫,在贵族青年恰茨基拥有的农奴数目上发生了争执。赫廖斯托娃说恰茨基有三百个农奴,法穆索夫说恰茨基有四百个农奴,并说他的日历上就是这么记着的。赫廖斯托娃不甘示弱地说道:"日历经常有错!"

【释义】 喻指世界上没有绝对正确、十全十美的东西。

☺ 日子过得好 就不会去飞

【溯源】 语出俄国民间说书艺人戈尔布诺夫所讲的故事《航空者》。有一群人围着个大气球议论纷纷。这只载人的人气球即将起飞,乘坐气球的是一个德国商人和一个裁缝。人们不理解裁缝为什么要去冒这种险,有人问道:"裁缝喝醉了吧? 为什么要去飞呢?"又有个人回答说:"一个人不走正道吗,就会去飞了。日子过得好当然是不会去飞的,不过,他学坏了……"

【释义】 喻指迫不得已去做某事。

☺ 如坐托盘

【溯源】 在旧时欧洲一些国家里,仆人往往托着盘子将菜肴送给客人。后来,大旅馆里的仆人也用精美的托盘为客人传递名片、信件、报纸等物品。因为托盘里的东西大家都可以看到,所以德国的莱比锡人就把戏院里的第一排座位比作托盘。

【释义】 喻指处于十分显眼、引人注目的位置上。

☺ 辱上加辱

【溯源】 源自《伊索寓言》。有只蚊子落在一个男人的秃头上,男人想打蚊子,没想到没打着蚊子,自己的秃头却挨了一巴掌。蚊子见了说道:"我不过是小小叮了你一下,你就要打死我,那么你给自己已经受到侮辱的头上,又加上一种凌辱,你将如何处置你自己呢?"

【释义】 喻指对已经受到伤害的人,再次施加伤害或凌辱。

☺ 软弱的器皿

【溯源】 语出《圣经·新约·彼得前书》。使徒彼得在给小亚细亚基督徒的信中,谈到如何做丈夫时写道:"你们做丈夫的,也要按情理与妻子同住,因为她们是软弱的器皿,与你一同承受生命之恩,所以要敬重妻子,这样你们的祷告就会没有阻碍。"

【释义】 女性的别称,指代"女人"。

撒旦也装作光明的天使

【溯源】 语出《圣经·新约·哥林多后书》。使徒保罗在写给哥林多教会的信中指出，哥林多教会中有少数人在传播另外一种耶稣、圣灵和福音，就像蛇诱惑夏娃那样诱惑使徒。保罗揭露说："那些人都是假使徒，行事诡诈，装作基督使徒的模样。其实这也不足为怪，因为连撒旦也装作光明的天使，所以他的差役装作仁义的差役也不算稀奇。他们的结局，必然照着他们的行为。"

【释义】 喻指伪装善良、阴险狡诈的恶人。

撒丁之笑

【溯源】 据传，意大利撒丁岛上有一种有毒植物，如果误食了这种植物，临死前脸就会抽搐变形，仿佛在笑的样子。特洛亚战争后，希腊英雄俄底修斯经历千辛万苦，终于回到故乡伊塔刻岛。当他得知岛上的贵族青年都以为他死了，纷纷向他的妻子求婚，并经常在宫中饮酒作乐，挥霍他的财产后，就决定扮成乞丐去报复那些求婚者。那些求婚者见到俄底修斯装扮的乞丐，都出言侮辱他，还向他扔去牛脚。俄底修斯闪身躲过牛脚，沉默地发出"撒丁之笑"，心里盘算着把这群求婚者全部杀死。

【释义】 代指意味深长的冷笑。

萨堤洛斯

【溯源】 古希腊神话传说中最低级的林神、酒神狄俄倪索斯的随从、主司丰收的精灵。萨堤洛斯生性懒惰、淫荡，每天不是喝得半醉，就是在林中与神女们嬉戏。他的标志是酒神杖、长笛、饮酒器皿。

【释义】 代指醉汉和色鬼。

萨利克法典

【溯源】 萨利克法典是由五世纪时征服高卢的萨利克人所制定，这是一部刑法法典和程序法典。后人曾对该法典做过多次修订，特别是女性不得继承土地这一项律条，对后来妇女不可继承王位的原则产生了深远的影响。

【释义】 指不准女性拥有继承权的法律。

◎ 萨图尔努斯

【溯源】 古罗马神话中的播种与农业之神,推翻父亲的统治后做了神王,是提坦神中最年幼的一个。曾有预言说他的儿子会跟他一样推翻父亲的统治,于是他把妻子生下的孩子都吞进肚子里。妻子生下宙斯后,把宙斯藏在克里特岛的山洞里,用布裹了块石头让萨图尔努斯吞掉。宙斯成人后,果然推翻父亲的统治,并迫使他吐出来被吞进去的兄弟姐妹。

【释义】 被用来比喻残忍专制的统治者,或暗无天日的社会现实。

◎ 塞勒涅

【溯源】 古希腊神话传说中的月神。塞勒涅头戴金冠,身长翅膀,每日乘着光芒四射的马车在天空中奔驰,然后隐没于大洋河中。传说她爱上了美少年恩底弥翁,身为凡人的恩底弥翁为了长生不老和永葆青春,求宙斯让他在拉特摩斯山洞里长眠不醒。塞勒涅每晚驾车驰过天空时,都会来到山洞里与酣睡的恩底弥翁亲吻一次,这种无望的爱情使她的面容总是呈现出一种忧伤。

【释义】 常被用来指代月亮。

◎ 三十月八十六日

【溯源】 语出俄国作家果戈理的讽刺小说《狂人日记》,是小说的主人公波普里希钦的日记上所写的日期。作者以此来表示一个狂人的狂妄言行,看似荒诞可笑,却强化了职位卑微的小公务员的命运的悲剧性。

【释义】 用来讽刺无稽之谈或痴心妄想。

◎ 三条尾巴的帕夏

【溯源】 帕夏初为奥斯曼帝国高级军政官员的称谓,后成为土耳其或某些中东国家高级文武官员的称号。帕夏的显著标志是作战时手中所持的长矛。长矛上端有一个金黄色的圆球,并装饰着随风飘扬的马尾巴。马尾巴越多表示身份越高,最高者多达五条。"三条尾巴的帕夏"一语即由此而来。

【释义】 喻指过着不劳而获、奢侈豪华生活的人。

◎ 沙丽大婶

【溯源】 美国旧时民间集市游戏中的木偶名,是一个木制的老妇人头像。沙丽大婶被固定在立于游戏场地中央的木杆上,参与游戏者站在一定的距离之外,向沙丽大婶投掷短木棍或木球,以击中其硕大的鼻子或衔在口中的烟斗者为胜。

【释义】 喻指遭受众人嘲讽、批评、攻击的对象。

🔸 杀鸡取金蛋

【溯源】 源自《伊索寓言》中的《生金蛋的鸡》。有个人养了只会生金蛋的鸡,他以为鸡的肚子里有比金蛋更大的金块,就把鸡杀了,结果发现这只鸡与别的鸡没什么不同。他原本想发次大财,结果却一无所获。

【释义】 比喻只顾眼前利益,结果却损害了长远利益。

🔸 山鲁佐德的智慧

【溯源】 山鲁佐德是阿拉伯民间故事《一千零一夜》中的人物,萨桑国宰相的女儿。萨桑国王山鲁亚尔是个残忍的暴君,他每天娶一位女子行乐,在第二天早晨将其杀死。山鲁佐德为了拯救无辜的姐妹,自愿嫁给国王。聪明机智的山鲁佐德擅长讲各种有趣的故事,到了晚间就讲故事吸引国王,每讲到紧要关头都恰值天亮,国王只好留待第二天再杀她。就这样日复一日,一直讲了一千零一夜,国王终于被感化,不再杀旧娶新。

【释义】 喻指智慧超群、机智敏锐的女子。

🔸 山姆大叔

【溯源】 源自 1812 年美英战争时期。纽约州一位诚实能干的肉类包装商被人们亲切地称为"山姆大叔"。他担任纽约州和新泽西州的军需检验员,负责在供应军队的牛肉桶和酒桶上打戳。人们发现该厂的牛肉桶上都盖有 E.A U.S.标记。本来,E.A 是一个军火承包商的名字,U.S.是美国的缩写。碰巧山姆大叔(Uncle Sam)的缩写与美国的缩写(U.S.)相同,人们就管美国叫"山姆大叔"。

【释义】 美国的民族象征。美国人把"山姆大叔"诚实可靠、吃苦耐劳以及爱国主义精神视为民族的骄傲和共有的品质。

🔸 上船不带饼干

【溯源】 在古代法国,人们把出海时带的一种外形颇像烘饼的面包叫做饼干。这种饼干要在火上烘烤两次,是出海时的备用食品。如果长时间航行,备用的饼干就需要烘烤四次,而且通常在出海前六个月就已经烤好。如果没有充分的准备,就无法携带足够的饼干。

【释义】 喻指做某事时毫无准备,或旅行时不带必需的物品。

⊛ 上帝不偏待人

【溯源】 语出《圣经·新约·使徒行传》。该撒利亚有位名叫哥尼流的意大利营的百夫长,他和家人都是虔诚敬畏上帝的人,且常常周济百姓。上帝派使徒彼得前去传道,因为哥尼流是异邦人,犹太人与异邦人的亲近往来不合规定,所以上帝通过显现异象告诉彼得,凡上帝所接纳的,无论什么人,都不可当作俗物。彼得于是来到哥尼流家,受到哥尼流及其亲朋好友的欢迎与尊敬。彼得感慨说:"我真看出上帝不偏待人。原来各国中敬畏主行义的人,都为主所悦纳。"

【释义】 比喻公正无私、不偏心、不徇私的人。

⊛ 上帝赐给亚伯拉罕的地方

【溯源】 源自《圣经·旧约·创世记》。犹太人始祖亚伯拉罕七十五岁时,遵照上帝吩咐,带领部族离开迦勒底,迁居到迦南。后因遇到灾荒,最后定居在希伯伦附近。上帝在他九十九岁时向他显现,立他为多国之父,并答应使他的后裔多如繁星,并把迦南赐给他的后裔居住。从那以后,亚伯拉罕便定居在迦南,直至一百七十五岁时去世。

【释义】 指代能够安居乐业的福地或乐土。

⊛ 上帝的选民

【溯源】 源自《圣经·旧约·申命记》,指犹太人是上帝特别挑选的民族。原文为:"你们是耶和华你们上帝的儿女,不可为死人用刀划身,也不可将额上剃光,因为你归耶和华你上帝为圣洁的民,耶和华从地上的万民中,挑选你特作自己的子民。"

【释义】 原指犹太人和基督徒,后也用来喻讽贵族和特权阶级。

⊛ 上帝对该隐的惩罚

【溯源】 源自《圣经·旧约·创世记》。该隐杀死弟弟亚伯后,上帝决定惩罚他,对他说道:"你究竟做了什么事呢?你兄弟的血有声音从地里向我哀告。地开了口,从你手里接受你兄弟的血,现在你必从这地受咒诅。你种地,地不再为你效力,你必流离飘荡在地上。"该隐离开上帝后,便住在伊甸东边荒凉的挪得之地。

【释义】 指代漂泊流离,居无定所。

⊛ 上帝恩赐的

【溯源】 源自《圣经·新约·哥林多前书》。原文为:"我照上帝所给我的恩,好像一个聪明的工头立好了根基,有别人在上面建造,只是各人要谨慎怎样在上面建造。"

【释义】 在文学作品中,常用"上帝恩赐的"代指具有天赋、与生俱来。

烧不毁的荆棘

【溯源】 源自《圣经·旧约·出埃及记》。有一天,摩西在野外牧羊,到了上帝的何烈山。上帝向他显现神迹,以表明上帝无所不在,具有超然性和神秘性,所以摩西见到大火燃烧了荆棘,而荆棘却没有被烧毁,于是他虔诚地接受了上帝的旨意,带领以色列人逃出了埃及。

【释义】 喻指不朽或永远存在的事物。

舌头贴在我的牙床上

【溯源】 源自《圣经·旧约·诗篇》中遇到极苦时向耶和华的祈祷诗:"有许多公牛围绕我,巴珊大力的公牛四面困住我。它们向我张口,好像抓撕吼叫的狮子。我如水被倒出来,我的骨头都脱了节,我的心在身体里如蜡熔化。我的精力枯干如瓦片,我的舌头贴在牙床上。你将我安置在死地的尘土中……耶和华啊,求你不要远离我!我的救主啊,求你快来帮助我!"

【释义】 意为舌头不听使唤,失去了言语的能力。

舌头最难制伏

【溯源】 语出《圣经·新约·雅各书》。先知要求信徒们要管束自己的舌头。"……舌头在身体里也是最小的,却能说大话。看哪,最小的火能点着最大的树林。舌头就是火,在我们身体中,舌头是个罪恶的世界,能污秽全身,也能把生命的轮子点起来,并且是从地狱里点着的。各类的走兽、飞禽、昆虫、水族,本来都可以制伏,也已经被人制伏了。唯独舌头没有人能制伏,是不止息的恶物,装满了害死人的毒气……"

【释义】 喻指出言谨慎是一件很困难的事情。

伸出白蹄

【溯源】 语出法国作家拉封丹的寓言诗《狼、母山羊和小山羊》。为了有足够的乳汁哺育小山羊,母山羊要出门吃些新鲜的青草。母山羊把门关好,并嘱咐小山羊,只有听到妈妈说"狼和它的一伙见鬼去吧"这句暗号,才可以把门打开。正巧一只狼路过这里,听到母山羊的话。母山羊走远后,狼就装出母山羊的声音去敲门,说:"狼和它的一伙见鬼去吧!"狼以为马上就能吃到肥嫩的小山羊,没想到小山羊非常谨慎,从门缝里向外看了看说:"伸出白蹄让我瞧瞧!要不我决不开门!"狼看了看自己灰突突的爪子,只好灰溜溜走了。

【释义】 指亮出是自己人的证明、出示通行证。

◎ 深渊

【溯源】 语出《圣经·新约·路加福音》。有位一生穷奢极侈的财主死后去阴间备受痛苦，而一位名叫拉撒路的乞丐死后却被带到始祖亚伯拉罕的怀里。财主祈求亚伯拉罕救他脱离苦海，亚伯拉罕说道："……在你我之间，有一道深渊相隔，这边的人不能到你那边去，也不让你那边的人到这边来。"

【释义】 比喻难以消除的隔阂或无法逾越的界限。

◎ 深陷凯里街

【溯源】 凯里街是英国伦敦中心区一条街道的名字，位于大法官法庭巷右侧。在十九世纪四十年代，有一家法院曾搬至凯里街，并很快破产。现今，在凯里街设有专门审理破产类经济案件的法院。

【释义】 喻指陷入破产的困境。

◎ 深哉

【溯源】 拉丁语成语，语出《圣经·新约·罗马人书》。原文为："深哉，上帝丰富的智慧和知识。他的判断何其难测！他的踪迹何其难寻！谁知道主的心？谁做过他的谋士呢？谁是先给了他，使他后来偿还呢？因为万有都是本于他，依靠他，归于他。愿荣耀归给他，直到永远。阿门！"

【释义】 表示对某种高深玄妙的知识、道理、学问、智慧等的赞叹。

◎ 神经战

【溯源】 在1914年第一次世界大战期间，德军元帅兴登堡对德国《新自由报》的记者评论苏德战争的形势时说道："目前同俄国进行的战争，首先是个神经问题。只要德国和奥匈帝国具有坚强的神经，能够坚持到底，那么我们将取得胜利。"

【释义】 意指参战者在勇气、耐力、毅力等方面的较量。

◎ 神祇的食物

【溯源】 又译为神祇的饮料或玉液琼浆。据荷马的史诗记载，奥林帕斯山上的众神每天都在天宫的大厅里宴饮，人间向他们献祭的牛羊肉的香味，随着烟气氤氲上升，供他们享用。众神还享受着人间所无法觅取的珍馐佳肴、美酒香醪，服之便可永葆青春，长生不老。

【释义】 原指奥林帕斯山上诸神的食物，现常用来比喻美味无比的食品和佳肴。

⊗ 生存竞争

【溯源】 语出英国生物学家达尔文的名著《物种起源》。生存竞争即为生存而进行的斗争，指同种或异种生物相互竞争，以维持个体生存并繁衍种类的自然现象。

【释义】 表示人类为生存而进行的斗争。

⊗ 生活在天府之中

【溯源】 意大利诗人但丁依据古希腊天文学家托勒密的地心说体系，在作品《神曲》中把太空分为月球天、水星天、恒星天、水晶天、金星天、太阳天、土星天、火星天、木星天共九重天。在九重天外是上帝和其他精灵居住的天府，住在这里的灵魂，保持着人类的面目，穿着白袍，排列在一个大而无边的圆形剧场座中，从那里瞻望上帝，淹没在上帝的光和爱中。

【释义】 喻指过着幸福美好的生活，也暗喻某人生活在脱离实际的幻想中。

⊗ 生在紫色中

【溯源】 在古代的欧洲，紫色染料非常昂贵。据传，罗马人在法律中明文规定，只有达官贵人才能穿紫色的衣服，其他罗马人若穿紫色衣服，就要被处以极刑。所以，紫色成了权力、地位和财富的象征，就连皇后待产的产房都使用紫色装饰，称作"紫屋"，"生在紫色中"一语即由此而来。

【释义】 喻指出身于王室显贵之家。

⊗ 圣安东日和奥奴弗里日

【溯源】 源自俄国作家果戈理的讽刺喜剧《钦差大臣》。几个商人带着礼品，来向假冒的钦差大臣控告市长敲诈勒索的罪行："说实话，这样的市长谁都没见过。只要看到他来，就得赶紧把店里的东西藏起来，他连放在桶里七年的破黑枣都不放过，一抓就是一大把。他的命名日在圣安东日，每逢这个节日，总得给他送去很多东西，他什么都不用自己添置。可是这还不够，他说奥奴弗里日也是他的命名日。有什么办法呢？每逢奥奴弗里日，还是得再孝敬他。"

【释义】 用来讽刺为了满足私欲把同一件事庆祝两次的人。

⊗ 圣洁的气味

【溯源】 西方人认为，品行高尚的圣徒辞世时，遗体会散发出一阵阵特殊的怡人芳香，甚至在日后移葬时，从坟墓中搬出的尸体也会散发出这种香味。据说，这是因为天国里的天使降临到圣徒的灵榻前,护送笃信上帝的圣人升入天国。

【释义】 喻指拥有圣人般的声誉,有时略含讽刺意味。

🏵 圣马丁之夏

【溯源】 圣马丁(约 316~397),法国酒店、葡萄种植者及乞丐的主保圣人。每年的 11 月 11 日是圣马丁的纪念日,欧洲许多国家都在这天过圣马丁节。虽然圣马丁节前后正值欧洲大陆初冬降临之际,可这段时间有时会出现持续一周以上的燥热天气,被称为"圣马丁之夏"。

【释义】 指代秋末冬初时节,出现的燥热天气。

🦁 狮坑中的但以理

【溯源】 源自《圣经·旧约·但以理书》。先知但以理受到佞臣的陷害,偏爱但以理的大利乌王因有令在先,不得不下令将他扔进狮坑。第二天一早,大利乌王急匆匆来到狮坑边,哀声呼叫但以理说:"永生上帝的仆人但以理啊,你所侍奉的上帝救你脱离狮子了吗?"但以理答道:"愿王万岁,我的上帝差遣使者封住狮子的口,叫狮子不伤我,因我在上帝面前无辜,我在王面前也没有做过亏损的事。"大利乌王非常高兴,立刻吩咐把但以理拉上来,然后把那些陷害但以理的人,连同他们的家眷,都扔在狮子坑中。

【释义】 常用来喻指大难不死的人,或比喻真金不怕火炼。

🦁 狮子的一份

【溯源】 源自《伊索寓言》中的寓言《狮子、驴和狐狸》。狮子、驴和狐狸达成协议,要合伙外出打猎,获得的猎物平均分配。它们捕获了很多猎物,狮子让驴分配猎物。驴将猎物平均分成三份,并请狮子和狐狸先挑。狮子大怒,扑过去吃掉驴,然后让狐狸分。狐狸只给自己留下极少的部分,其余全部是狮子的那份。狮子问它为何要这么分,狐狸回答说:"驴的灾难。"

【释义】 比喻最大、最多的一份,或依靠强权攫取的最大利益。

🦁 狮子也有感激老鼠的时候

【溯源】 源自《伊索寓言》中的寓言《狮子和老鼠》。一只老鼠爬到正在酣睡的狮子身上,惊醒了狮子,被狮子捉住要把它吃掉。老鼠央求狮子放掉它,并表示有朝一日定会相报。狮子对老鼠不自量力的诺言付之一笑,便放掉了它。不久以后,狮子被猎人抓获,捆在一棵大树上。老鼠听到狮子绝望的叫声,前来咬断绳索,把狮子救下来说道："当初你笑我自不量力,现在你应该明白,老鼠也是能够知恩图报的。"

【释义】 喻指强者有时也会需要弱者的帮助。

🐒 施给乞丐的稀汤

【溯源】 语出德国作家歌德的《浮士德》。魔鬼靡菲斯特和浮士德订约之后,带领浮士德去周游世界。为了让浮士德恢复青春,他们先来到魔女那里去喝返老还童的魔汤。魔女出门赴宴,家里只剩一群猴子。一只猴子正搅拌着一口煮沸的大锅。魔鬼问猴子在搅拌什么,猴子回答说正在做施给乞丐的稀汤。这种施给乞丐的稀汤如水,根本谈不上有任何营养。

【释义】 喻指某文学作品内容浅薄、空洞无物。

🐒 施普卡平静无事

【溯源】 施普卡是位于保加利亚中部巴尔干山脉的一个隘口。在 1877 年俄土战争时,俄保联军曾扼守施普卡,多次击退土耳其人的进攻。当时正值隆冬季节,士兵们衣着单薄、疲惫不堪,以致很多人冻死在阵地上,可官方的战报上却不断重复着"施普卡平静无事"来谎报军情。

【释义】 喻讽掩盖真相、粉饰太平的人或行为。

🐒 失去酒花和麦芽

【溯源】 啤酒多用谷物特别是大麦芽来酿造,在公元前十世纪时开始添加酒花。在旧时的德国,有很多家庭酿造啤酒,缺乏经验的家庭主妇常常因酿造失败,失去啤酒中宝贵的酒花和麦芽,使酿坏的啤酒再也无法挽救。由此,德国人便用"失去酒花和麦芽"来喻指不可救药,无法挽回。

【释义】 喻指某人恶习难改,无可救药。

🐒 时间就是金钱

【溯源】 美国著名政治家、科学家本杰明·富兰克林(1706~1790)写在《致青年商人书》中的一句名言。在这篇文章中,富兰克林告诫青年商人要珍惜时间,讲究效率,他说道:"要记住,时间就是金钱。"这句话已成为各方面人士的座右铭。

【释义】 形容时间的宝贵,一定要珍惜时间。

🐒 石雕客人

【溯源】 源自俄国诗人普希金的同名诗体悲剧。风流淫荡的唐璜杀死了骑士团的统领后,被西班牙流放。他从流放地逃跑来到马德里城,在统领的墓地见到统领的遗孀安娜。安娜被唐璜的甜言蜜语所迷惑,答应与他深夜约会。唐璜欣喜若狂,竟忘乎所以地邀请竖立在墓前的统领石像到约会地站岗,而且那石像竟然点了点头。约会时,安娜虽然得知唐璜就是杀害丈夫的凶手,却恨不起来,还答应唐璜吻她。这时,统领的石像应邀前来,唐璜顿时吓得浑身发抖。石像与唐璜握手,把他疼得与安娜一起倒下。

【释义】 指代令人害怕的客人,或把别人的手握得很疼的人。

石头必要呼叫起来

【溯源】 语出《圣经·新约·路加福音》。耶稣在前往耶路撒冷的途中,预言在前面的村子里有匹从未被骑过的驴,并打发门徒将驴牵来。门徒到村里一看,果然有匹驴,便牵来让耶稣骑上。在快到耶路撒冷时,众门徒都为耶稣的奇能欢呼称颂。这时,有几个法利赛人请求耶稣责备众门徒。耶稣说:"我告诉你们,若是你们闭口不说,这些石头必要呼叫起来。"

【释义】 喻指暴露自己,显示自己的看法。

十一点钟的饮料

【溯源】 在古代时,法国人用百合科植物虎骨万年青制成一种具有镇静和催眠作用的药剂,因为病人多在夜里十一点钟服用,所以被称为"十一点钟的饮料"。 后来,人们常把那些睡后不再醒来的人,说成是喝了十一点钟的饮料。

【释义】 引申为放了毒的、能致人死命的饮料。

十字架

【溯源】 古罗马帝国的残酷刑具,多由两根木头交叉而成,形状近似汉字的"十",一般只用于处死奴隶和无罗马公民权的人。行刑时,将受刑者的两手分别钉于横木的两端,双足重叠钉于直木的下方,然后将木架竖起,直至受刑者气绝身亡。基督教认为,耶稣是为世人赎罪而被钉上十字架,所以十字架代表基督本身。

【释义】 苦难的象征,基督教信仰的标志。

食忘忧果人的国家

【溯源】 希腊英雄俄底修斯和部下在特洛亚战争后的回国途中,绕过伯罗奔尼撒南端的玛勒亚半岛时,被一阵大风吹回大洋,在暴风雨里漂流了九天九夜,到达了食莲人的海岸。那里唯一的食品就是莲子。他们热情款待俄底修斯派去的探子和使者,请他们品尝比蜜还甜的莲子,吃过莲子的人都愿意留在那里,永远不回故乡。俄底修斯只好用武力强制性地带他们离开。

【释义】 喻指忘却一切烦恼忧愁的地方。

示巴女王

【溯源】 《圣经》中的传说人物。传说示巴王国位于阿拉伯半岛西南,是当时第二大国。示巴女王听说了所罗门因耶和华之名所得的名声,就带了许多随从,用骆驼驮着香料、宝石和黄金去觐见所罗门王,用难题考验所罗门的智慧。

【释义】 指代重要的、了不起的人物。

事关香肠

【溯源】 香肠是德国人餐桌上不可缺少的佳肴,德国民间流行着各种与香肠有关、并以香肠做奖品的比赛。谁想获得美味的香肠,就得全力以赴参加比赛。"事关香肠"一语即由此而来。

【释义】 意同"事关重大",喻指到了必须尽全力的关键时刻。

事实是顽强的东西

【溯源】 英语格言,语出 1794 年法国作家勒萨日的长篇小说《吉尔·布拉斯·德·山悌良那传》的英译本。翻译者为英国小说家斯摩莱特,他把书中的"事实证明"译成了"事实是顽强的东西",此后便流传开来。

【释义】 喻指事实是真实存在的,不可怀疑和否认。

收刀入鞘

【溯源】 语出《圣经·新约·马太福音》。犹大以亲吻为暗号,将耶稣出卖给犹太长老和祭司长后,手持刀棒的犹太兵士拥上来捉住耶稣。这时,有跟随耶稣的一位信徒,伸手拔出刀将大祭司的仆人砍了一刀,削掉了他的一个耳朵。耶稣对信徒说道:"收刀入鞘吧!凡动刀的,必死在刀下。你想我不能求我父现在为我差遣天使来吗?若是这样,经上所说事情必须如此的话怎么应验呢?"

【释义】 意指放下武器,停止争战。

收到佩尔西尔证书

【溯源】 佩尔西尔公司是德国一家著名的洗衣粉制造公司。在第二次世界大战期间,应征入伍的青年到军营报到时,都喜欢用佩尔西尔洗衣粉的包装纸箱盛放自己的衣物。1945 年以后,应征入伍的青年认为,只有佩尔西尔洗衣粉才能把纳粹的残暴和肮脏洗得干干净净。后来,德国人就把应征入伍通知书称为"佩尔西尔证书"。

【释义】 喻指收到了入伍通知书。

手持长矛的市民

【溯源】 德意志国王亨利一世统治时期,德国各地兴建了许多城堡。这些城堡大都建筑在陡峭的山丘上,周围有壕沟环绕及外围防御工事。城堡内的居民都备有长矛等武器,如果有外敌入侵,便拿起长矛保卫城堡,因此有"手持长矛的市民"之称。后来,火器迅速普及,可有些城堡内的居民仍像祖辈那样手持长矛抵御外敌,因而遭到失败。

【释义】 喻指死守老规矩,思想保守,缺乏创新精神。

手放在心窝上

【溯源】 在古代的德国,人们认为内心的力量能唤出人的真心话,法律也规定妇女和神职人员在法庭上起誓时,必须将手放在左胸,只有自由的男性公民起誓时将手放在胡须上,这种习俗沿袭至今。

【释义】 要求别人说真话,或表明自己说的是真话。

手扶着犁向后看

【溯源】 语出《圣经·新约·路加福音》。耶稣在前往耶路撒冷的途中,很多人表示可以跟从他到任何地方。当耶稣要他们跟从他时,有个人说:"主,我要跟从你,但容我先去辞别我家里的人。"耶稣对他说:"手扶着犁向后看的,不配进上帝的国。"

【释义】 喻指立场不坚定、三心二意、半途而废。

手洁心清

【溯源】 语出《圣经·旧约·诗篇》。原文为:"地和其中所充满的,世界和住在其间的,都属耶和华。他把地建立在海上,安定在大水之上。谁能登耶和华的山,谁能站在他的圣所,就是手洁心清、不向虚妄、起誓不怀诡诈的人。他必蒙耶和华赐福,又蒙救他的上帝使他成义。这是寻求耶和华的族类,是寻求你面的雅各。"

【释义】 "手洁心清"喻指正直廉洁,光明磊落的人。

受夹笞刑

【溯源】 "夹笞刑"是欧洲古代的一种残酷刑罚。施刑时,手拿藤条的士兵排成两列,受刑者必须赤背在士兵中间通过,由两排士兵鞭笞之,常被抽打得鲜血淋淋。

【释义】 转义为受到众人的嘲笑和蔑视。

⊛ 鼠疫流行时的宴会

【溯源】 源自俄国诗人普希金的同名诗体悲剧。作者在作品中描写了面对死亡威胁时出现的三种态度。第一种态度以年轻人为代表，他们在街头聚集痛饮，企图在狂欢中忘却对死亡的恐惧。第二种态度以神父为代表，他劝导人们皈依上帝，用上帝的天堂来宽慰人心。第三种以宴会主席为代表，昂首挺胸高唱《鼠疫颂》，抒发了视死如归的壮烈胸怀。

【释义】 比喻发生天灾人祸时，某些人所过的醉生梦死、寻欢作乐的生活。

⊛ 双十佳人

【溯源】 语出英国作家莎士比亚的喜剧《第十二夜》。伯爵小姐的仆人费斯特奉命为客人们唱一首情歌助兴，歌中唱道："什么是爱情？它不在明天！欢笑嬉戏莫放过眼前，将来的事有谁能预料？不要蹉跎了大好年华！来吻我吧，你双十佳人，转眼青春化成衰老。"

【释义】 指代妙龄女郎、二八佳人。

⊛ 双幺

【溯源】 源自美国掷双骰子的赌博游戏。骰子为正方体，六个面分别标有一到六个小点，一点是最小的点数，称为"幺"。骰子掷出停止滚动后，根据骰子朝上那面的点数多少来定胜负，多胜少负，所以"双幺"是最低的点数。

【释义】 用来表示运气不佳、毫无价值等意思。

⊛ 谁能得着的妇人

【溯源】 源自《圣经·旧约·箴言》中所描绘的德才兼备的贤妻良母："有德有才的妇人，谁能得着呢？她的价值远胜过珍珠。她丈夫心里依靠她，必不缺少利益，她一生使丈夫有益无损。她寻找羊绒和麻，甘心用手做工。她好像商船从远方运粮来，未到黎明就起来，把食物分给家中的人，将该做的工作分派给婢女。她想得田地便买来，用手所得之利栽种葡萄园。她以能力束腰，使臂膀有力。她觉得所经营的有利，她的灯终夜不灭。她手拿捻线竿，手把纺线车。她张手周济困苦人，伸手帮补穷乏人。……"

【释义】 指代德才兼备的贤妻良母。

⊛ 谁能领受 就可以领受

【溯源】 拉丁语成语，语出《圣经·新约·马太福音》。有法利赛人来问耶稣说：

"人无论什么缘故都可以休妻吗?"耶稣回答说:"那起初造人的,是造男造女。因此人要离开父母,与妻子连合,夫妻不再是两个人,二人已经成为一体,所以不可分开。"法利赛又问:"那摩西为什么说给妻子休书,就可以休她呢?"耶稣回答:"摩西因为你们的心硬,所以许你们休妻,但起初并不是这样。我告诉你们,凡休妻另娶的,若不是为淫乱的缘故,就是犯奸淫了。有人娶那被休的妇人,也是被奸淫了。"门徒说道:"人和妻子既是这样,倒不如不娶。"耶稣说:"这话不是人都能领受的,唯独赐给谁,谁才能领受。因为有生来是阉人,也有被人阉的,并有为天国的缘故自阉的。这话谁能领受,就可以领受。"

【释义】 意思是谁能理解接受,自然就会理解接受。

谁笑在最后 才笑得最好

【溯源】 语出法国作家弗洛里昂的寓言《两个农夫和云》。农夫居约认为天空正出现的乌云是不祥之兆,如果下冰雹,庄稼就会颗粒无收,农民就会破产,饥荒和瘟疫等灾难也会接踵而至。农夫路加却认为乌云是吉兆,如果下雨,庄稼得到雨水的滋润就会获得丰收,农民的生活就会富裕起来。两个人固执已见,争论不休。路加说:"既然如此,大家就等着瞧吧!谁笑在最后,才笑得最好。"忽然,一阵风把天上的乌云吹散了,即没下冰雹,也没下雨。

【释义】 喻指只有获得最后的胜利,才是真正的胜利。

水的黑暗 天空的厚云

【溯源】 俄语成语,语出《圣经·旧约·诗篇》中对上帝的求告和赞美之词。"他又使天下垂,亲自降临,有黑云在他脚下。他坐着基路伯飞行,他藉着风的翅膀快飞。他以黑暗为藏身之处,以水的黑暗,天空的厚云为他四围的行宫。因他前面的光辉,他有厚云行过,便有冰雹火炭。"

【释义】 原意描写上帝的神秘性,后用来形容难以捉摸、深奥莫测的事物。

睡得像木鞋

【溯源】 在中世纪的法国,陀螺一般多用旧木鞋做成。陀螺急速旋转时,看上去似乎一动不动,还发出呼呼的声音,就如人们熟睡时发出的鼾声。"睡得像木鞋"一语即由此而来。

【释义】 喻指睡得很香,呼呼大睡。

◎ 吮吸饥饿的爪子

【溯源】 传说,熊崽漫长的冬季不再外出觅食,饥饿时就吮吸自己的爪子。德国作家布兰特曾在作品《愚人船》中有过类似的描写,说有个浑浑噩噩的懒人,因为没有储存食物,在冬季饥肠辘辘的时候,只能像熊一样吮吸自己的脚趾。

【释义】 喻指没有食物,忍饥挨饿。

◎ 硕大无朋的白菜

【溯源】 1839 年,巴黎各报刊均在广告中大肆宣扬一种新的白菜,声称这种白菜来自新西兰,比李树高,比橡树矮,不但人和牲口都可以食用,夏天还能在白菜下乘凉。好奇的人们听信报上的宣传,买了些种子种植,希望能长出硕大无朋的白菜。然而,几个月后,从地里长出来的却是最常见的白菜,由此还引发出一场官司。

【释义】 喻指无稽之谈,骗人的谎言。

◎ 斯巴达人

【溯源】 古希腊多里安人的后裔,大约在公元前 1100 年由希腊北部南迁至伯罗奔撒半岛,于公元前九世纪在半岛东南部的埃夫洛塔斯河右岸建立了斯巴达城,而后建立了斯巴达国家。斯巴达人反对奢华,崇尚武力,从小就受到蔑视危险、不怕艰难险阻、忍受各种痛苦的训练,素以生活简朴、意志刚强、勇武善战、遵守纪律而著称。

【释义】 指代刚毅地忍受各种痛苦和不幸的人。

◎ 斯蒂弗尔该死

【溯源】 1533 年,一位名叫斯蒂弗尔的牧师到处宣扬世界末日即将来临,并说是通过自己的精确计算得来的结果。农民们听信了他的话,纷纷用光自己家里的物质,等待世界末日的到来。后来,农民们知道上了当,就把斯蒂弗尔抓起来,送到法庭,要求严惩。后来,有位大学生根据这个事件,编写了首诙谐的儿歌,其中有句歌词即为"斯蒂弗尔该死"。

【释义】 喻指招摇撞骗者绝对没有好下场。

◎ 斯芬克斯之谜

【溯源】 斯芬克斯是古希腊神话传说中狮身、蛇尾、人面、美女头,以隐谜吃人的怪兽。它住在埃及最大的扶夫金字塔前,凡是经过这里的人都要猜它的谜语,猜不对就要被它吃掉。它的谜语是:早晨四条腿走路,中午两条腿走路,傍晚三条腿走路,腿最多的时候,也是最弱的时候,这是什么? 许多年过去了,不知有多少人因猜不出谜底而被它吃掉。后来,科林斯国王的养子俄狄浦斯猜中谜底是人。因为人在婴儿期用四肢爬行;到了生命的中午,他变成壮年,只用两条腿走路;到了生命的傍晚,他年老体衰,自然要借助拐杖走路,所以被称为三条腿走路。俄狄浦斯答对了,斯芬克斯羞愧难当,坠崖而死。

【释义】 常被用来比喻复杂、神秘、难以理解的问题。

◎ 斯卡洛茹勃

【溯源】 俄国作家格里鲍耶陀夫的喜剧《智慧的痛苦》中的人物。斯卡洛茹勃从入伍后,没有一次错过提升的机会,年纪轻轻职位就很可观,勋章抓到一大把。他愚昧而粗鲁,满嘴是军事术语,痛恨新思潮,反对知识和文化。大贵族法穆索夫却很赏识他,认为他是个有前途的名人,对他恭维备至,极力巴结,希望把自己的女儿嫁给他。

【释义】 指代没有学识,愚昧、粗鲁的人。

◎ 斯屯托耳的嗓子

【溯源】 斯屯托耳是古希腊神话传说中一位参加特洛亚战争的希腊军人。传说他生有一副铜嗓子,说话声音响如铜钟,一个人的音量能抵上五十个人。后来,人们就用"斯屯托耳"指代声音洪亮的人。

【释义】 比喻发声特别洪亮的嗓门。

◎ 死荫的幽谷

【溯源】 语出《圣经·旧约·诗篇》中对耶和华的赞颂。"耶和华是我的牧者,我必不至缺乏。他使我躺卧在青草地上,领我在可安歇的水边。他使我的灵魂苏醒,为自己的名引导我走义路。我虽然行过死荫的幽谷,也不怕遭害。因为你与我同在,你的杖,你的竿,都在安慰我。在我敌人面前,你为我摆设筵席,你用油膏了我的头,使我的福怀满溢。我一生一世必有恩惠慈爱随着我。我且要住在耶和华的殿中,直到永远。"

【释义】 "死荫的幽谷"指进入冥国之路,比喻临死前的痛苦时刻,或处于极其艰难的困境中。

四万个兄弟

【溯源】 语出英国剧作家莎士比亚的悲剧《哈姆莱特》。哈姆莱特误杀了首相波洛涅斯后,他的心上人、波洛涅斯的女儿奥菲利娅因为痛苦而变得精神失常,在花园里落水而死。哈姆莱特在奥菲利娅的墓前悲痛万分,凄怆地说道:"我爱奥菲利娅,四万个兄弟的爱合起来,也抵不上我对她的爱。"

【释义】 表示十分强烈、情感到了极致。

送某人到四月份去

【溯源】 德语成语,源自西方愚人节习俗。在很久以前,4 月 1 日是许多欧洲国家的春节和新年的开始。传说在 1564 年,法王查理九世决定把新年的第一天移至 1 月 1 日。十七世纪末,罗马教皇英诺森十二世正式下令将新年定为 1 月 1 日。然而在 4 月 1 日这天,人们仍然像以前过新年一样赠送礼物和寻欢作乐,但多为恶作剧,不但会做出很多荒谬可笑的事情,甚至虚构新闻,互相蒙骗取乐。

【释义】 喻指欺骗某人、捉弄某人。

送某人去考文垂

【溯源】 考文垂是英格兰西米德兰都市郡的一座城市。据传过去在某个时期,当地的居民对军人深恶痛绝,从不与军人来往。如果发现哪个女人与当兵的说话,就会将她逐出城。如果一个军人被派去考文垂执行任务,就意味着他将断绝一切社会交际活动。

【释义】 喻指不与某人谈话和来往,排斥某人或抵制某人。

苏格拉底式的佯装无知

【溯源】 苏格拉底是古希腊著名的哲学家,他机智聪慧,能言善辩。在伯罗奔尼撒战争时期,他经常站在街头,与人辩论关于正义、勇敢、真善美等伦理道德问题,以教育民众,匡正民风。他在辩论前,总是假意接受对方的论点,然后故作无知地提出疑问,诱使对方作出答复,然后提出巧妙的反诘,揭示对方论点中的谬误之处,使对方的论点在不知不觉中被击败,从而确立自己的观点。

【释义】 喻指像苏格拉底一样,应用反诘式论辩法。

酸小姐

【溯源】 语出俄国作家波米亚洛夫斯基的中篇小说《小市民的幸福》。贵族小姐叶莲娜因天真幼稚、精神空虚、举止轻佻而被人称为"酸小姐"。她整日向往吃喝玩乐、无忧无虑的生活,所以十分憧憬能有个称心如意、陪着自己消遣的未婚夫。她爱上了教父的佣人莫洛托夫,可贵族家庭的偏见和陋习令莫洛托夫饱受侮辱,使他最后离开了教父。叶莲娜顿时又陷入痛苦与悲伤之中。

【释义】 指代娇生惯养、装腔作势、目光短浅的姑娘。

◎ 索巴凯维奇

【溯源】 俄国作家果戈理的长篇小说《死魂灵》中的人物,是主人公乞乞科夫为购买死魂灵而走访的第四个地主。索巴凯维奇顽固、粗暴,不相信任何人,也从不说别人的好话。他十分精明而狡猾,有着洞察一切的本领。当乞乞科夫拐弯抹角地向他说起死魂灵时,他立刻猜出乞乞科夫的本意,表示愿意出卖死魂灵,但要价奇高,使惯于诈骗的乞乞科夫气得咒骂他是个刮皮鬼。

【释义】 指代吝啬、保守、顽固的人。

◎ 所多玛和蛾摩拉

【溯源】 《圣经》中记载的著名的罪恶之城,因罪大恶极触怒上帝,使上帝决定将其毁灭。犹太人始祖亚伯拉罕恳请上帝饶恕这两座城市,因为城里有"义人"。于是上帝派天使去探察情况。天使到达后,除了亚伯拉罕及其侄儿罗得以外,没有见到一个义人,反而遭到民众的围攻。上帝大怒,降下硫磺与火,将两座城予以毁灭。

【释义】 喻指嘈杂混乱、罪孽深重的地方。

◎ 所罗门的财富

【溯源】 源自《圣经·旧约·列王记上》。所罗门是大卫王之子,以色列人的第三代国王。在所罗门的统治时期,以色列疆域广大,国力强盛,银子多如石头,香柏木多如普通的桑树。为了炫耀自己的财富,所罗门下令制造了每面约用黄金七公斤的大盾牌两百面,每面约用黄金两公斤的小盾牌三百面,他使用的餐具都为纯金制造。

【释义】 喻指巨大的、用之不竭的财富。

◎ 所罗门的智慧

【溯源】 所罗门曾向上帝祈求智慧,使自己能够理智、正确地辨别是非。上帝非常高兴,对他说:"你既不为自己求富求寿,也不求灭绝仇敌的性命,仅求智慧使自己讼明。我就应允你所求的,赐你聪明智慧,甚至在你之前、在你之后都没有如你的。你没求的富足与尊荣我也赐给你,使你在世的日子,没有列王能比过你。你若如你父般遵行我的道,谨守我的律例和诫命,我必使你长寿。"于是,所罗门的智慧如同海沙不可测量。他作有箴言三千句、诗歌一百零五首,而且对于天文地理、植物动物无所不知,他的名声在列国传扬。

【释义】 比喻拥有杰出的、超人的聪明才智。

所罗门判案

【溯源】 源自《圣经·旧约·列王记上》。有一天,同住一房的妓女争抢一个男孩。她们两人的孩子生日只差三天,其中一个妓女在夜间不小心压死了自己的孩子,就偷换了对方的孩子。被换了孩子的妓女第二天发现死的孩子并不是自己的孩子,两个人便闹到所罗门那里。所罗门命人拿来一把刀,说:"将活孩子劈成两半,每个妇人分一半。"孩子的母亲怕自己的孩子受到伤害,急忙说:"求我主将活孩子给那妇人吧,千万不要杀了孩子。"而那个妓女说:"这个孩子不归你,也不归我,将他劈了吧!"所罗门据此断案说:"舍不得杀孩子的妇人,才是孩子的母亲。"

【释义】 比喻断案时明察秋毫、英明迅速。

🏵 她不是死了 是睡着了

【溯源】 语出《圣经·新约·路加福音》。耶稣在加利利传道时,有个管会堂的人叫睚鲁,他的独生女快死了,求耶稣前去救他女儿一命。耶稣还没走到睚鲁家,就有人来报告他们说,那个独生女已经死去,不用再劳烦耶稣前往。耶稣听了对睚鲁说:"不要怕,只要信,你的女儿必然得救。"到了睚鲁家以后,众人都在捶胸哀哭,耶稣说:"不要哭,她不是死了,是睡着了。"众人嗤笑耶稣胡说八道,耶稣拉着那女孩的手,呼叫着:"女儿,起来吧!"那女孩立即应声活过来,使大家都惊奇万分。

【释义】 转义为怀念语,表示虽死犹生,生者对死者的留恋。

🏵 她消失了,隐没在蓝色的天光之中

【溯源】 语出俄国诗人图曼斯基的诗作《小鸟》。昨天,我为我的空中俘虏打开了牢房/我把一名歌手还给了树林/我使她恢复了自由/她消失了,隐没在蓝色的天光之中/她唱起歌儿飞走了/仿佛在为我祈祷。

【释义】 谑指迅速消失不见的人或事物。

🏵 他把斧子扔得太远

【溯源】 在德国古代,扔斧子在战争中和法律仲裁时起着很特殊的作用。在双方就边界问题争执不休时,经常采用从指定地点使劲向外扔斧子,根据斧子的落点决定边界距离和走向的方法。一个人把斧子扔得再远,也不至于扔到取不回来的远处。

【释义】 喻讽吹牛、说大话的人。

🏵 他得到十分之一

【溯源】 德语成语,源自西方古代的什一税。在西方古代各民族,都有将个人财产或收入的十分之一上缴国王或祭司的惯例。《圣经·旧约·创世记》中写道:"至高的上帝把敌人交在你手里,是应当称颂的,亚伯兰就把所得的拿出十分之一来给麦基洗德。"

【释义】 喻指应该得到的一份。

◎ **他额头上写着**

【溯源】 德语成语,语出德国作家歌德的诗体悲剧《浮士德》。浮士德在魔鬼靡菲斯特的帮助下,获得了美丽的少女甘泪卿的爱情。忠厚善良的甘泪卿对靡菲斯特非常反感,她从心底里憎恶他,厌恶到一见他就觉得心如刀扎,她对浮士德说道:"我不愿与那种人相处!他每次走进门,总是那样瞧不起人,半带着愤怒。看来他对任何事都不感兴趣,他额头上写着,他是不会爱任何人。"

【释义】 意指内心的活动通过面部表情表露得一览无余。

◎ **他能看懂布满星辰的书卷 也能同海浪对话**

【溯源】 语出俄国诗人巴拉丁斯基的诗作《歌德之死》中对歌德的赞扬。"他同大自然同命运共呼吸/能听懂溪水绵绵的细语/能明白绿叶簌簌的话音/能察觉青草长出的嫩芽/能看懂布满星辰的书卷/能同海浪进行对话。"

【释义】 用来赞颂学识渊博、造诣深厚的文学艺术界的人才。

◎ **他酿造啤酒不用麦芽**

【溯源】 德语成语。在酿造啤酒时,只有选用上好的麦芽和啤酒花才能酿制出优质啤酒。有的人在酿造啤酒时,用其他淀粉代替麦芽冒充正宗啤酒,来欺骗顾客而从中获利。"他酿造啤酒不用麦芽"一语即由此而来。

【释义】 喻指以假充真、以次充好的骗人勾当。

◎ **他是罗特魏耳驴**

【溯源】 语出德国施瓦本地区流传的民间笑话。有一次,罗特魏耳人拣到个南瓜,却把它当成了鸡蛋,带回去想把它孵出小鸡。可孵了很久没什么动静,他就把南瓜扔了出去。南瓜摔碎的时候,从草丛里蹦出一只受惊的小兔子,罗特魏耳人又错把兔子当成小驴。因此,罗特魏耳人得到一个绰号叫"罗特魏耳驴"。

【释义】 常用来讽刺愚蠢无知的人。

◎ **他是拿骚人**

【溯源】 十九世纪初,在德国哥廷根,拿骚君主恩准拿骚籍大学生可以在大学里免费享用午餐。所以在午餐开饭的时候,如果某个拿骚籍的大学生没来用餐,就会有人冒充拿骚人坐在他的座位上,享用免费的午餐。

【释义】 讽喻不受欢迎的食客和吃白食的人。

❀ 他在寻找彼得的钥匙

【溯源】 语出罗马教皇西克斯图斯五世之口。彼得原名为西门,他首先承认耶稣是基督,是上帝的儿子,于是耶稣给他另起名为彼得,意为"磐石",并说要把教会建立在此磐石之上,连"天国的钥匙"也要交给彼得。因此,"彼得的钥匙"象征着至高无上的权力。西克斯图斯五世在被选为教皇前,走路总是弯腰曲背,拄着拐杖,一副即将离世的样子。人们出于怜悯选他当了教皇后,他突然变得身体康健、精神矍铄,使人们非常惊讶。他解释道:"我弯腰走路,是因为我在寻找彼得的钥匙,现在我已经找到了。"

【释义】 喻指为了获取名利地位,而不惜改变观点和行为的人。

❀ 塔利亚

【溯源】 古希腊神话传说中主司喜剧与田园诗的缪斯。在艺术作品中的形象为头戴常春藤编织的花冠、左手拿着喜剧面具、右手拿着牧杖或铃鼓的少女。塔利亚培养的人是演员,她的神庙就是剧院。

【释义】 喜剧或田园诗的代名词。

❀ 苔丝德蒙娜

【溯源】 英国作家莎士比亚的悲剧《奥赛罗》中的女主人公。苔丝德蒙娜不顾世俗的偏见和失去父亲的宠爱,嫁给了异族军官奥赛罗。她心地纯净无瑕,为人忠厚善良,对爱情忠贞不二、至死不渝。即使面对丈夫无端的诋毁和肆意侮辱,甚至丈夫在失去理智时将她残杀,在最后时刻,她仍出于爱心为丈夫开脱杀人的罪名。

【释义】 指代为爱情忠贞不渝的女性。

❀ 太阳下的埃居

【溯源】 埃居是古代法国的货币。一枚普通的银埃居值三英镑,而一枚金埃居值十英镑。金埃居上铸有一幅王冠的图案,王冠上有个发出八道光芒的太阳。"太阳下的埃居"一语即由此而来。

【释义】 喻指富裕,拥有大量的财产。

❀ 泰奥隆的烘炉

【溯源】 传说在法国有个叫泰奥隆的人,他突发奇想要做人工孵化小鸡的实验,于是请人做了一个烘炉,生起火,又买来许多鸡蛋放在烘炉内。到了小鸡应该出壳的那天,他邀请朋友们前来观看雏鸡。可是,等了很久也不见破壳而出的小鸡,他忍不住打破一个鸡蛋,原来鸡蛋早就被烤熟了,朋友们见状大笑不已。

【释义】 喻讽做某事遭到失败。

◎ 坛里的面 瓶里的油

【溯源】 语出《圣经·旧约·列王纪上》。亚哈王因崇拜偶像获罪上帝,先知以利亚决定降旱灾予以惩罚。他对亚哈王说:"我指着所侍奉永生耶和华以色列的上帝起誓,这几年我若不祷告,必不降露,不降雨。"在那之后,天下果然大旱,颗粒不收。耶和华为了保护以利亚,令他到西顿的撒勒法,由那里的一个寡妇供养。寡妇很穷,坛里只剩下一把面,瓶里只剩下一点油,她跟儿子正打算吃最后一顿饭,然后等着挨饿。以利亚告诉她不必担心,因为耶和华以色列的上帝说:"直到降雨的那一天,坛内的面必不减少,瓶里的油也不会短缺。"果然,他们吃了很多日子,坛内的面也没减少,瓶里的油也没短缺。

【释义】 喻指取之不尽,用之不竭的财物。

◎ 坦塔罗斯的苦难

【溯源】 坦塔罗斯是宙斯之子,吕狄亚的西皮罗斯国王,因得罪众神被打入地狱。他在地狱里站在齐颈的水中,每当口干舌燥低头饮水时,水便退去,只剩焦干的黑土。他头上垂着的树枝上结满水果,但只要他去摘,果枝就会被大风吹入云霄,而且头上还悬着随时都可能落下将他砸死的巨石。

【释义】 喻指因可望而不可及所带来的痛苦和折磨。

◎ 汤里有鸡

【溯源】 据传,法国国王亨利四世有一次对萨沃依公爵说道:"如果上帝假我以天年,我将使王国里没有一个农夫的锅里弄不到一只鸡。"这句话广为流传后,就变成了"我真想使每个农民星期天的汤里有只自己的鸡"。

【释义】 喻指宽裕的小康生活。

◎ 汤姆叔叔

【溯源】 美国作家斯托的长篇小说《汤姆叔叔的小屋》中的主人公。汤姆是种植园主谢尔比的家奴,从小侍候主人,成年后担任总管。他勤劳善良,对主人忠心耿耿,是个虔诚的基督教徒。谢尔比因投机股票失败,把汤姆和另外两个黑奴卖给奴隶贩子抵债。那两个黑奴冒着生命危险逃到了加拿大,而汤姆却出于对主人的忠诚被奴隶贩子卖到新奥尔良。而后他依次辗转做了几个主人的奴隶,最后落在残忍无道的种植园主手里受尽了折磨和毒打。当谢尔比的儿子乔治赶来赎他回去时,他已经被打得奄奄一息,得知乔治的来意后,欣慰地闭上了眼睛。

【释义】 指代对白人的奴役逆来顺受、百般屈从的黑人。

◎ 唐璜

【溯源】 欧洲中世纪传说中的一个西班牙贵族。唐璜是个好色之徒,他要占有女人的肉体来满足他的男性虚荣感。他对女人向来不投入感情,也从来不用金钱去买性。他本着他的男性魅力来引诱女人跟他上床,当他得到了一个女人的肉体,便立刻转移目标,寻找新的征服对象。

【释义】 指代到处勾引女人、作恶多端的浪荡之徒。

◎ 堂吉诃德

【溯源】 西班牙作家塞万提斯同名长篇小说中的主人公。堂吉诃德非常迷恋中世纪的骑士小说,痛恨不合理的社会现象,企图用古老的骑士道德达到改造社会的目的。他三次假扮骑士外出寻找冒险的事业,因为满脑子都是骑士小说中的情节,他便以为处处都是妖魔鬼怪,闹出很多荒唐可笑的事,既害了别人,自己也挨打受苦,弄得头破血流。

【释义】 指代脱离实际、耽于幻想,在现实面前碰得头破血流的人。

◎ 躺在雅法

【溯源】 1096 年至 1291 年,罗马天主教会、西欧封建主、意大利商人对东部地中海沿岸各国发动了侵略性的十字军东征。东征先后进行了八次,最后以彻底失败而告终。雅法是以色列港城,是十字军东征的主要港口。当时,从德国去的许多基督徒因为染上东方流行的恶症,躺在雅法并在那里丧生。"躺在雅法"一语即由此而来。

【释义】 喻指病危或死亡。

◎ 掏乌鸦窝的家伙

【溯源】 语出法国剧作家布尔索在致友人巴贝的信中所讲的趣事。有个已婚的年轻人来到教堂向教士忏悔,说自己因为掏乌鸦窝而踩坏了邻居的篱笆。教士问他抓到乌鸦没有。年轻人回答乌鸦还没长大,星期六晚上再去抓。等他星期六晚上去掏乌鸦窝时,发现鸟窝里空空如也,他便怀疑是教士把乌鸦掏走了。过了几个月,年轻人又去教堂向教士忏悔,说自己虽然已婚,却爱上村里一个姑娘,那个姑娘也爱他。教士问他："她一定长得很漂亮吧？"年轻人回答："是很漂亮，是村里最漂亮的姑娘。"教士又问道："她住在哪里呢？"年轻人愤愤地说道："掏乌鸦的家伙，我再也不会上当受骗了！"

【释义】 喻指骗子、处心积虑制造骗局的人。

套中人

【溯源】 俄国作家契诃夫同名短篇小说中的主人公，是位名叫别里科夫的中学教师。他的性格非常孤僻、古怪，即使在晴天，他也要穿雨鞋，带雨伞，并穿上棉大衣，像蜗牛那样竭力缩进自己的硬壳里。他的雨伞和怀表总是用套子包着，连自己的脸也要藏在竖起的衣领里，就像蒙着一个套子。他的卧室像个箱子，床上挂着帐子。他总是战战兢兢地躺在被褥里蒙上脑袋，怕人杀他，怕贼偷他的东西，仿佛要为自己制造一个与世隔绝的套子，不受外界的影响。在他的眼睛里，只有沙皇政府的告示和禁令才是金科玉律，搞得学校的校长、同事，甚至全城的人都怕他。同事企图通过恋爱结婚来改变别里科夫的性格和生活方式，便给他介绍了女朋友。他虽然喜欢女友，也因害怕结婚承担义务而迟迟不肯求婚。

【释义】 指代顽固保守、与世隔绝、反对新生事物的人。

忒堤斯

【溯源】 古希腊神话传说中的提坦女神，第一代天神乌剌诺斯和地母该亚的女儿，大洋神俄刻阿诺斯的姐妹和妻子，众河神和众大洋女神的母亲，被视为万物之母。她和俄刻阿诺斯同为江湖河海一切水域的化身，他们的祭坛也常常合造在一起。

【释义】 在西方诗歌中，忒堤斯常被比作大海的化身。

忒耳普西科瑞

【溯源】 古希腊神话传说中的缪斯之一，主司舞蹈与歌唱。她发明并且主持了合唱舞蹈，戏剧合唱即由此发展而来。她的形象是头戴花冠，手执七弦琴的少女。

【释义】 指代芭蕾舞女演员、舞蹈者、舞蹈家。

忒耳西忒斯

【溯源】 古希腊神话传说中特洛亚战争中希腊军队的一名普通士兵。忒耳西忒斯经常对王公贵族和军队首领表示忿恨和不满，而且非常喜欢嘲笑别人。阿玛宗女王彭忒西勒亚率领一小队女兵前来救援特洛亚人，结果却全军覆灭。阿喀琉斯看着彭忒西勒亚那尘土与血迹都难以污损的美丽面容,感到非常痛苦难过。忒耳西忒斯嘲笑阿喀琉斯愚蠢,还说他是个弱者,只配当妇女的情人,是个妄图独占所有女人的武夫。阿喀琉斯听了他的话怒不可遏,一拳将其打死。

【释义】 指代粗鲁无知、喜欢饶舌、嘲笑别人的人。

⊛ 忒勒玛科斯

【溯源】 古希腊神话传说中伊塔刻岛国王俄底修斯和珀涅罗珀的儿子。俄底修斯远征特洛亚时,忒勒玛科斯还是个婴儿。特洛亚战争结束后,希腊英雄们纷纷回到故乡,只有俄底修斯没有下落,被谣传已死去。于是,很多人向美丽富有的王后珀涅罗珀求婚,遭到拒绝后,便在宫里饮酒作乐,无理取闹。女神雅典娜指引忒勒玛科斯去寻找父王俄底修斯,并在雅典娜的帮助下,躲过了求婚者们设下的埋伏,最后找到了父王及其忠实仆人欧迈俄斯。父子俩回到城里后,将求婚者全部杀死,全家人得以团聚。

【释义】 指代返回故乡,尽其义务的人。

⊛ 忒弥斯

【溯源】 古希腊神话传说中主司法律与秩序的女神,第一代天神乌刺诺斯和地母该亚的女儿,第三代天神宙斯之妻。其艺术形象为手持丰裕之角和天平,眼睛蒙着布,以示公正无私,不偏不倚。与其相关的词语有喻指法庭的"忒弥斯的神庙或祭坛",喻指法官的"忒弥斯的祭司",喻指公正裁判的"忒弥斯的天平"。

【释义】 常被用作公正裁判的象征。

⊛ 特迪仔

【溯源】 特迪是英国国王爱德华七世(1841~1910)的爱称,他对服饰非常讲究。二十世纪中期,英国国内的统治阶级与各阶层的矛盾越来越激烈,许多英国青少年出于对社会现实不满,一反当时的社会习俗,非常热衷前国王特迪的服饰,以乖僻的行为和奇装异服作为对社会的反抗,被称为"特迪仔"。

【释义】 现指代具有不良社会行为的男性青少年。

⊛ 特里亚皮奇金

【溯源】 俄国作家果戈理的讽刺喜剧《钦差大臣》中一个未出场的人物,主人公赫列斯塔科夫的朋友。特里亚皮奇金是个靠写低级庸俗的新闻和小块文章赚钱的无聊文人,他非常爱钱,为了语出惊人,连亲生父亲都不会放过。赫列斯塔科夫冒充

"钦差大臣"行骗得手后,把自己寻欢作乐的经过写信告诉他,给他的写作提供素材。

【释义】 指代终日写些难登大雅之堂文章的无聊文人。

特利什卡的外套

【溯源】 源自俄国作家克雷洛夫的同名寓言。特利什卡的外套肘部破了个洞,他觉得问题不大,便剪下四分之一的袖管补洞。洞补上了,可袖子短了一大截,穿在身上大家都笑话他。于是,特利什卡又把前襟和下摆剪下来接到袖子上。袖子接长了,虽然他的外套比坎肩还要短一截,他依然得意不已。

【释义】 喻指无法修补或改良的事物。

特洛伊木马

【溯源】 古希腊神话传说中特洛伊战争时,希腊人攻打特洛伊城九年不下,后来想了个计策,把勇士们藏在一只特制的木马中,攻城部队扔下木马,佯装撤退,于是特洛伊人把木马当战利品运进城内。夜里,木马中的勇士出来打开城门,与攻城军队里应外合,占领了特洛伊城。

【释义】 喻指潜伏在内部的敌人、骗人的伎俩,并把潜伏到敌方内部进行破坏和颠覆活动的办法称为木马计。

梯尔·欧伦施皮格尔

【溯源】 中古时期,德国同名民间故事中的人物。梯尔·欧伦皮格尔是古代德国北部地区一个幽默机智的农民,常用诙谐辛辣的语言讲述一些令人捧腹的笑话。他经常乔装打扮,扮作不同职业的人,去愚弄思想贫乏、趣味低下的上层人士。对穷人,他慷慨仗义,乐于相助,深得民心。

【释义】 代指幽默、滑稽的人,喜欢捉弄别人的人。

提包客

【溯源】 美国南部重建时期(1865~1877),北方同情黑人的共和党人和废奴运动者纷纷来到南方,帮助这里的黑人、中产阶级和下层贫穷白人在各州建立民主政权。那些蓄奴主义者、被推翻的种植园主及北方的反动资产阶级,极端仇视新生的政权。因为前来的北方人大多是一身轻装,仅随身携带一只装着日常生活用品的手提包,所以他们便蔑称前来的北方人是捞取好处的"提包客",新建立的政府为"提包客—无赖汉—黑人混合政府"。

【释义】 现用来讽喻靠投机取巧、招摇撞骗等手段谋取私利的外地人。

❸ 提坦神

【溯源】 古希腊神话传说中老一代的神祇,是最老的天神乌剌诺斯和地神该亚的儿子,主要包括俄刻阿诺斯、科俄斯、克利俄斯、许珀里翁、伊阿珀托斯、克洛诺斯以及他们的儿子。幼子克洛诺斯打败了父亲乌剌诺斯,又将囚禁在塔耳塔罗斯的怪物独目巨人和百臂巨人放出来,帮助自己巩固政权,成功后又将两个怪物打回塔耳塔罗斯。后来,克洛诺斯又被自己的幼子宙斯推翻,提坦神联合在一起反对以宙斯为首的奥林波斯诸神。奥林波斯诸神在独目巨人和百臂巨人的帮助下取得了胜利,战败的提坦神被投入塔耳塔罗斯。

【释义】 指代具有非凡的智慧与力量的人,也指代巨人或庞然大物。

❸ 替罪羊

【溯源】 源自《圣经·旧约·利未记》。古代犹太教在每年赎罪日的清晨,由大祭司举行赎罪祭,杀两头公羊,一头为赎众祭司的罪,一头为赎民众的罪,并把羊血洒在存放上帝约法的圣柜赎罪板上。然后,大祭司把双手按在准备好的一只活公羊的头上,诉说自己和民众所犯之罪,表示全民族的罪过已由此羊承担,最后将羊逐入旷野沙漠,意为众人之罪由此羊负去,因而得来"替罪羊"、"赎罪羊"或"负罪羊"之称。

【释义】 喻指代人受过、替人受罚者。

❸ 天才即忍耐

【溯源】 源自法国著名博物学家布丰(1707~1788)的一句话:"天才是由耐心构成的,具有这种耐心才能长时间地研究任何思想,直到发现有益的、可靠的回报。"

【释义】 比喻无论做学问还是做研究、实验,都需要具备不间断的潜心探索的精神。

❸ 天鹅的歌

【溯源】 在古代西方的迷信传说中,天鹅在临死前会唱歌,而且声音悦耳动听。古希腊寓言诗人伊索在《天鹅》中写道:"据说,天鹅临死才唱歌。有个人遇见一个卖天鹅的人,他听说天鹅的歌声十分悦耳,就买了只回家。可是,当他请客吃饭时,让天鹅在餐厅唱歌,天鹅始终默不作声。直到有一天它知道自己要死了,才为自己唱起挽歌。"

【释义】 喻指天才的最后一次出色的表现。

❀ 天国的小鸟不知道劳累和烦恼

【溯源】 源自俄国诗人普希金的长诗《茨冈》。俄国贵族阿列哥因为不喜欢在窒息的城市过着奴役的生活,便来到自由的茨冈人中,并爱上了茨冈女子金斐拉。普希金在诗中用天国的小鸟喻赞了茨冈人自由自在的生活:"天国的小鸟儿无从知道/什么是劳累,什么是烦恼/它也不需要去辛辛苦苦营筑那经年耐久的窠巢/深夜里它在树枝上打盹/东方升起了红色的太阳/鸟儿就倾听上帝的声音/拍动着两翼,宛转地歌唱。"

【释义】 形容生活得自由自在,无忧无虑的人。

❀ 天上的窗户也敞开了

【溯源】 语出《圣经·旧约·创世记》。上帝创造世界以后,见地面上的人类终日所思想的都是罪恶,便决定用洪水毁灭世界。因为挪亚是个义人,上帝便命令他建造方舟躲避灾难。方舟造好后的第七天,天渊的泉源都裂开了,天上的窗户也敞开了,开始了四十昼夜持续的暴雨。

【释义】 即"天窗大开",常用来形容倾盆大雨。

❀ 天使

【溯源】 基督教教义认为天使是上帝创造的一种精神体,不仅能传达执行上帝的旨意,而且能帮助人获救或蒙受恩惠。天使常被描绘成有双翼的美女,绝大多数圣洁无瑕且忠于上帝,也有堕落犯罪者,成为邪恶之灵——魔鬼。

【释义】 特指上帝的使者,也用来表示圣洁的人或最亲爱的人。

❀ 添加他的芥末

【溯源】 德语成语。西方人喜欢将芥末撒在做好的菜肴上,以增加香味和刺激食欲。但是,并不是所有人都喜欢这种调料,如果未询问他人需要,就擅自为其添加芥末,有时就会引起对方的反感。

【释义】 喻指未经要求就发表自己的意见和看法。

❀ 挑起栅栏争执

【溯源】 德语成语。在德国,爱争吵的邻居经常会为了些鸡毛蒜皮的小事而争执不休。争执的缘由不外乎是花园里飘进了邻居家的落叶,或隔壁养的小动物从篱笆钻进了自己的园子等等。争吵时,双方总是各自站在隔离花园的栅栏旁,互相大声斥责、讽刺挖苦,有时竟发展到动手殴打。"挑起栅栏争执"一语即由此而来。

【释义】 喻指挑起争吵、引发冲突。

条条道路通罗马

【溯源】 古罗马在向外扩张征服意大利的过程中,为了军事统治的需要,以罗马为中心修筑了规模宏大的古代交通运输网。其中著名的有阿皮亚大道、波匹利亚大道、奥莱莉亚大道、弗拉米尼大道、埃米利亚大道、瓦莱里亚大道、拉丁大道等,另有无数条支线通往帝国各行省。这些道路四通八达,故有"条条道路通罗马"之说。

【释义】 比喻达到同一目的可以有多种不同的方法和途径。

铁血政策

【溯源】 十九世纪中期,普鲁士首相俾斯麦(1815~1898)在奥普战争前夕说过:"德意志的统一不是通过言词,而是通过血与铁。"1886年1月,他在议会会议上进一步说道:"要让国王掌握最大的军事力量,换句话说,就是掌握尽可能多的血和铁,那时他便能推行诸位所希望的政策。政策不是用演说词、士兵庆祝会和歌曲制定的,而只能用铁和血来制定。"

【释义】 喻指野蛮的暴力政策或战争政策。

听到草在生长

【溯源】 日耳曼成语。统治瑞典的格尔菲国王想了解宇宙的本质,在阿斯加尔德的神殿里拜访了诸位大神。当格尔菲国王询问各位神祇的情况时,第三位至高无上者向他介绍神祇海姆达尔说:"海姆达尔是众神的守护神。他的睡眠比鸟还少,夜间能看清数百里外的东西,能听到牧场上的青草和羊毛生长的声音。"

【释义】 原意形容神祇或伟人的超凡能力,后用来形容听觉异常灵敏。

听到鸟儿歌唱

【溯源】 在欧洲的许多神话传说中,鸟儿具有神奇的本领。它们能悄悄地告诉人们重要的消息,警告人们避开灾祸。在古代冰岛神话中主神奥丁的肩上就有两只神鸦,每天破晓时分,奥丁便派它们巡视世界各地,然后飞回来,将当天的所见所闻报告给他。

【释义】 喻指暗中知晓别人不知道的消息。

同风车搏斗

【溯源】 源自西班牙作家塞万提斯的长篇小说《堂吉诃德》。有天傍晚,堂吉诃德远远望见平原上耸立着几十架巨大的风车。他认为是魔法师在与他作对，要剥夺他的光荣，所以把巨人变成了风车。于是他决心投入一场正义的战争，把这种坏东西从地球上消灭掉。他举起长矛，骑着瘦马向风车冲了过去。这时，一阵微风吹来，转动了风车庞大的翅翼，堂吉诃德一枪刺中了风车翅翼，长矛被转动的翅翼折成几段，自己也被风车拐带得连人带马滚翻在地。

【释义】 比喻同假想的敌人或障碍做徒劳无益的斗争。

同用一只碗吃饭

【溯源】 在古代的法国，新郎新娘在新婚之日必须用同一只碗吃饭，以表示夫妻恩爱，亲密无间。在法国西部和中部的农村，至今仍保留这一习俗。

【释义】 喻指关系极为密切，或拥有共同的利益。

铜额头

【溯源】 语出《圣经·旧约·以赛亚书》。先知以赛亚认为，以色列之所以遭到毁灭，是国家犯了违背上帝命令、不信靠上帝的罪。因为主说过："早先的事，我从古时说明，已经出了我的口，也是我所指示的，我忽然行作，事便成就。因为我素来知道你是顽梗的，你的颈项是铁的，你的额是铜的，所以我从古时将这事给你说明，在未成以前指示你……"

【释义】 喻指刚愎自用、顽固不化的人。

偷看的汤姆

【溯源】 据传在1040年，英国的利奥弗里克伯爵要对考文垂的居民加以重税。妻子戈德吉弗再三恳求他改变这个主意，使他非常生气，于是要挟妻子说，假如她能赤身裸体骑马在考文垂城里转一圈，就答应她免去全城百姓的重税之苦。戈德吉弗先将此事通告全城百姓，请他们关门闭户待在家中，然后她赤裸着身体骑马在大街上行走，披散的长发遮掩了她的全身，只露出两条腿。城里有个心术不正的裁缝叫汤姆，他透过窗缝偷看经过他家门前的戈德吉弗，结果遭到上帝的惩罚，顿时瞎了双眼。

【释义】 喻指嗜好窥探别人隐私，或偷看裸体女人的好色之徒。

头顶奶油

【溯源】 在旧时的德国农村，农妇们习惯头顶篮子赶集。当农妇头顶篮子里的奶油去集市上出售时，遇到太阳高照，奶油便会受热融化而滴落下来，使农妇未免提心吊胆,深感不安。正因为如此,在太阳底下头顶奶油,让融化的奶油顺着脸部下淌,曾是民间的一种惩罚形式。

【释义】 现多用来形容提心吊胆、惴惴不安。

◎ 图利大街的三个裁缝

【溯源】 图利大街是位于大伦敦萨瑟克自治市的圣奥拉夫大街的讹误。据记载,英国政治家乔治·坎宁(1770~1827)曾谈起一件事:在图利大街有三个裁缝,向国会下议院呈递一份请愿书。该请愿书开头的第一句话是"我们英格兰的子民……"坎宁谈起这件事,意在讽刺那些假借全体英国人民的名义而行私利的人。

【释义】 指代大言不惭、自称代表人民的一小部分人。

◎ 徒爱空想的蠢人

【溯源】 语出德国作家歌德的诗体悲剧《浮士德》。浮士德博士沉湎于中世纪的书斋中,读了近五十年的书,过着与外界脱节的生活。他虽然涉猎了各科学术领域,得到的却是繁琐、脱离实际的知识,而且越学越觉得知识贫乏,于是他陷入苦闷的深渊。魔鬼靡菲斯特乘机引诱他脱离书斋,去追求尘世的享乐,鼓动他说道:"先生,你的观点是和常人一样,我们应该及时行乐,趁生命的欢乐尚未远扬……我说,徒爱空想的蠢人,犹如一匹着魔的畜生,不管周围有牧场美好青青,却在干枯的荒原上四处找寻。"

【释义】 代指脱离实际,热衷于空想的人。

◎ 兔子的记忆力

【溯源】 法语成语。兔子的记忆力很差,对发生过的事情,哪怕是刚刚经历过的危险,也会在瞬间忘得一干二净。如果把它从洞里赶出去,它马上就会跑回洞里去,以致人们曾怀疑它是否有大脑。

【释义】 喻指某人十分健忘,或记忆力极差。

◎ 吞吃了扫帚柄

【溯源】 在十五世纪时,德国人常把身子挺得笔直,不能弯腰或不敢弯腰的人,比喻成吞吃了扫帚柄。后来,德国作家舍费尔在一首幽默歌曲中,将那些论调死板、拘泥于形式的人比作像扫帚柄一样僵硬。而后,"吞吃了扫帚柄"便随着歌曲更广泛地流传起来。

【释义】 喻讽行动笨拙不灵活的人,或为人处世桀骜不恭的人。

吞下游蛇

【溯源】 法语成语。在十七世纪时的法国,有些爱开玩笑的主人,用河中的游蛇代替法国人都爱吃的鳗鱼来招待客人,以测试客人胃的承受能力,因为吃多了游蛇肉,会产生大量的胃酸。而客人即使感到胃不舒服,也不好意思声张。"吞下游蛇"一语即由此而来。

【释义】 比喻受到侮辱后把气愤藏在心底,不发作、不加以反击。

拖着衣衫走路

【溯源】 源自旧时英国爱尔兰人蓄意挑衅斗殴的一种习俗。如果某人将衣衫拖在地上走,便表示他将与敢于踩踏他衣衫的人斗殴。"拖着衣衫走路"一语即由此而来。

【释义】 常用来表示惹是生非、蓄意挑衅等意思。

驼背小人

【溯源】 德国民间传说中的淘气鬼,具有神奇的魔力,喜欢伸腿绊倒别人,是恶作剧和倒霉事的罪魁祸首。人们常把妖魔鬼怪想象成驼背小人,以至于在日常生活中总是避免和驼背人接近。

【释义】 指代绊脚石和喜欢捣蛋的人。

鸵鸟的胃

【溯源】 鸵鸟是现存体形最大而不能飞翔的鸟,主要以植物为食。据非洲民间传说,鸵鸟十分贪吃,而且胃脏十分发达,能将石块、玻璃碎片、木头,甚至碎铁和铜块等坚硬物质吞入胃中,并通过胃的蠕动将其磨碎消化。

【释义】 喻指食量大或非常贪吃的人。

瓦格纳

【溯源】 德国作家歌德的诗剧《浮士德》中的人物,主人公浮士德的弟子。瓦格纳只知道在书本中研讨生活,把自己关在中世纪的书斋中埋头读书,想成为一名受人尊敬的学者。他唯一的乐趣就是"从此书飞到彼书,从此章飞到彼章"。

【释义】 指代书呆子、老学究,或讽喻脱离生活和实际,庸俗自满的人。

外邦人

【溯源】 因为犹太人自称为上帝的特选子民,所以在《圣经·新约》中,外邦人主要指希腊人和罗马人,以及受当时希腊文化影响的民族。

【释义】 现用来泛指在某个范围或群体以外的人。

豌豆色大衣

【溯源】 源自俄国作家普希金的讽刺小说《戈留兴诺村村史》。在小说中有一位身穿豌豆色大衣的作家,这位作家实际上就是臭名昭著的法代·布尔加林,专门向沙皇当局告密的特务。后来,"豌豆色大衣"便成为沙俄密探和特务的同义语。

【释义】 指代特务、密探或间谍。

豌豆上的公主

【溯源】 源自丹麦作家安徒生的同名童话。有位王子想娶个真正的公主为妻,但找遍全世界也没找到。在一个狂风暴雨的夜晚,有个女子前来借宿,并声称自己是真正的公主。老皇后在为她铺被的时候,在床榻上放了一粒豌豆,又在上面铺了二十床垫子和二十床鸭绒被。第二天早上,公主说她辗转反侧了一夜,因为她感觉睡在一块很硬的东西上面,身上也被硌得青一块紫一块。大家见她有这么娇嫩的皮肤,确信她是位真正的公主,王子便娶她为妻。

【释义】 用来讽刺娇生惯养、弱不禁风的人。

玩霍克斯博克斯

【溯源】 德语成语。据传"霍克斯博克斯"原为英国一位魔术师的名字,十七世纪由英国经荷兰传入欧洲大陆,成为魔术师变魔术时念的咒语。1667 年,英国一本关于魔术技巧的教科书《少年霍克斯博克斯魔术解析》传入德国。"玩霍克斯博克斯"一语即流传起来。

【释义】 喻指某人故弄玄虚。

◎ 婉言可以释怒

【溯源】 源自《圣经·旧约·箴言》。原文为:"回答柔和,使怒消退。言语暴戾,触动怒气。智慧人的舌,善发知识。愚昧人的口,吐出愚昧。耶和华的眼目无处不在,恶人、善人,他都鉴察。"其中"回答柔和,使怒消退"即"婉言可以释怒"。

【释义】 指说话时语气如温和委婉,就可以化解对方的怒气。

◎ 汪达尔人

【溯源】 古日耳曼人的一支。公元 429 年,汪达尔人在首领萨利克的率领下,横渡直布罗陀海峡,进入北非,又于 439 年攻陷迦太基城,建立了汪达尔王国,夺得罗马帝国阿非利加行省的大部分疆土。445 年,汪达尔人攻陷罗马城,在城内进行十四天的烧杀抢掠,破坏了大批量的文化艺术珍品,他们的野蛮行径使罗马王朝感到非常震惊。布鲁瓦的主教亨利·格雷戈伊雷在给修道院的报告中,索性把罗马珍贵文物的被毁全归罪于汪达尔人,并将这种摧残文化艺术珍品的行为称作"汪达尔主义"。

【释义】 指代大肆破坏文化艺术珍品的人,或毁灭一切的破坏狂。

◎ 往慕尼黑运啤酒

【溯源】 德国南部的巴伐利亚盛产啤酒花,啤酒业十分发达,酿造的啤酒被称为"巴伐利亚牛奶",尤其首府慕尼黑更是以酿造啤酒为传统行业。慕尼黑不但有七座著名的啤酒厂、举世闻名的啤酒节,甚至在理工学院都开设了啤酒专业,为世界各国培养啤酒酿造师。

【释义】 喻指多此一举,根本没必要。

◎ 往账单上撒盐

【溯源】 法语成语。在古代的法国,食盐非常珍贵,如果在食品中多用了盐,就要提高食品的价格。于是,很多饭店和旅店的老板在与顾客结账时,常常谎称饭菜中多用了盐,在账单上增加"多用盐"一项,以此向顾客多收费。"往账单上撒盐"一语即由此而来。

【释义】 喻指故意哄抬价格、索取高价。

◎ 往爪子上抹油

【溯源】 公元六世纪法兰克王国的国王克洛戴尔一世时期，教会被授权向出售猪肉的人征收什一税。为了便于征税，巴黎教会把猪肉市场设在巴黎圣母院前的广场上。税吏在收税时，出售猪肉的人常常偷着往他们手里塞上块猪油或猪肉，以便缴纳少量税额，这样税吏的手上便被抹了油。"往爪子上抹油"一语即由此而来。

【释义】 表示用物质或金钱贿赂某人、收买某人。

◎ 往嘴里放甘草

【溯源】 甘草也称为"甜草"，根和茎很甜，往别人嘴里放甘草，就是给其些甜头尝尝，堵住他的嘴。德国中世纪剧作家萨克斯在《三个丑角敲板说唱》中提到对付泼妇骂街的办法，就是"向破口大骂者的嘴里放甘草，这一招准有效"。

【释义】 喻指用温言软语劝说对方，使对方不再发怒。

◎ 威廉·退尔

【溯源】 十四世纪瑞士民间传说中反抗奥地利暴政的民族英雄。威廉·退尔是乌里郡比格伦地方的农民，因为蔑视奥地利当局，被迫向放在儿子头上的苹果射箭，后因威胁要杀死总督被捕，在送往监狱的途中逃脱，最后终于在一次伏击中杀死了总督。

【释义】 指代敢于争取自由、反抗暴政的英雄。

◎ 维吉尔

【溯源】 维吉尔（前70~前19）是继荷马之后古罗马最重要的诗人，主要著作有史诗《埃涅阿斯记》和《农事诗》。自公元四世纪起，罗马基督教会认为他是未来世界的预言家和圣人，使其在中古时代享有特殊的尊荣地位。但丁在《神曲》中尊他为老师、楷模和引路人，他的史诗也成为许多诗人的范本。

【释义】 喻指富有经验、充满智慧的带路人。

◎ 维纳斯

【溯源】 古罗马神话中的爱神与美神，即古希腊神话传说中的阿佛洛狄忒。传说世界之初，统管大地的该亚女神与统管天堂的乌刺诺斯结合生下了一批巨人。后来夫妻反目，该亚盛怒之下命小儿子克罗诺斯用镰刀割伤其父。乌刺诺斯身上的男根落入大海，激起泡沫，就这样诞生了维纳斯。

【释义】 被用作爱情、性欲、美的象征。

维特与绿蒂

【溯源】 德国作家歌德的小说《少年维特的烦恼》中的男女主人公。维特在一次舞会上结识了法官的长女绿蒂,她的音容笑貌、体态举止无不使他神魂颠倒。绿蒂虽然已经与阿尔伯特订婚,却对维特非常倾心。阿尔伯特归来后,维特经过激烈的思想斗争,最后决定远离他们。因为运气不济,他在现实生活中处处碰壁,无法施展自己的理想与抱负,又在爱情的驱使下回到绿蒂的身边。绿蒂已经做了阿尔伯特的妻子,为了忠于丈夫,不得不疏远维特。绿蒂的态度使维特万念俱灰,给她留下一封信后举枪自杀。

【释义】 代指热恋中的情人。

未经刨过的人

【溯源】 在德国古代,工匠们常把学徒工比作有待加工的材料,用"被刨子刨过"来形容已经掌握技能的学徒工。1578年,德国埃尔富特大学的开学典礼上,陈列着锯、斧、刨、钻、锉等多种工具,表示新生将在学校里接受"加工",得到全方面的教育训练。被培养成有用的人才。

【释义】 指代没有受过教育的、顽劣、粗鲁的人。

未识之神

【溯源】 语出《圣经·新约·使徒行传》。使徒保罗在雅典见到满城都是偶像,便对雅典人说:"众位雅典人哪,我看你们凡事很敬畏鬼神。我游行的时候,观看你们所敬拜的,遇见一座坛,上面写着'未识之神',你们所不认识而敬拜的。我现在告诉你们,创造宇宙和其中万物的上帝,既是天地的主,就不住人手所造的殿,也不用人手服侍,好像缺少什么,自己倒将生命、气息、万物赐给万人。他从一本造出万族的人,住在全地上,并且先定准他们的年限和住所的疆界。"

【释义】 原指上帝,后用来谑指不认识或不了解的人或事物。

为柏隆娜效力

【溯源】 柏隆娜是古罗马神话中的女战神,战神玛尔斯的妻子,其名字的本意即为战争。公元前四世纪,古罗马开始设有柏隆娜神庙,并在庙旁举行宣战仪式:由祭司团的主祭司将一支长矛投进象征敌国领土的地块,即标志战争开始。后来,柏隆娜与玛尔斯一样,成为战争的象征。

【释义】 意指服兵役、加入军队、投入战争。

◎ 为了过路的人

【溯源】 有一次,法国国王亨利四世在路过一座叫锡托的村庄时,忍不住赞叹那里的景色:"啊,这里真美! 我的天啊,真是个美丽的地方!"有位修士听到国王的赞扬,连声说道:"为了过路的人。"亨利四世问他这句话的涵义,修士答道:"陛下,我想说的是,这里很美,是对过路人来说的,不是对常住在这里的人来说的。"

【释义】 用来讽刺剥削阶级不劳动就能拥有和享受人间的一切美好,而劳动者却无权享受自己的劳动成果。

◎ 为了李子

【溯源】 在法国的都兰地区、普瓦都地区、法兰西岛地区和胜东日地区,李树园随处可见。遇到收成好的年头,李子多得使农民来不及摘取,只能爬上树将李子打落在地,再一筐筐装起来,因此,李子在这些地区被视为最微不足道的东西。

【释义】 喻指鸡毛蒜皮、微不足道的小事。

◎ 为了漂亮的眼睛

【溯源】 语出法国剧作家莫里哀的喜剧《可笑的女才子》。贵族青年拉·格朗吉和让·克瓦西分别向资产者高尔吉毕斯的女儿和侄女求婚。因为不懂两位女才子所期望的、风雅的求婚程序,遭到两位小姐的冷落。他们怀恨在心,让他们的两个漂亮男仆穿上华贵的衣服,去向两位小姐求爱。两位仆人在小姐们的面前假充斯文,编造歪诗,博得了她们的欢心。正当他们成双成对跳起舞时,两位仆人的主人出现在他们的面前,揭穿了仆人的身份,并对两位可笑的女才子说道:"不能让他们穿着我们的衣服来博取你们的欢心。你们要是愿意爱他们,那就为了他们漂亮的眼睛而爱他们吧。"两位女才子顿时悔恨交加、无地自容。

【释义】 比喻单凭事物表面,或个人喜恶来处理事情。

◎ 为某人拿棍子

【溯源】 德语成语,源自欧洲中世纪时期的决斗习俗。双方在决斗时,各有一位助手拿着棍子站在旁边,如果有一方违反决斗规则时,他们便出面干预,以防意外事件发生,使决斗能按照规则公平地进行下去。

【释义】 转义为支持某人、袒护某人。

◎ 为某人把地狱之火烧旺

【溯源】 源自德国作家萨克斯的《地狱之浴》。作者将地狱描绘成一座大澡堂,管澡堂的魔鬼把火烧得旺旺的,不断地给澡堂加热,直到在此洗涤罪恶的坏人流出的不是汗而是血,使有罪的人永远在地狱里备受折磨。

【释义】 喻指狠狠地教训某人或告诫某人。

◎ 文士和法利赛人

【溯源】 源自《圣经》中所说的"假冒为善的文士和法利赛人",耶稣曾告诫门徒千万不可效法文士和法利赛人。文士指只知死记硬背、机械解释经文和律法的犹太经学教师。法利赛人指古犹太国的一个教派,代表了富裕阶层的利益,虽然笃信宗教,但对律法信条持虚伪的态度,并不真正实行。

【释义】 代指空谈家、伪君子、两面派。

◎ 闻到烤肉香

【溯源】 德语成语,源自德国古代民间的一则寓言。有位农民邀请动物到他家做客,动物兴冲冲地前往赴约,等它到达农民家门口时,突然转身就逃。原来,它嗅到在农民的锅里,正飘着它的同伴被炖熟后的香味。

【释义】 表示预感到要发生不妙、不愉快的事情,或将遇见有利可图的事情。

◎ 吻婴儿的人

【溯源】 在美国,政客们为了能在竞选中取胜,常常深入民间,到处游说,想办法赢得选民的信任和支持。他们不仅要使选民相信自己是个精明强干的政治家,还得竭力显现自己是个温和善良、平易近人的人,于是便主动与人握手致意,嘘寒问暖,甚至见了女人怀抱中的婴儿,也会主动去吻一下。"吻婴儿的人"一语即由此而来。

【释义】 讽喻那些曲意逢迎、笼络人心的政客。

◎ 吻自己的手

【溯源】 语出《圣经·旧约·约伯记》。约伯为了证实自己清白无辜,不该受到上帝的惩罚,对来安慰劝导他的三位朋友说:"我若以黄金为指望,对精金说,你是我的依靠;我若因财物丰裕,因我手多得货财而欢喜;我若见太阳发光,明月行在空中,心就暗暗被引诱,吻自己的手,这也是审判官当罚的罪孽,又是我背弃在上的上帝。"

【释义】 表示十分喜爱和尊崇。

◎ 我报给你们大喜的信息

【溯源】 语出《圣经·新约·路加福音》。耶稣诞生以后,在伯利恒的野地里有牧羊的人,夜间按着更次看守羊群。主的使者站在他们旁边,用主的荣光四面照着他们,他们见了非常害怕。那天使对他们说道:"不要害怕,我报给你们大喜的信息,是关乎万民的。今天在大卫的城里,为你们生了救主,就是主基督。你们要看见一个婴孩,卧在马槽里,那就是记号了。"

【释义】 原为报道选出新教皇的套语,后也用来报道特大喜讯。

◎ 我不愿走这座桥

【溯源】 语出德国作家格勒特的寓言《农夫和他的儿子》。有位刚从外地回来的年轻人告诉他的父亲,他在外地亲眼见到一条像马那样大的狗。可是,他跟着父亲越往前走心越忐忑,因为在不远的前路有一座桥。这座桥使他想起父亲讲过的故事,凡是说谎的人都将在桥上跌断腿,而且有个说谎的人曾在这座桥上跌断了腿。年轻人想收回自己的谎话,却不愿直截了当地承认自己欺骗了父亲,于是便停下来说道:"我不愿走这座桥。"以此向父亲表示,那条像马一样大的狗是他在撒谎。

【释义】 现用来表示感到某件事情不大可信。

◎ 我的杯子不大 但我是用自己的杯子喝水

【溯源】 语出法国诗人缪塞写在诗体剧作《杯与唇》前的献辞。当时,有人指责他在创作中模仿拜伦,对此缪塞在献辞中反驳道:"我的杯子不大,但我是用自己的杯子喝水。"表示尽管自己的创作水平一般,但却具有自己的特色,而不至于去模仿别人。

【释义】 喻指遵循自己的原则或思想、坚持自己的创作风格。

◎ 我的小拇指比我父亲的腰还粗

【溯源】 语出《圣经·旧约·列王纪上》。以色列王所罗门死后,他的儿子罗波安继承王位。以色列人在所罗门的臣仆尼八之子耶罗波安的带领下,前来面见罗波安,要求他不要像他父亲那样使他们"负重轭,做苦工"。罗波安请教伺候他的老年人如何答复百姓的请求。老年人让他像仆人那样善待百姓,用好话答复。罗波安又与伺候他的少年人商议,少年人让罗波安这样回答:"我的小拇指比我父亲的腰还粗,我父亲使你们负重轭,我必使你们负更重的轭;我父亲用鞭子责打你们,我要用蝎子鞭子责打你们。"以色列人听了罗波安的答复,终于背叛了大卫家族,拥立耶罗波安为王。

【释义】 意为我比父亲的胆子更大,手段更残忍、更凶恶。

🜨 我的胸中有两个灵魂

【溯源】 语出德国作家歌德的剧本《浮士德》。浮士德博士沉浸于中世纪的书斋中,虽然探索了各种学术领域,得到的却是繁琐、脱离现实的知识,越学越感到知识贫乏。他和弟子瓦格纳离开书斋去郊游,大自然的美景使他产生了"新的冲动",使他想要"赶去吞饮那永恒的光辉"。而瓦格纳只知道钻在书堆里读书,说自己"从没感到有这种冲动",于是浮士德对瓦格纳说道:"啊,你只知道有一种冲动,另外的一种你便全无所知!啊,我的胸中有两个灵魂,一个想要同另一个分离。一个怀着一种强烈的情欲,以它的卷须紧紧攀附着现世;另一个却拼命要脱离尘俗,高飞到崇高的先辈的居地。"

【释义】 表示内心存在着两种互相矛盾的思想。

🜨 我另外有羊 不是这圈里的

【溯源】 语出《圣经·新约·约翰福音》。耶稣在向法利赛人讲道时,采用"羊圈"的比喻来暗指他与信徒之间的关系是牧人与羊群的关系,同时表明自己有别于那些虚伪的宗教领袖,因为他是个好牧人,甘愿为羊舍弃生命。"我是好牧人,好牧人为羊舍命。若是雇工看到狼来,就撇下羊逃走,因为他是雇工,并不顾念羊。我是好牧人,我认识我的羊,我的羊也认识我。正如父认识我,我也认识父一样,并且我为羊舍命。我另外有羊,不是这圈里的,我必须领它们来,它们也要听我的声音,并且要合成一群,归一个牧人了。"

【释义】 原指耶稣的其他信徒,现转义为表示还有其他的东西可供使用。

🜨 我没有唾液了

【溯源】 据说人在激动或恐惧时,嘴里会停止分泌唾液,中世纪时期的神明裁判便经常利用这一生理现象来断案。比如往嫌疑犯的嘴里塞一块干面包或干奶酪,看他能否吞咽;或者把烧红的剑放进他的嘴里,看他的舌头是否被烫伤。如果咽不下去,或者舌头被剑烫伤,就说明此人做贼心虚,会被判定有罪。

【释义】 常用来表示吓得张口结舌,说不出话来。

❀ 我们的兄弟以撒基

【溯源】 源自关于俄国基辅洞窟修道院的修士以撒基的一桩传闻。有天半夜，几个装扮成美少年的魔鬼来到洞窟中，对以撒基说道："以撒基，我们是天使，你看，基督向你走来了，快去拜他！"以撒基不知道是魔鬼在诱惑他，便像拜基督那样跪拜魔鬼。魔鬼见状高兴地叫道："我们的兄弟以撒基！"魔鬼们又叫以撒基在他们的伴奏下跳舞，以撒基无休止地跳着，最后精疲力竭地昏倒在地。

【释义】 指代志同道合的朋友，或臭味相投的人。

❀ 我们的祖先拯救过罗马

【溯源】 语出俄国作家克雷洛夫的寓言《鹅》。农夫赶着一群鹅要到城里去卖，半道上遇到一个过路人，鹅对他抱怨说，农夫对它们粗暴无礼，一点都不尊敬它们。过路人问道："你们有什么值得赞扬的地方吗？有什么贡献吗？"鹅回答："我们什么都不会，但我们的祖先拯救过罗马。"过路人说道："祖宗有功，光荣归属于它们，何必老是炫耀祖宗呢？你们没有什么用处，只配被人拿去烤着吃！"

【释义】 用来讽刺无所作为、不思进取，只会炫耀祖先功劳簿的人。

❀ 我们耕了地

【溯源】 语出俄国诗人德米特里耶夫的寓言《苍蝇》。一头公牛耕完地，拖着疲惫的身子要回家休息。牛角上有只苍蝇，在途中遇到另一只苍蝇，那只苍蝇问道："你从哪里过来的啊？"牛角上的苍蝇趾高气扬地说道："我们耕了地！"

【释义】 喻讽未付出什么辛苦，却贪取他人功劳为己有的人。

❀ 我们没在一起放过猪

【溯源】 源自德国民间故事《希尔德市民》。国王要到希尔德市巡视，准备宣布希尔德市为直辖市，并免去该城居民的销售税。希尔德市民在市政厅里热烈地讨论如何欢迎新国王，突然想起希尔德市还没有市长，于是决定以赋诗来定人选，谁的诗最押韵，就让谁当市长。有个猪倌在老婆的启发下，拼凑了首打油诗，居然一举夺魁当上了市长。后来，有个以前同他一起放过猪的伙伴，亲热地以"你"相称与他谈话时，他立刻制止，并说道："我们没在一起放过猪。"

【释义】 现用来表示告知与某人萍水相逢，不要过于亲热。

❀ 我是剑 我是火焰

【溯源】 语出德国诗人海涅的散文诗《颂歌》。1830 年 7 月，法国爆发了推翻波旁复辟王朝的革命,在革命激情鼓舞下,海涅写下了《颂歌》,以鼓舞人们的斗志,激励人们战斗。"我是剑,我是火焰。黑暗里我照耀着你们,战斗开始时,我奋勇当先,走在队伍的最前列……"

【释义】 常用来鼓舞斗志,激励他人奋发进取。

⚫ 我思考 所以我存在

【溯源】 即"我思故我在",是法国历史上最伟大的哲学家笛卡尔全部认识论哲学的起点,也是他"普遍怀疑"的终点。其涵义为:我无法否认自己的存在,因为当我否认、怀疑时,我就已经存在!所以,否认自己的存在是自相矛盾的。而否认和怀疑是一种思考活动,所以说"我思故我在"。

【释义】 现使用时失去原有的哲学内涵,表示"我思想,所以我活着"。

⚫ 我所写的 已经写上了

【溯源】 语出《圣经·新约·约翰福音》。耶稣被钉在十字架上以后,总督彼拉多又用牌子写了一个名号,安在十字架上,上面写的是:犹太人的王,拿撒勒人的耶稣。犹太人的祭司长对彼拉多说:"不要写犹太人的王,要写他说自己是犹太人的王。"彼拉多说:"我所写的,已经写上了。"

【释义】 表示无法更改,或不愿更改亲手写的东西。

⚫ 我要写上一个大写字母 P

【溯源】 中世纪时期,德国曾流行一种瘟疫性的黑死病和黑痘病,疾病传染力非常强,夺去了许多人的生命。在德文中,瘟疫和黑痘病的第一个字母都是 P,因此人们就在患病家庭的房屋上写个大写的字母 P,以警告未染病的人不要接近此屋。从那以后,德文字母 P 就成了面临各种危险的标志。

【释义】 现常用来表示要去阻止某事。

⚫ 我也踢了它一蹄子

【溯源】 语出俄国作家克雷洛夫的寓言《狐狸和驴子》。狐狸遇见驴子,问它从哪儿来。驴子回答说:"我刚离开狮子那老东西,以前它吼叫一声,连树林都会怕得发抖,我也吓得赶紧躲起来。可现在它老朽了,已经毫无力气,躺在洞里像块木头似的。大家谁也不怕它,都去找它算账报仇,有的咬它,有的用角戳它。"狐狸又问驴子:"你大概还不敢碰它吧?"驴子回答说:"我? 我怕它什么啊? 我也踢了它一蹄子,让它常常驴蹄的滋味!"

【释义】 用来讽刺乘人之危、落井下石的卑劣小人。

🌀 握住拇指

【溯源】 德语成语。在古日耳曼民间传说中，拇指具有超自然的神奇力量。如果握住拇指，就能医治疾病、驱赶梦魇、压惊、驱邪，所以拇指又被称为"幸福指"。

【释义】 用来表示祝愿某人幸福或成功。

🌀 沃瓦已经适应

【溯源】 源自苏联演员、导演及剧作家米罗维奇（1878~1952）演出的同名讽刺喜剧。剧中人物沃瓦是个娇生惯养的贵族子弟。在战争期间，他被征入伍，成为一名普通的士兵。他的母亲很为他担心，然而他却很快适应了新的环境，最后变为一名强悍的军人。

【释义】 喻指善于适应新情况和新环境的人，也用来讽刺善于见风使舵的人。

🌀 乌利亚的信

【溯源】 源自《圣经·旧约·撒母耳记下》。乌利亚与妻子拔士巴住在耶路撒冷，为以色列王大卫服役。大卫王派约押率领臣仆和以色列人围攻拉巴城，自己仍住在耶路撒冷。有天傍晚，大卫在王宫的屋顶上看到一个美丽的女人在沐浴，后得知是在外征战的乌利亚的妻子，大卫便命人将拔士巴接来通奸，致使她怀孕。为了掩盖这桩丑事，大卫把乌利亚从前线召回来，让他回家去住。可乌利亚说前线的将士们都睡在田野里，他不能去回家吃喝并与妻子同寝，于是睡在宫门外。第二天，大卫将乌利亚灌醉，希望他能回家去，可乌利亚依然没回家，于是大卫王决定除掉他。他给约押写了一封信，让乌利亚带给约押。信中要约押把乌利亚派到前线最危险的地方，然后命令军队后退，以借敌兵之手除掉乌利亚。乌利亚不知实情，把信交给了约押。约押遵命行事，结果乌利亚在攻城时中箭身亡。大卫把拔士巴接到宫内，做了大卫王的妻子，并为他生了后来的所罗门王。

【释义】 喻指给自己带来不幸和灾祸的信件。

🌀 乌撒的手

【溯源】 语出《圣经·旧约·撒母耳记下》。以色列王大卫战胜非利士人后，率领三万精兵去运存放上帝"十诫"的约柜。他们把约柜放在一辆新牛车上，然后由山上一个叫亚比拿达的人的两个儿子乌撒和亚希约领路，运往大卫城。当他们走到一片大麦场时，因为牛失前蹄，大车摇晃了一下，乌撒连忙用手去扶住车上的约柜。可约柜本为神圣不可侵犯之物,触及约柜就代表亵渎上帝,当处以死罪,因此上帝向乌撒发怒,将他击杀在约柜的旁边。

【释义】 喻指触犯神圣、亵渎神圣。

🌀 乌托邦

【溯源】 理想中最美好的社会。乌托邦本是英国空想社会主义者莫尔所著书名的简称。作者在书里描写了他所想象的实行公有制的幸福社会,并把这种社会叫做"乌托邦",意即不存在的地方。

【释义】 现多用来泛指不能实现的愿望、计划等。

🌀 无底坑

【溯源】 语出《圣经·新约·启示录》。原文为:"我又看见一位天使从天而降,手里拿着无底坑的钥匙和一条大链子。天使捉住那龙,就是古蛇,又叫魔鬼或撒旦,把他捆绑一千年,扔在无底坑里,将无底坑关闭,用印封上,使他不得再迷惑列国。等到那一千年完了以后,必须暂时释放他。"

【释义】 指代地狱、深渊。

🌀 无法为之作诗

【溯源】 德语成语。在十九世纪的德国,经常有些艺人在街头或集市上采用一边展示画片,一边根据画片内容即兴作诗、唱歌的形式卖艺。有的时候,画片上内容过于离奇古怪,以致艺人一时找不出合适的内容与之相配,"无法为之作诗"一语即由此而来。

【释义】 现引申为对某件事感到费解,弄不清某事的来龙去脉。

🌀 无花果树的叶子

【溯源】 源自《圣经·旧约·创世记》。人类始祖亚当和夏娃因为受了蛇的诱惑,违背了上帝的禁令,偷吃了伊甸园里智慧树上的果子。他们的眼睛立刻明亮了,知道自己是赤身露体,便拿无花果树的叶子为自己编作裙子,用来遮羞。

【释义】 喻指可以用来掩饰可耻的、见不得人的事物的东西。

🌀 无可效忠的人

【溯源】 在中世纪的欧洲,平民有向领主申报自己拥有土地的义务,以此表示效忠领主,便取得领主的保护。那些没有土地的人,自然无可效忠,也就没有保护他们的人。

【释义】 喻指某人一贫如洗，或指代无人知晓、没有权威的人。

🜚 无所畏惧和无可指责的骑士

【溯源】 原指法国著名骑士皮埃尔·德·泰拉伊尔·巴亚尔(约1473~1524)。巴亚尔原为法国军队中的一名军人，1494年随法国国王查理八世入侵意大利，因在1495年福尔诺沃战役中建立战功，被封为骑士。弗兰西斯一世即位后，任命他为多菲内总督。巴亚尔曾率领一千人坚守梅济耶尔，成功抵抗三万五千名敌军，使法国中部免遭入侵。

【释义】 喻指勇敢无畏、品德高尚的人。

🜚 无谄媚的忠诚

【溯源】 俄国沙皇帕维尔一世在封宠臣阿拉克切也夫(1769~1834)为伯爵时，在纹章上的题词。阿拉克切也夫是个没有受过多少教育的人，贪污、谄媚、专制、野蛮、残酷是他的主要性格特点，被称为"阿拉克切也夫大暴政"。他拥有很多特权，有沙皇签字的空白公文笺，可以随便使用。他对农奴特别残忍，甚至连妇女和儿童也会因为极其微小的过失而受到几个星期的颈枷惩罚。因此，人们曾把这个题词改称为"对谄媚的忠诚"。

【释义】 讽刺在权势面前卑躬屈膝、阿谀奉迎的人。

🜚 无一日不作画一幅

【溯源】 源自公元前四世纪，用以赞颂古希腊画家阿佩莱斯勤学苦练的精神。阿佩莱斯非常擅长肖像画，尤其对神祇和英雄画得格外生动，曾担任马其顿腓力二世及其子亚历山大大帝的宫廷画师。传说，他为了提高自己作画的技艺，"无一日不作画一幅，哪怕在画上画一条线也好，这已成为阿佩莱斯经久不变的守则"。

【释义】 常用来形容孜孜不倦、奋发进取的精神。

🜚 武士阿尼卡

【溯源】 古俄罗斯民间诗歌中的人物形象。武士阿尼卡经常吹嘘自己孔武有力、聪明智慧、天下无敌。可当他遇到死神时却吓得心惊胆战，最后被死神战胜。

【释义】 指代争强好斗，却遭到失败的人。

🜚 五朔节花柱

【溯源】 每年的5月1日原为欧洲传统的五朔节，人们要在那天举行盛大的庆典。其中最后一项活动就是在广场中央竖起一根高高的柱子或树枝，在上面装饰五彩缤纷的鲜花和彩带,称为"五朔节花柱"或"五朔节花树"。人们围绕着花柱载歌载舞,祈祷风调雨顺和人畜两旺。后来,在 1889 年 7 月召开的第二国际成立大会上,决定将该日定为国际劳动节。

【释义】 谑指身材高大、行动笨拙的女人。

◎ 勿求己悦

【溯源】 语出《圣经·新约·罗马人书》。使徒保罗向罗马教会的信徒指出他们应有的生活态度,其中包括要效法基督,勿求己悦:"我们坚固的人应该担当不坚固的人的软弱,不求自己的喜悦。我们每个人务必要让邻舍喜悦,使其得到益处,建立德行,因为基督也不求自己的喜悦。"

【释义】 指自己甘愿承担一切痛苦,而把幸福和喜悦让给他人。

◎ 勿以恶报恶

【溯源】 语出《圣经·新约·帖撒罗尼迦前书》。使徒保罗劝勉帖撒罗尼迦教会的基督徒说:"弟兄们,我劝你们敬重那在你们中间劳苦的人,就是在主里面治理你们、劝诫你们的人。要因他们所做的工而用爱心格外尊重他们,你们也要彼此和睦相处。你们要警戒不守规矩的人,勉励灰心的人,扶助软弱的人,也要向众人忍耐。你们要谨慎,无论是谁都不可以恶报恶。或是彼此相待,或是待众人,常要追求良善。要常常喜乐,不住地祷告,凡事谢恩,因为这是上帝在基督耶稣里向你们所定的旨意,不要消灭圣灵的感动,不要蔑视先知的讲论。"

【释义】 指不用恶行去报复恶行,要以善良和恩惠待人。

🌀 希波克拉底誓言

【溯源】 希波克拉底(约前460~前377)出生于著名的僧医世家,是古希腊的名医,内、外科医术都非常高超,被西医界誉为医学之父。《希波克拉底誓言》是《希波克拉底文集》中的一篇著述,内容分为两部分:第一部分陈述医师与学生之间应当相互承担的义务,第二部分是有关医师的誓约。规定医师要发誓尽其所能、毫无怨言地为患者服务,不谋求私利,还要保护患者的隐私。据有关文献记载,这篇誓言并非希波克拉底所著,但仍被医学界奉作医务工作者的道德准则,许多医学院在入学典礼和毕业典礼上,都把诵读这篇誓言作为一项重要程序。

【释义】 指代医务工作者必须遵守的道德准则。

🌀 希尔德市民

【溯源】 源自十六世德国同名民间故事集。故事中的希尔德市民原是希腊七贤之一的后代,他们比其他地方的人聪明、勤劳,总是帮助其他地方的人解决一些问题,因此名声远扬,各地的帝王将相、王孙贵族都来聘请他们做顾问,使希尔德市民赢得了金钱和荣誉。因为男人们都出去当顾问,妇女们只好代替了男人们的工作,渐渐地,希尔德的情况越来越糟糕。牲畜走失、庄稼腐烂、房屋漏雨……教堂的钟走得也不准确了,甚至希尔德的孩子也变得愚笨而没有教养。妇女们给自己的丈夫写信,诉说希尔德的现状,于是希尔德的男人们纷纷回到了希尔德。他们认为希尔德的衰落是聪明惹的祸,不想让别人再来请自己出去工作,便开始装傻,做出很多傻瓜才能做出的事情,果然没有人再来请他们做顾问。可是后来,他们从有意识地做蠢事,变成了习惯做蠢事,到最后真的变成了蠢人。

【释义】 指代愚蠢无知的人,或爱开玩笑的人。

🌀 希腊式的汤

【溯源】 有一天,法国诗人拉康(1589~1670)来到女作家德•古尔内小姐的家里。古尔内给他读自己写的几首讽刺短诗,并询问他的意见。拉康坦率地说诗写得不太好,因为毫无讽刺的锋芒。古尔内说,不必多注意这点,因为这是希腊式的讽刺短诗。随后,他们同去一位名医家吃晚餐,席间上了一道淡而无味的汤,古尔内小姐对拉康说:"这汤真差劲。"拉康幽默而略带讽刺地回答:"小姐,这是希腊式的汤。"

【释义】 喻指淡而无味的食物,或言而无物的作品。

希律

【溯源】 源自《圣经·新约·马太福音》。圣母玛利亚在犹太的伯利恒生下耶稣后,有几个外地的博士从东方看到耶稣的星,便来到耶路撒冷参拜将来要做犹太王的耶稣。犹太王希律听说后,担心自己的王位被人取代,便暗中招来那个几个博士,让他们去寻访那个孩子,寻到了就向他报信。几个博士因为在梦中得到上帝不要回去见希律的指示,参拜完耶稣后,便从别的路返回本地去了。他们走后,上帝使者便指示约瑟,让他带着耶稣母子逃往埃及。希律发现自己被博士愚弄了,气得火冒三丈,下令将伯利恒两岁以内的男童全部杀死。

【释义】 指代凶残的暴君,或凶恶残忍的人。

希罗底

【溯源】 源自《圣经·新约·马可福音》。希罗底原为希律·腓力的妻子,后改嫁给其异母兄弟希律·安提帕。使徒约翰曾指责希律·安提帕娶希罗底不合情理,使希罗底怀恨在心,一心想除掉约翰。有一天,希律·安提帕过生日,希罗底的女儿翩翩起舞为他祝寿。希律非常高兴,在众宾客面前对她说:"无论你要什么,哪怕是我的一半江山,我也给你。"女孩问母亲希罗底应该要什么,希罗底凶狠地说道:"要施洗约翰的头。"女孩于是对希律说:"求王现在把施洗约翰的头放在盘子里给我。"希律因为在众宾客面前许了诺,只好无奈砍了约翰的头,满足了女孩的要求。

【释义】 指代阴险毒辣的恶妇。

西班牙靴子

【溯源】 在中古时期的西班牙,异教裁判在拷问异教徒时,常用一种筒状刑具夹住犯人的腿和脚,使犯人因难以忍受的疼痛而招供。后来,德国人把这种刑具称为"西班牙靴子"。

【释义】 现用来比喻压迫和束缚。

西罗亚池子

【溯源】 语出《圣经·新约·约翰福音》。耶稣在耶路撒冷见到一个生来眼瞎的人。门徒问耶稣,他眼瞎是不是本人或他的父母有罪。耶稣回答说,他眼瞎,只是为了在他身上显示出上帝的作为。说罢,耶稣就往地上吐了口唾液,和些泥,抹在瞎子的眼睛上,对他说:"你去到西罗亚池子里洗吧!"瞎子到池子里洗了一下,眼睛就能看到光明了。

【释义】 喻指能治百病的灵丹妙药,或解决问题的办法。

⊛ 西乃山上的雷鸣

【溯源】 源自《圣经·旧约·出埃及记》。摩西带领以色列人逃出埃及满三个月后,来到西乃旷野,在那里安营扎寨。上帝在西乃山上呼唤摩西,告诉他自己将在第三天降临在西乃山上,让百姓不可上山,也不可触摸山的边界,违者必被治死。第三天早晨,山顶出现雷鸣、闪电、密云、很响的号角声,摩西率领众人出营迎接上帝。只见西乃山浓烟滚滚,耶和华在火中降临山顶,山震动起来,号角声越来越高。接着,上帝命令摩西及其兄长亚伦一起上山,向他们传授"十诫"及各种典章和律例。

【释义】 原指上帝降临时的恐怖景象,现用来喻指恐怖的宗教。

⊛ 西墙

【溯源】 耶路撒冷旧城内一段高约二十米、长约五十米,由大石块筑成的围墙,原为第二圣殿内院西墙的一段。公元前538年,被掳至巴比伦的犹太人重返家园,建造圣殿,史称第二圣殿。公元70年,第二圣殿毁于罗马人手中,仅存西墙的残垣断壁。直到在1967年第三次阿以战争中,以色列占领耶路撒冷旧城,这一遗址才重新为犹太人所控制。每逢星期五,许多犹太教信徒便集中到西墙前,在恸哭中追思犹太民族辉煌的过往,为流散到世界各地的犹太同胞祈福,所以西墙又被称为"哭墙"。

【释义】 现使用时,喻指能使人得到安慰的事物。

⊛ 西绪福斯的劳动

【溯源】 古希腊神话传说中科林斯城的创建者和国王。传说他是个狡猾自私、作恶多端的人,被宙斯惩罚在地狱里服苦役:必须把一块巨石推到山顶,然后巨石立刻从山顶再滚到山下,他只好再次推上去,周而复始,无休无止。

【释义】 喻指无休无止、徒劳无益的繁重劳动。

⊛ 锡巴里斯人

【溯源】 公元前720年左右,亚该亚人和特洛曾尼人在今意大利科里利亚诺附近建立了锡巴里斯城,城内居民称为锡巴里斯人。因地理位置优越,锡巴里斯城很快就繁荣起来,居民们富足而娇奢。曾有个锡巴里斯人抱怨在夜里无法安睡,有人问他原因,他回答说,有片玫瑰花的花瓣压在他身下,弄得他辗转摊反侧,难以成眠。可见锡巴里斯人是多么故作娇贵。

【释义】 指代追求感官享乐、奢淫放纵的人。

◎ 洗干净脖子干站在那儿

【溯源】 德语成语,源自一则犹太民间笑话。小莫里茨的姑妈要来探访,妈妈让他把脖子洗干净,免得在姑妈面前出丑。小莫里茨对妈妈的吩咐无动于衷,还振振有辞地对妈妈说:"要是姑妈不来呢?我不就洗干净脖子干站在那儿了啦!"

【释义】 喻指白费功夫或出洋相。

◎ 洗礼

【溯源】 基督教的入教仪式。基督教认为,人类的始祖亚当和夏娃受诱惑偷吃禁果,犯了整个人类背负的"原罪"。即使刚出世即死去的婴儿,也具有与生俱来的原罪。除原罪外,凡是违背上帝旨意的罪过即为"本罪"或"现犯罪"。所以凡是入教的人,必须先要经过洗礼,以赦免其人的"原罪"和"本罪"。洗礼时,可以把受洗者的全身或半身浸入水中施行"浸礼",也可以在受洗者的额上或头上洒水或滴水施行"注水洗礼"。

【释义】 现使用时除了保留其宗教含义外,还转义为初次接受锻炼或考验。

◎ 洗某人的头

【溯源】 在古希腊和古罗马,人们犯了过失的时候,便自行洗头或奉祭司之命去洗头,以求得众神的宽恕。洗头时最好用海水,没有海水也可以用河水或泉水。古罗马的妇女尤甚,即使犯了小小的过失,她们也要去台伯河洗三次头。

【释义】 意为告诫某人,或严厉训斥某人。

◎ 洗手

【溯源】 源自《圣经·新约·马太福音》。"洗手"是古犹太人、罗马人的一种宗教习俗,象征执法的法官公正廉洁。耶稣被犹大出卖后,当权者无权执行判决,便将耶稣押交给罗马驻犹太总督彼拉多。彼拉多查不出耶稣的罪过,见他是加利利人,就将他转给管辖加利利的希律王。希律王戏弄完耶稣,又将他转给彼拉多。彼拉多迫于祭司长和民间长老的要求,为了避免发生暴乱,只好违心下令处死耶稣。彼拉多拿水在众人面前洗手,说道:"流这义人的血,罪不在我,你们承当吧!"

【释义】 现用来表示与某人某事断绝关系,或推卸某种责任。

瞎子领瞎子

【溯源】 语出《圣经·新约·马太福音》。犹太的法利赛人和文士向耶稣指责其门徒违反古人的传统习俗,饭前不洗手。耶稣不以为然,反指责他们以古人传统为借口,违背上帝的诫命。耶稣认为入口的不能污秽人,出口的才能污秽人。法利赛人不服耶稣的话,耶稣说道:"凡栽种的物,若不是我天父栽种的,必要拔出来。任凭他们罢!他们是瞎眼领路的。若是瞎子领瞎子,两个人都要掉在坑里。"并接着向门徒解释说:"你们到如今还不明白吗?岂不知凡入口的,是运到肚子里,又落在茅厕里。唯独出口的,是发自内心,这才污秽人。因为从心发出的有恶念、凶杀、奸淫、苟合、偷盗、妄证、谤谤,这些都是污秽人的。至于不洗手吃饭,那却不污秽人。"

【释义】 喻指外行人引领外行人,误人误己。

下猫狗雨

【溯源】 在斯堪的纳维亚神话中,猫被视为具有能够影响天气的巨大魔力的神物,驾乘暴风雨的女巫便化作猫形,所以猫常被作为倾盆大雨的象征。狗同狼一样,是众神之父和风神的圣兽,于是被视为风的象征。

【释义】 在现代英语口语中,指代倾盆大雨、暴风骤雨。

下士的寡妇自己打自己

【溯源】 源自俄国作家果戈理的讽刺喜剧《钦差大臣》。某市的市长是个昏官,当他得知钦差大臣要前来微服私访时,不由得为自己所做的那些敲诈勒索、贪赃枉法的事担心,而且他还打过一个下士的寡妇。所以当他见到假冒的"钦差大臣"时,吓得不打自招,说下士的寡妇造谣说被他打过。后来,他得知下士的寡妇前来向"钦差大臣"告状,就为自己辩护说:"下士的寡妇在您面前谎告,说我打她。她这是血口喷人,真的,血口喷人!她自己把自己打了。"

【释义】 喻指不打自招、欲盖弥彰。

夏天落雪

【溯源】 语出《圣经·旧约·箴言》。原文为:"夏天落雪,收割时下雨,都不相宜,愚昧人得尊荣也是如此。"夏天落雪是反常的自然现象,收割时下雨会给农民带来麻烦和损失,《箴言》以此比喻愚昧无知的人不配受到尊敬和获得荣誉。

【释义】 喻指违背常理的事物或现象。

◎ 夏娃

【溯源】 《圣经》中人类始祖亚当的妻子。上帝创造亚当后,觉得他独居很孤单,便取了他的一根肋骨造成女人,作为他的配偶,就是夏娃,两个人幸福地生活在伊甸园里。后来夏娃因为好奇,在蛇的诱惑下,与亚当摘食了禁果,使上帝发怒惩戒他们,将他们逐出伊甸园。

【释义】 常用来比喻好奇的女人或赤裸的女人。

◎ 先要和他吃掉一舍非尔盐

【溯源】 德语成语。舍非尔是德国古老的计量单位,每一舍非尔约在三十至三百升之间,因此要吃掉一舍非尔盐绝非易事,而且人体每天能接受的盐分有限,食用过多会损害身体,所以合吃掉一舍非尔盐的人,必然是共同生活了很长时间的人,彼此有相当程度的了解。

【释义】 喻指想要真正了解一个人,必须要与之生活一段时间。

◎ 现在时钟敲了十三下

【溯源】 德语成语,源自《圣经》中关于耶稣受难的传说。耶稣和十二位门徒共十三人在享用"最后的晚餐"后,就被门徒犹大出卖给犹太当局,钉十字架而死。从此,十三便被视为不吉利的数字,认为它会带来厄运。例如西方计数单位的一打是十二个,如果碰到一打是十三个,则认为是不祥的"魔鬼的一打"。

【释义】 用来表示没预料到,很惊讶。

◎ 香格里拉

【溯源】 英国作家詹姆斯·希尔顿在他所著的《失去的地平线》一书中,写到了一个叫香格里拉的地方。这个地方在中国西部的群山中,那里的人们与世隔绝,过着和平、宁静、悠闲的幸福生活,而且永远青春不老。如果离开这个地方,人就会很快衰老。

【释义】 现常用来指代美好的幸福之地。

◎ 想逮人的人反倒被人逮住

【溯源】 源自法国拉封丹的寓言诗《老鼠和牡蛎》。有只老鼠出外远游,离开自己常年居住的地方,它感到世界十分辽阔广大。几天后,它在海边看到许多牡蛎,以为是看到了大船。正好有只牡蛎张开了贝壳,在阳光下美美地品尝着新鲜空气。这只牡蛎看上去无比的鲜美,使老鼠不由得垂涎三尺,走向那只牡蛎,便伸长脖子去咬。这时,牡蛎突然合上壳,紧紧夹住了这只无知又贪食的老鼠。作者借此嘲笑那些对世事毫无经验,见到点微不足道的事便惊奇不已的人,并指出:想逮人的人反倒被人逮住。

【释义】 比喻想做坏事的人先得到了报应。

象牙塔

【溯源】 源自十九世纪法国诗人、文艺批评家圣佩韦·查理·奥古斯丁的书函《致维尔曼》。奥古斯丁批评同时代的法国作家维尼作品中的悲观消极情绪,主张作家从庸俗的资产阶级现实中超脱出来,进入一种主观幻想的艺术天地——象牙之塔。

【释义】 被用来比喻与世隔绝的梦幻境地,现也有人把大学说成是"象牙塔"。

像奥布尔人那样死去

【溯源】 源自古罗斯编年史《往年纪事》。大约在六世纪,奥布尔人征服了斯拉夫人的一个部族杜列布人,并千方百计地虐待和蹂躏杜列布人。上帝知道后大怒,下令杀灭奥布尔人,把奥布尔人杀得一个不剩。因此至今还流传着一句谚语:像奥布尔人那样死去,没有部族,没有后代。

【释义】 比喻人或事物消失得无影无踪,或彻底灭亡。

像白狼一样有名

【溯源】 在法国旧时的民间,传说法国的狼是黑里夹深灰的颜色,西伯利亚的狼却是很浅的颜色。每当冬季来临,西伯利亚的狼便迁到法国过冬,使人们谈狼色变。可是,即使这些狼很有名,却没有人见过这些狼,人们只是凭想象认为它们一定是白颜色的、非常可怕的白狼。"像白狼一样有名"即由此而来。

【释义】 常用来喻指某人非常有名气。

像被塔兰托毒蛛蛰了一样

【溯源】 塔兰托毒蛛属狼蛛科,生活在洞穴中,大约有 2.5 厘米长,不织网,而是追捕猎物,对人体无危险。人们过去曾错误地认为,如果被它蛰后就会患塔兰托毒蛛病,患者又哭又跳,最后发展成歇斯底里的狂舞。"像被塔兰托毒蛛蛰了一样"即由此得来。

【释义】 形容某人突然惊跳起来。

像柴郡猫那样咧嘴傻笑

【溯源】 柴郡是英格兰西北部的一个郡，此语多认为源自英国作家刘易斯·卡罗尔的《爱丽丝漫游奇境记》。爱丽丝梦入奇境，来到一位公爵夫人家中。厨房正熬着放了很多胡椒的汤，强烈的辣味使房间里的人都一个劲儿地打喷嚏，只有猫若无其事地咧着嘴傻笑。爱丽丝感到很奇怪，便问公爵夫人说："您的那只猫为什么总是这样咧嘴笑？"公爵夫人回答说："因为这是只柴郡猫，所以才这样笑。"

【释义】 喻指咧着嘴巴、无缘无故傻笑的人。

像从镜子里偷来的

【溯源】 语出德国作家莱辛的《爱米丽雅·迦洛蒂》。意大利一个封建小国的统治者赫托勒公爵，看中了没落贵族沃多雅多的女儿爱米丽雅。一位画家受沃多雅多之托，为爱米丽雅画了幅肖像。当他拿着刚画好的肖像顺道来拜见赫托勒公爵时，公爵见到这幅肖像非常逼真，情不自禁地喊道："像从镜子里偷来的！"从此便对爱米丽雅更加日思夜想。荒淫无耻、专制残暴的赫托勒在爱米丽雅去参加婚礼的路上，派人杀死了她的未婚夫，并将她诱骗到自己的别墅，想把她占为己有。沃多雅多从被赫托勒抛弃的情妇那里，得知公爵救女儿的卑鄙意图后，就亲手杀死自己的女儿，保全了女儿的清白。

【释义】 形容与某人十分相像。

像戳在长矛上那样喊叫

【溯源】 长矛是古代常用的武器。在德国古代战争中交战的双方，失败方往往连孩子也难逃被杀戮的命运。获胜方会抓住孩子们，用长矛戳穿他们的身体，孩子们因为疼痛而发出凄厉的惨叫。

【释义】 形容因为一点小事就没命似的喊叫。

像冬天的草一样生长

【溯源】 德语成语。1502年，德国莱比锡大学一位神学研究者在论及德国神学研究的现况时说道："我们神学现在就像冬天里的草一样生长。"意思是神学研究正处于困境中，就像冬天里的草一样停止了生长。

【释义】 喻指某件事情进展极其缓慢。

像放在门后的长矛

【溯源】 长矛是古代欧洲常见的一种武器。在日常生活中，人们习惯将长矛放在门后,以便能够及时拿起武器,抵御进犯的敌人。

【释义】 喻指随手就可以拿到的东西,或随时都能提供服务。

🏵 像肥皂泡一样破灭

【溯源】 源自德国作家席勒的剧本《海盗》。卡尔因为弟弟弗朗茨的离间,被迫到森林中做了强盗。他妄图用反对律法来建立律法,带着强盗们打进宫中,弟弟弗朗茨自杀,父亲穆尔伯爵也气绝身亡。他的未婚妻爱米丽亚苦苦挽留卡尔,希望卡尔能放弃绿林生活,不再当强盗首领,在宫中开始新的生活。卡尔也想"丢弃杀人的棍棒",可强盗们却坚决让卡尔带领他们继续"前进",并指责卡尔说:"嘿,懦夫! 您那趾高气扬的计划哪去了? 不过是肥皂泡,被女人一吹就破灭!"

【释义】 喻指事物化为乌有,或计划、理想等无法实现。

🏵 像哈瑙人那样等待

【溯源】 源自第六次反法同盟联军同拿破仑一世进行的战争。1812年10月,双方在莱比锡城下进行决战,法军遭到失败后,向莱茵河方向撤退。巴伐利亚的魏莱特将军率领四万军队埋伏在哈瑙附近,企图等法军经过时予以痛击,截断拿破仑到莱茵河的退路。可是,在10月30日和31日两天的时间,魏莱特将军的军队被数倍于他们的法军打败。

【释义】 形容毫无把握的等待。

🏵 像海德堡大酒桶一样大

【溯源】 在德国海德堡宫殿的废墟内,有一只巨大的啤酒桶,可盛放十三万多升啤酒。想到这只卧放的巨型啤酒桶上面,得先爬二十七级木梯,然后再经过一座小桥才能到达桶的顶点。这只啤酒桶共围了二十四道巨型铁箍,桶上的标志是一只猫头鹰、一只猴子和一只没有舌头的狮子。

【释义】 喻指非常巨大,想象不到的大。

🏵 像猴子那样付钱

【溯源】 法国国王路易十四在位时曾颁布一条法令,凡是耍把戏杂技的人,尤其是耍猴的人,在通过塞纳河上的帕蒂桥时,可以免交过桥税。耍猴的人在过桥时要耍猴子,让猴子在征税处蹦蹦跳跳,做个鬼脸,装出付钱的样子就可以了。"像猴子那样付钱"一语即由此而来。

【释义】 比喻用空话或甜言蜜语敷衍债主,根本不打算还债。

像霍恩贝格放炮那样熄火

【溯源】 源自德国一则民间笑话。在黑森林中有座小城叫霍恩贝格,有一次,施瓦本公爵要前来访问,市民们听说后激动万分。他们将古代的大炮搬到山上,买了一桶火药,准备用隆隆的礼炮声欢迎公爵的到来。公爵到来那天,人们一大早就在山顶开始忙碌,把火药装入擦得锃亮的铜炮膛内,炮手们也精神抖数地伫立一旁,做好随时燃放礼炮的准备。当太阳把大家晒得汗如雨下时,公爵的车队终于姗姗而来,隆隆的礼炮声欢天喜地响起来,圆满地完成了欢迎公爵的任务。可当人们到山下一看,他们迎接的只是公爵派出的先遣队,公爵本人则过了些时间才悄悄地进了小城。

【释义】 形容雷声大雨点小,徒劳无功地空忙一场。

像基尔肯尼的猫一样打斗

【溯源】 1798 年 5 月,爱尔兰人联合会为争取民族独立,举行武装起义。有支德国黑森人组成的雇佣军,奉英国殖民当局的命令,前来镇压起义。有一天,几个无聊的士兵将两只猫的尾巴系在一起,然后用布条逗引它们互相撕打。当军官听到喧闹声过来制止时,一个士兵连忙挥刀斩断了猫尾巴,两只猫痛得飞也似地逃跑了。军官到达现场,没见到猫,只见到两根血淋淋的猫尾巴。士兵解释说:"两只猫刚才斗得很凶,你吃我一口,我咬你一口,直到吃得只剩下各自的尾巴了。"

【释义】 常用来谑指斗得两败俱伤或同归于尽。

像叫卖酸啤酒

【溯源】 德语成语。德国人素以善饮啤酒闻名于世,德国的啤酒酿造业也十分发达。在中世纪的德国,不仅酿造商和酒店酿制啤酒,每个家庭几乎都自酿啤酒。有时由于酿制过多,放置时间过长,导致啤酒变酸,因此在新酒酿成上市之前,要先想尽办法把味道变酸的陈酒兜售出去。

【释义】 喻指贩卖滞销的商品,或给大龄姑娘介绍对象等事。

像来自丛林的齐顿

【溯源】 齐顿(1699~1786)是欧洲七年战争期间普鲁士轻骑兵的元帅,以擅长突袭战术闻名。他常常命令轻骑兵埋伏在丛林后面,然后向敌军发起突然袭击,以这种突袭战术在七年战争中屡屡获胜,他的名字及其战术被广为传播,深入人心,被称为"来自丛林的齐顿"。

【释义】 喻指突然出现的人或事物。

◎ 像诺曼底人那样答话

【溯源】 诺曼底是古代法国北部的一个行省。诺曼底人自古就以计谋和谨慎著称。他们在回答问题时,常常含糊其辞、模棱两可,既不表示肯定,也不表示否定,让人摸不清头脑,所以"诺曼底人的答话"与"不置可否"同义。

【释义】 表示态度不明朗,不表明自己真实的想法和意见。

◎ 像热面包那样畅销

【溯源】 德语成语。面包是德国人的主食之一,除了自家焙烤外,多向市场购买。刚出炉的面包松软香甜,飘着浓浓的奶油香气,非常受欢迎,往往被在旁等候的顾客抢购一空。

【释义】 喻指某种商品销售得十分快,也用来指代即将出阁的闺女。

◎ 像受难的灵魂在游荡

【溯源】 在宗教传说中认为,犯有大罪的人死后,灵魂会被投入烈火熊熊的地狱受无休止的惩罚;罪过不大或罪已赦免但需要做完补赎的人死后,其灵魂既不能升入天堂,也不必下地狱,而是被置于炼狱中暂时受苦,待炼净罪过,做完补赎,便可升入天堂。"像受难的灵魂在游荡"一语即由此而来。

【释义】 现用来形容精神上极度不安或非常痛苦的人。

◎ 像修士等候院长

【溯源】 法语成语。在旧时欧洲的修道院有个规矩:修士们必须等院长到来后才可以就餐。但是,如果开饭的钟声已经响过,就可以不必等候院长,可自行进入餐厅开始用餐。

【释义】 常在宴会中等候未按时赴约的某位客人时使用,喻指不必再等。

◎ 像杨树叶一样颤抖

【溯源】 杨树叶会在微风的吹拂下不住地颤抖,而且叶柄可随风旋转。据德国上法耳次地区的传说,耶稣被钉上十字架时,杨柳是唯一无动于衷的树。上帝为了惩罚它,便使它永远处于不安宁的状态。

【释义】 形容非常剧烈地颤动。

◎ 像夜间的贼一样

【溯源】 语出《圣经·新约·帖撒罗尼迦前书》。使徒保罗在写给帖撒罗尼迦的基督徒的信中,劝勉信徒要保持警醒和戒备,随时准备迎接基督的到来。他写道:"弟兄们,论到时候日期,不用写信给你们,因为你们自己明明晓得,主的日子来到,好像夜间的贼一样。"

【释义】 喻指突然的、出乎意料的、不知不觉的。

◎ 像一根红线贯穿着

【溯源】 1796 年,英国海军部发布命令,规定英国海军使用的绳索,无论粗细,在制作时都要加一股红线贯穿始终。如果不把绳子拆开,便无法抽出这根红线。所以,即使极短的绳子,也能很容易认出是英国海军的绳索。

【释义】 喻指贯穿某部作品、某种理论或某种行为的主导思想。

◎ 向鹿报仇的马

【溯源】 源自法国作家拉封丹的寓言诗《一匹要向鹿报仇的马》。在很久以前,人类并不知道马能帮助干活,马、驴、骡都生活在森林里。有匹马和奔跑如飞的鹿发生了争执,马追不上鹿,便向人求援。人给马套上马辔,一刻不停地追赶鹿。就这样,人知道了马的用处,在事后留下马,给它盖马厩、备饲料,于是马悔之晚矣,只能套着辔头,终日劳作。

【释义】 比喻因小失大、小不忍则乱大谋。

◎ 向四面墙啼叫

【溯源】 早在 1300 年,就有幅画描绘了古代德国的一种法律习俗。在德国,四面墙表示房屋、住宅,象征着家庭财产。婴儿出世后,大人要抱着他,让他向着四面墙哇哇啼哭,以此声明他已来到人间,并且是财产的合法继承人。邻居们听到孩子的哭声后,就可以出庭,对此作证。

【释义】 现用来证实自己有生命力和能力。

◎ 向月亮狂吠

【溯源】 德语成语,源于德国作家武斯特曼编纂的寓言集中的《哈巴狗和月亮》。有只胖墩墩的哈巴狗在月光下溜达到水沟边,它想纵身跳过去,没想到却掉进了水沟。它不怪自己无能,却迁怒于月亮,对着月亮就狂吠起来,似乎是月亮使它成了落水狗。

【释义】 喻指徒劳无益地谩骂别人。

消失在活板门里

【溯源】 德语成语。活板门最早是古希腊剧场舞台上的一种机关。因剧情需要，舞台上要经常撤换道具和布景，为了节约时间，布景可直接降入舞台上的活板门里。而且为了增强演出效果，剧中人物尤其是为了救苦救难而出现的角色，常常通过活板门突然出现在舞台上，并能转瞬即逝。

【释义】 喻指突然消失得无影无踪。

小老好人还活着

【溯源】 法语成语，源自旧时法国民间流行的一种传火游戏。参加游戏的人围成一圈，相互传递一个燃烧的纸卷。接到纸卷者必须立即往下传，同时说一句"小老好人还活着！"。最后，纸卷在谁的手里熄灭了，谁就得受罚。

【释义】 用来表示自己或某人还活着、还健在。

小绳子在路上也用得着

【溯源】 语出俄国作家果戈理的讽刺喜剧《钦差大臣》。赫列斯塔科夫是彼得堡的一位十四品文官，在路过某市时，被该市市长错当做前来微服私访的"钦差大臣"，受到百般奉承和热情款待。他将错就错，接受市里官员和商人的贿赂。他的仆人奥西普担心主人的骗局被揭穿，劝主人赶快溜走。这时，一群商人来向赫列斯塔科夫告市长的状，还带了一篮子酒和糖贿赂他。赫列斯塔科夫假惺惺地表示他不收任何贿赂，只想向商人们借钱。商人们给他钱后，请他把糖也一并收下，他却再次声明不收任何贿赂。站在一旁的奥西普对主人说道："大人阁下，您为什么不收？收下吧！路上什么都用得着，糖和口袋交给我！所有的东西都交给我！随便什么东西都有用处。那是什么？一根小绳子？小绳子也给我！小绳子在路上也用得着。马车坏了，或是出了什么别的事，可以用绳子来捆。"

【释义】 讽喻受贿者巨细皆收、来者不拒的贪婪。

小箱子本来很容易打开

【溯源】 源自俄国作家克雷洛夫的寓言《小箱子》。有人拿来只小巧玲珑、惹人喜爱的箱子。一个自作聪明的工匠见到后，认为小箱子没有装锁，一定有秘密机关，并吹嘘说自己能把箱子打开。他拿起箱子，翻过来，转过去，一会儿按按钉子，一会儿摸摸把手，摆弄了半天，忙得满头大汗也没能打开，只好离箱而去。其实小箱子没有什么机关，很容易就能打开。作者评论道："有时我们会干傻事，原本简单的事情，偏要去故弄玄虚;动手就能解决的事情,偏要去绞尽脑汁。"

【释义】 表示不要绞尽脑汁用复杂的办法,去解决原本就很简单的问题。

⊛ 小鱼是会长大的

【溯源】 语出法国作家拉封丹的寓言诗《小鱼和渔夫》。原文为:"小鱼是会长大的,只要老天爷让它活下去。但要是把它放了再等着它,据我看这也真是个大傻瓜,因为实在没有把握再能逮住它。"

【释义】 用来说明再弱小的事物,也总有一天会变强大。

⊛ 写在耳朵后面

【溯源】 古代德国人在签订合同、划分边界时,不以书面契约为证据。他们相信孩子的记忆,让孩子做证人,来记住有关内容。为了使孩子牢记不忘,他们时不时就捏捏孩子的耳朵,甚至有时打孩子几个耳光。可年幼的孩子对这种事情根本没有兴趣,当事的成年人便把有关事项写在孩子的耳朵后面,让孩子永志不忘。

【释义】 喻指牢记不忘,永远铭记在心。

⊛ 心掉在裤子里

【溯源】 德语成语。在十八世纪争夺欧洲和殖民地霸权的斗争中,弱小的波兰曾三次被俄国、普鲁士、奥地利瓜分,在欧洲地图上一度消失,并成为人们嘲讽的对象。德国瓦尔特堡的大学生曾把一个握着军棍,留着长辫,身穿紧身胸衣的波兰骑兵模型扔进火里焚烧,还唱着:"有个英勇健壮的波兰骑兵,身穿紧身胸衣,为的是充作好汉,不让心掉在裤子里。"

【释义】 形容受到惊吓,吓得魂不附体。

⊛ 心灵的主宰

【溯源】 语出俄国诗人普希金的诗歌《致大海》。诗人通过对大海的讴歌,倾诉了对自由的热爱和向往,又由大海想到为自由献身的英雄拿破仑和拜伦,表达了对他们的赞颂和倾慕:"一面峭壁,一个光荣的坟墓……那里,种种伟大的回忆已在寒冷的梦里沉浸,啊,是拿破仑熄灭在那里。他已经在苦恼里长眠,紧随着他,另一个天才,像风暴之声驰过我们面前,啊,我们心灵的另一个主宰。"

【释义】 常用来赞誉对同时代人的思想产生巨大影响的杰出人物。

⊛ 新大陆

【溯源】 十六世纪前西欧对美洲的称呼。1492 年 8 月,意大利航海家哥伦布为寻找向西航行到亚洲印度的航路,率领船队横渡大西洋,于当年 10 月抵达巴哈马群岛,又航行至古巴、海地等岛。后又经过三次西行,到达列斯群岛、牙买加岛、特立尼达以及中南美的加勒比海沿岸。这是欧洲人第一次发现的新世界的土地,所以称为"新大陆"。

【释义】 喻指发现他人没有发现的新事物。

◈ 新的房子 旧的脑筋

【溯源】 语出俄国作家格里鲍耶陀夫的喜剧《智慧的痛苦》。官僚贵族法穆索夫向沙俄军官斯卡洛茹勃吹嘘莫斯科贵族腐朽、糜烂的生活,并赞扬莫斯科是一座难得的京城。斯卡洛茹勃也附和说一场大火使莫斯科更加美丽了。法穆索夫更得意地鼓吹大火过后,街道和房屋全部是新的格局。这时,恰茨基在旁边尖锐地指出说:"新的房屋,旧的脑筋。放心吧,无论是时间的流逝、格局的翻新,还是熊熊的大火,都改换不了这陈旧的脑筋。"

【释义】 比喻表面上虽然改变,实质上还是老一套。

◈ 信心没有行为就是死的

【溯源】 语出《圣经·新约·雅各书》。雅各在写给侨居各地的犹太十二部族的书信中说道:"我的弟兄们,如果有人说自己有信心,却没有行为,有什么益处呢? 这信心能救他吗? 若是弟兄或姐妹赤身露体,又缺了日用的饮食,你们中间有人对他们说'平平安安地去罢,愿你们穿得暖,吃得饱',却不给他们身体所需用的,这有什么益处呢?这样,信心若没有行为就是死的。"在这里,"信心"指对上帝和基督的信仰,这段话的意思是仅有信仰而缺乏实践信仰的行动,无法获得基督的救赎和上帝的恩惠。

【释义】 用来说明理想和信念必须要与实际行动相一致。

◈ 信心能移大山

【溯源】 源自《圣经·新约·马太福音》。耶稣的门徒问耶稣,他们为什么不能驱除病魔。耶稣回答他们说:"是因为你们的信心小。我实在告诉你们,你们若有信心像一粒芥菜种,就是对这座山说'你从这边挪到那边',它也必移去,并且你们没有一件不能做的事了。"

【释义】 原指宗教信仰的重要和所具有的伟大能力,现用来喻指只要有信心,就能克服一切困难。

☺ 信者得福

【溯源】 语出《圣经·新约·约翰福音》。耶稣复活后,他的十二使徒之一多马因没与其他使徒在一起看见耶稣,因而不信。八天以后,耶稣又在他们中间显现,对多马说道:"伸过你的指头来,摸我的手;伸出你的手来探入我的肋旁,不要疑惑,总要信。"多马惊呼道:"我的主,我的上帝。"耶稣又对他说:"你因看见了我才信,那没有看见就信的,有福了。"

【释义】 指因坚信某种信仰或信任某人而获得恩惠。

☺ 星期五

【溯源】 英国作家笛福的长篇小说《鲁滨孙漂流记》中的人物。主人公鲁滨孙从一群食人族的手中救下一个俘虏,因为那天正好是星期五,鲁滨孙就用"星期五"作为他的名字。从此,星期五就成了鲁滨孙忠实的仆人兼朋友,他很快就学会了讲英语,还帮助鲁滨孙救出其他的白人和自己的父亲,最后随鲁滨孙回到了英国。

【释义】 指代可靠的助手、得力的雇员、忠实的仆人。

☺ 幸福曾经是这样可望而又可及

【溯源】 语出俄国诗人普希金的诗体小说《叶甫盖尼·奥涅金》。贵族青年奥涅金错把真挚的爱情看作是上流社会小姐的卖弄风骚,因此拒绝了达吉雅娜小姐的爱情。几年后,达吉雅娜已成为众人倾慕的将军夫人,他们在彼得堡重逢后,奥涅金在虚荣心的驱使下,疯狂追求她,想征服这位"难以接近的女神"。达吉雅娜表面上对奥涅金的追求无动于衷,内心却思绪万千。奥涅金当年的拒绝在她心里造成了很深的创伤,而且她已经嫁为人妇,道德和地位已经在他们之间竖起不可逾越的障碍,因此尽管她依然爱着奥涅金,还是拒绝了他,对他说道:"幸福消失了,但它曾经是那样可望而又可及!……而现在,我的命运已经注定。也许,这一切来得太突然,我不够谨慎。但年老的母亲流着泪哀求我,而且任何安排对可怜的达妮又有什么区别?于是我结了婚。您应该——我请求您——立刻离开我。"

【释义】 表示对过去没能及时抓住本应得到的幸福而感到惋惜和懊悔。

☺ 幸福的人儿不看钟

【溯源】 语出俄国作家格里鲍耶陀夫的喜剧《智慧的痛苦》。贵族官僚法穆索夫的女儿索菲娅看上了父亲的秘书莫尔恰林。有一天,他们在索菲娅的房间里聊了个通宵。女仆好不容易才把他们叫出来,让他们赶紧分开,免得被家里人发现,并说自己见老爷过来时都吓呆了。索菲娅答道：“幸福的人儿不看钟。”

【释义】 用来形容沉浸在幸福之中的人，常常忽视了时间的流逝。

🟤 凶恶的七

【溯源】 在十五世纪德国的纸牌游戏中，“七”是张画着鬼怪形象的王牌，可以吃掉其他所有的牌，包括国王、教皇、主教。后来，统治者们认为这样有损于自己的形象和统治，就决定“召魔驱鬼”，用破口大骂的泼妇漫画像，替换了纸牌上的鬼怪形象，“凶恶的七”一语即由此而来。

【释义】 用来指代没有修养的恶妇和泼妇。

🟤 熊的效劳

【溯源】 源自俄国作家克雷洛夫的寓言《隐士与熊》。有个离群索居的隐士，因为寂寞与一头大熊成了形影不离的莫逆之交。在一个热天，他们一起出游。隐士没有大熊强健，后来就累得再也走不动了。大熊让隐士躺下好好睡一觉，自己在旁边为他看守。隐士躺下后很快就进入梦乡，大熊在旁边不断地用爪子赶走落在朋友头上的苍蝇，可讨厌的苍蝇被赶跑又飞回来，使大熊非常烦躁。它决定用石头将苍蝇砸烂，于是抓起块大石头，当苍蝇又落在隐士头上时，便用力地砸了下去，可怜的隐士在梦里就一命呜呼了。

【释义】 比喻不恰当的效劳不但没有益处，往往还会带来一定的危害。

🟤 熊市

【溯源】 源自法国作家拉封丹的寓言诗《熊和两个伙伴》。有两个手头很紧的伙伴向他们的邻居兜售熊皮，可这张熊皮还长在活熊的身上，他们许诺会很快地杀死这只熊。因为他们卖的是尚未拥有的东西，因此被人们戏称为“卖熊皮的人”或直呼为“熊”，而做空头买卖的市场就被称为“熊市”。

【释义】 现成为股票市场和实物市场的用语。

🟤 熊与茶炊

【溯源】 传说在古时俄国东北部的勘察加半岛上，有头硕大而凶猛的黑熊闯进一间草棚。草棚里炉火熊熊，上面的茶炊飘出阵阵的清香。黑熊循着茶香嗅过去，鼻子正巧触在滚热的茶炊上，烫得它叫了起来。于是黑熊怒火中烧，一把抓过茶炊，将它紧紧贴压在胸前想像平时对付敌人那样，把这个可恶的茶炊压扁。谁料到，热茶炊不但没有被压扁，反将黑熊的胸脯烫得更加痛楚难忍，大声嗥叫起来。周围的邻居听到声音,围过来将黑熊击毙。

【释义】 讽喻因不理智的盛怒而使自己遭到伤害。

◎ 许德拉

【溯源】 古希腊神话传说中阿耳戈斯的勒耳那沼泽里的一条九头怪蛇,常常爬到岸上伤害人畜,毁坏庄稼。许德拉的九个头中,有一个头永生不死,另外八个头被砍掉后还能长出新头。后来,大英雄赫剌克勒斯在车夫的帮助下,用点燃的树枝烧灼蛇头,使它长不出新头,最后砍下它那颗不死的头,将它埋在路边,用石头镇住。

【释义】 喻指非常难对付的敌对势力。

◎ 许墨奈俄斯

【溯源】 古希腊罗马神话中的婚姻之神,阿波罗与一位缪斯女神的儿子。许墨奈俄斯是个英俊的少年,手执火炬,颈戴鲜花项圈。传说他从海盗手中救出几位姑娘,其中有位姑娘得到了他的爱恋,并与他结为夫妻,幸福恩爱地生活在一起。由于他们幸福美满的婚姻生活,使人们都在结婚时,向他祈求婚姻的幸福。

【释义】 代指婚姻、喜结良缘。

◎ 寻城的人

【溯源】 源自《圣经·新约·希伯来书》。原文为:"我们在这里没有长存的城,乃是寻求那将来的城。"在这里,"将来的城"指天国,"寻城的人"便指遵守教规者的引路人。

【释义】 现用来喻指寻求真理、光明或幸福的人。

🐉 押沙龙的头发

【溯源】 源自《圣经·旧约·撒母耳记下》。押沙龙是以色列国王大卫的儿子,是全以色列最俊美的男子,从头到脚,全身无一处斑疵,深得人们的称赞。押沙龙长着又长又密的头发,每年要修剪一次,剪下来的头发足有两公斤重,非常令人羡慕。因为同父异母的兄弟暗嫩奸污了押沙龙的妹妹他玛,押沙龙将他杀死后逃走。押沙龙被召回后,便募集人马策划叛变夺取王位。有一天,押沙龙率领的以色列人被大卫的军队在森林里打败,死伤很惨重。押沙龙骑着骡子经过一棵大橡树时,他的头发不幸被树枝缠住,骡子跑开,他被挂在了树上。大卫的元帅约押赶到,违背大卫不得伤害押沙龙的命令,用三支标枪刺进押沙龙的胸膛,将他杀死,把尸体扔进树林里的一个大坑,并在上面压了一大堆石头。

【释义】 比喻俊美的人却因俊美所害。

🐉 雅各的梯子

【溯源】 源自《圣经·旧约·创世记》。雅各骗取了兄长以扫的长子继承权和父亲以撒的祝福后,被以扫恨之入骨,想要杀他。于是,父母让雅各逃到娘舅家去,并在娘舅的女儿中选一个做妻子,等以扫怒气消了再回来。雅各在途中走到一个地方,因为天快黑了,就拣块石头枕在头下,就地躺下睡了。他梦见有个梯子立在地上,梯子直入云霄,上帝的使者在梯子上走上走下。耶和华站在梯子上对他说:"我是耶和华,你祖亚伯拉罕的上帝,也是以撒的上帝。我要将你现在所躺卧之地赐给你和你的后裔。你的后裔必像地上的尘沙那样多,必向东西南北开展,地上万族必因你和你的后裔得福。我也与你同在,你无论往哪里去,我必保佑你,领你归回这地,总不离弃你,直到我成全了向你应许的。"

【释义】 原指雅各在梦中见到的通天的梯子,象征与上帝间心灵上的相通。现用来喻指通往幸福的道路。

◎ 雅歌

【溯源】《圣经·旧约全书》中的一卷,原意为"歌中之歌",意即最高雅的歌。全卷共八章,采用情侣对话的形式,体现了男女间热恋的心情。犹太人认为《雅歌》描写的是上帝和他的子民的关系,基督教则认为描写的是基督和教会的关系。《雅歌》因其高度的艺术成就而使篇名成为成语。

【释义】 用来赞誉伟大的作品和最优秀的杰作。

◎ 雅尔纳克的一剑

【溯源】 1547 年,在法国发生了最后一次经国王批准的决斗。雅尔纳克男爵继承的产业不多,却整天挥霍无度,处处炫耀,使人怀疑他的经济来源。他的朋友、国王的宠臣夏泰涅雷在与人闲谈时透露说,雅尔纳克的钱是岳母给的,因为岳母对他"满怀温情"。雅尔纳克听说后觉得自己受到了侮辱,为了维护自己的名誉,与夏泰涅雷进行决斗。在决斗中,虽然雅尔纳克因长时间发烧,身体十分虚弱,仍然出其不意地在夏泰涅雷的腿弯处刺了一剑,并表示到此为止,不会结束对方的性命。可夏泰涅雷深感无颜见人,愤怒地撕去伤口上的绷带,三天后死去。

【释义】 指代"致命的一剑",或喻指暗箭伤人。

◎ 雅努斯

【溯源】 又译为"伊阿诺斯",古罗马神话中的两面神。雅努斯有两副面孔,一副是老年人回顾过去的面孔,一副是青年人瞩望未来的面孔。他的标志是钥匙和手杖。他的右手上刻着数字三百,左手上刻着数字六十五,合在一起就是一年的天数。

【释义】 因雅努斯的两副面孔,这个名字逐渐转义为两面派、伪君子的代名词。

◎ 亚伯拉罕的怀抱

【溯源】 源自《圣经·新约·路加福音》。有一位天天过着奢侈生活的财主和一位叫拉撒路的乞丐死了。财主在阴间受着痛苦的折磨,他举目望见亚伯拉罕,又望见拉撒路竟然在亚伯拉罕的怀抱里,就喊起来:"我祖亚伯拉罕哪,可怜我吧,请打发拉撒路过来,用手指尖蘸点水凉凉我的舌头吧,我在这火焰里极其痛苦。"亚伯拉罕说道:"儿啊,你生前享尽福,拉撒路却受过苦,所以现在你们相反。而且在你我之间有深渊隔阻,彼此都无法逾越。"财主说:"那求你打发拉撒路到我的五个弟兄那里去做个见证,免得他们死后也到这里来受苦。"亚伯拉罕说:"他们可以听从摩西和先知的话。"财主说:"我祖亚伯拉罕啊,如果有个从死里复活的人到他们那里,才有说服力啊！"亚伯拉罕说："如果不听从摩西和先知的话，就算有个从死里复活的人，他们依然不会听劝。"

【释义】 指与地狱相对的天堂。

亚伯拉罕人

【溯源】 在英国的都铎王朝和斯图亚特王朝时代，伦敦伯利恒皇家医院有个"亚伯拉罕"病区，该区主要收治精神病患者，是欧洲第一个精神病防治机构。该区患者被称为"亚伯拉罕人"，他们并无危害行为，所以医院允许他们外出。他们穿着带有标志的患者服在街上游荡，还时常向行人讨要食物。于是，一些游手好闲、懒惰成性的人便装扮成亚伯拉罕病区的精神病人，到处行乞度日，甚至有些狡诈的窃贼也混杂其中，在乞讨时干些顺手牵羊的勾当。

【释义】 喻指装病逃避工作的人。

亚当

【溯源】 《圣经》中的人物。上帝在创世的第六天，按照自己的形象和样式，用地上的尘土造人，将生气吹在他的鼻孔里，就成了有生命和灵气的活人，并为他取名亚当。后来，上帝又从亚当身上取出一根肋骨，造成一个女人，做了亚当的妻子，然后将他们置于伊甸园，过着无忧无虑的生活。

【释义】 代指人类的始祖。

亚当吃下的禁果

【溯源】 亚当和夏娃在伊甸园里幸福地生活着，谨遵上帝的禁令，不去采摘知善恶树上的果子。后来，夏娃禁不住蛇的诱惑，摘下禁果与亚当同食，后被上帝惩罚，赶出伊甸园。据传，男人的喉结便是卡在亚当喉咙里的禁果。

【释义】 喻指男人的喉结。

亚当之子

【溯源】 亚当是《圣经》传说中人类的始祖，人世间第一个男人。据记载，亚当之子应该是亚当与夏娃所生的该隐与亚伯，但后世变成为对男人的戏称。

【释义】 指代男人或泛指人类。

亚历山大

【溯源】 亚历山大(公元前 356 年 7 月 20 日~前 323 年 6 月 10 日)是古代马其顿国王，生于马其顿王国首都派拉城，曾师从古希腊著名学者亚里士多德，是世界历史上著名的军事家和政治家。他十八岁随父出征,二十岁继承王位,在担任马其顿国王的短短十三年中,以其雄才大略东征西讨,在横跨欧、亚的辽阔土地上,建立起一个西起古希腊、马其顿,东到印度恒河流域,南临尼罗河第一瀑布,北至药杀水的以巴比伦为首都的疆域广阔的国家,创下了前无古人的辉煌业绩。

【释义】 指代无往不胜的征服者或杰出的军事家。

亚历山大与海盗

【溯源】 据十四世纪的拉丁文故事集《罗马人传奇》记载,有一次,亚历山大捕获了一位颇有名气的海盗,质问他为何胆大包天,骚扰四海。海盗面无惧色,镇定自若地回答道:"那么你为什么胆敢劫掠天下? 其实我们两个人是一样的,只不过我单靠一条小舟在海上做强人,你带着千军万马以武力征服诸国,所以被奉为帝王罢了。"海盗的这番话令亚历山大无言以对,他非常欣赏这位海盗的勇气和机智,便封他为诸侯,让他做了一名执法官。

【释义】 喻指彼此是同类,没有什么差别。

亚伦的口才

【溯源】 源自《圣经·旧约·出埃及记》。上帝让摩西率领以色列人逃出埃及时,摩西认为自己是个微不足道的人,难以担此重任,说道:"主啊,我素日不是能言的人,就是从你对仆人说话以后也是这样,我本是拙口笨舌的。主啊,你愿意打发谁,就打发谁去罢!"耶和华发怒道:"不是有你的哥哥亚伦吗? 我知道他是能言的。我要赐你们口才,指教你们所当行的事。他要替你对百姓说话,你要以他当作口,他要以你当作上帝。"

【释义】 常用来比喻能言善辩、口才出众的人。

亚马西斯的戒指

【溯源】 公元六世纪时,爱琴海萨摩斯岛的僭主波利克拉特斯在东爱琴海上建立霸权,控制了爱奥尼亚群岛和大陆上的一些城镇。他拥有庞大的舰队,经常四处进行海盗活动,使希腊人极其痛恨他。尽管如此,他依然能事事如意,一帆风顺。埃及法老亚马西斯非常担心波利克拉特斯,他认为凡事过乎顺利,反倒是一种不祥之兆,就劝波利克拉特斯舍弃一件最心爱的宝物,以求神明护佑,消灾避祸。于是,波利克拉特斯将一枚极珍贵的宝石戒指扔进大海。没想到几天后,有个衣衫褴褛的渔夫送来一条鱼,御厨剖开鱼腹,竟然发现那枚戒指藏在里面。亚马西斯得知此事,认定是神灵暗示他们已经抛弃波利克拉特斯，不再护佑这位暴君，便与他断绝了往来。果然，在公元前 522 年左右，波利克拉特斯被萨迪斯的波斯总督诱去，钉死在十字架上。

【释义】　喻指无法逃脱的厄运。

亚拿尼亚

【溯源】　源自《圣经·新约·使徒行传》。耶稣死后，使徒们宣讲耶稣就是上帝的仆人，号召大家信奉耶稣基督，接受洗礼，忏悔罪过。教友们纷纷卖掉自己的田产和房屋，将所卖的钱财放在使徒脚前，按照个人所需用的分给各人。亚拿尼亚夫妇也加入了教会，变卖了田产，但却在私底下把所卖钱财留下几份，其余的由亚拿尼亚放到使徒脚前。彼得问他，为什么让撒旦魔鬼充满了他的心，使他前来哄骗圣灵，把田地的价银私自留下几份，并指责他在欺哄上帝。亚拿尼亚听完这话，就扑倒身亡。周围的人见了都很害怕，几个少年人将他包裹，抬出去埋葬了。过了几个小时，亚拿尼亚的妻子进来，彼得问她："你告诉我，你们卖田地的银价就是这些吗？"妇人回答是。彼得说："你们为什么同心试探主的灵呢？埋葬你丈夫之人的脚已到门口，他们也要把你抬出去。"语音刚落，那妇人便同丈夫一样扑倒身亡。那些少年见她死了，就抬出去，埋在她丈夫旁边。

【释义】　原指对教会事业有私心而受到惩罚的人，现也泛指对集体事业漠不关心、抱有私念的人。

压伤的苇杖

【溯源】　语出《圣经·旧约·以赛亚书》。希西家做犹太王的第十四年，亚述王西拿基立派元帅率领大军兵临耶路撒冷城下，要希西家投降。亚述元帅对前来谈判的犹太代表说："你们回去告诉希西家，他所依靠的有什么可信赖的呢？他说有打仗的计谋和能力，我看都不过是虚话。他所依靠的埃及就是那压伤的苇杖，倘若靠这杖，就会刺透他的手，埃及王法老向一切依靠他的人也是这样。"

【释义】　本意为用破裂的芦苇做的拐杖，喻指不可靠的人或物。

淹死在格拉潘的水塘里

【溯源】　法国歌谣作家马纽埃尔·德·库朗热(1633~1716)在回忆录中曾谈到一则趣事：两个农民为一口水塘的所有权发生了争执，便去法院打官司。其中一个农民叫格拉潘，他在接受法官的讯问时，被一些细节问题搞得昏头昏脑，不是回答不出来,就是前言不搭后语。最后,他又气又急地对法官说道:"对不起,先生们,我觉得我要淹死在格拉潘的水塘里了,我听从你们的判决。"

【释义】 表示谈话时思路突然中断,说出与谈话主题毫无关系的言语。

◎ 盐约

【溯源】 语出《圣经·旧约·民数记》。以色列人逃出埃及后,上帝指令亚伦担任祭司,并说明了祭司应得之物:"凡以色列人所献给耶和华圣物中的举祭,我都赐给你和你的儿女,当做永得的份。这是给你和你的后裔,在耶和华面前作为永远的盐约。"

【释义】 "盐"在这里是不可废坏的意思,"盐约"意为不可背弃的盟约。

◎ 演四鬼戏

【溯源】 法语成语。在十五世纪的法国。剧院里经常上演一种宗教神秘剧,剧中的角色都是神。与之相对应的是一种鬼戏,出场的是两个鬼或四个鬼。鬼在台上狂奔乱跑,做出种种矫揉造作的动作,嘴里发出嗥叫声,还喷吐着火焰,"演四鬼戏"一语即由此而来。

【释义】 形容大吵大闹、乱奔乱跑。

◎ 眼睛就是身上的灯

【溯源】 语出《圣经·新约·马太福音》。耶稣劝勉信徒要摈弃世俗的价值观念,选择天上的或灵性上的价值观念,他说道:"眼睛就是身上的灯,你的眼睛若明亮,全身就光明;你的眼睛若昏花,全身就黑暗。你里头的光若黑暗了,那黑暗是何等大呢!"这里的光指对上帝的信仰。心中有了上帝,有了对上帝的信仰,眼睛就会明亮如灯。

【释义】 在使用时意同"眼睛就是心灵的窗户"。

◎ 眼中的刺

【溯源】 语出《圣经·新约·马太福音》。耶稣在加利利传道时,对门徒说:"你们不要论断人,免得你们被论断。因为你们怎样论断人,也必怎样被论断。你们用什么量器量给人,人也必用什么量器量给你们。为什么看见你弟兄眼中有刺,却不想自己眼中有梁木呢?"

【释义】 比喻微小的错误、缺点和缺陷。

⊛ 宴席上的骷髅

【溯源】 古埃及人在举行宴会时，常在一处引人注目的位置摆放一具人体骷髅，意在警告人们，生活中虽然有许多欢乐的事情，但也存在着许多未知的忧患，平时要时刻保持着警惕，防患于未然。

【释义】 喻指能够提醒人们居安思危的事物，或在公共娱乐场合使人扫兴的事物。

⊛ 羊脂球

【溯源】 《羊脂球》是法国作家莫泊桑的短篇小说，描写了在普法战争期间，法国妓女艾丽萨贝特·鲁西的不幸遭遇。艾丽萨贝特·鲁西是个身材矮小的妙龄女郎，因为浑身滚圆，人们给她起了个绰号叫"羊脂球"。她丰满鲜润，令人垂涎，受人追逐。她为了大家牺牲自己，事后却被那些顾爱名誉的混帐人物所轻视，一腔爱国之心和自我牺牲精神被廉价出卖。

【释义】 比喻身材矮胖、容颜娇美的年轻女子。

⊛ 要爱你们的仇敌

【溯源】 语出《圣经·新约·马太福音》。耶稣登山训众时说道："你们都听过'以眼还眼，以牙还牙'，但我要告诉你们，不要与恶人作对。有人打你的右脸，连左脸也转过来由他打；有人想告你，要拿你的里衣，连外衣也由他拿去；有人强迫你走一里路，你就同他走二里；有求你的，就给他；有向你借贷的，不可推辞。你们都听过'爱你的邻舍，恨你的仇敌'。只是我告诉你们，要爱你们的仇敌，为那逼迫你们的祷告。"

【释义】 表示要宽恕别人，宽宏大量。

⊛ 要叫孩子真名

【溯源】 德语成语，源自古代对非婚生子女的法律和道德偏见。在古代德国，婚外受孕的妇女和非婚生子女都会受到歧视和侮辱，因而常导致杀婴现象的发生。即使存活下来的孩子，也得不到法律的保护和社会的承认，甚至连真正的名字都没有，被母亲称为侄儿、侄女儿或外甥、外甥女，"要叫孩子真名"一语即由此而来。

【释义】 转义为要直言不讳、直截了当地说话。

⊛ 耶利哥城墙

【溯源】 源自《圣经·旧约·约书亚记》。以色列人在摩西及其继承人约书亚的率领下逃出埃及后,在途经巴勒斯坦时,必须要攻占耶利哥城。可是,耶利哥城墙非常坚固,一时难以摧毁。于是,上帝晓谕约书亚,让他命令兵丁每日绕城一次,连续六日,到第七日时绕城七次,同时让七个祭司长吹响七只羊角,并让百姓呼喊:城墙必定倒塌。约书亚遵命依次照办,城墙果然塌陷,以色列人一举占领耶利哥城。

【释义】 喻指坚固的壁垒或顽固的势力。

野马也休想从我这里得到口风

【溯源】 在欧洲中世纪,曾有过四马分尸的酷刑。受刑者的四肢分别用绳索系在四匹马的身上,行刑时,执刑者驱赶四匹马朝不同的方向猛拉,受刑人便会因肢体被强行撕裂而身亡。"野马也休想从我这里得到口风"中的野马即指行刑时的马,意为临死前也不会透露什么言辞。

【释义】 喻指守口如瓶,绝不透露一丝口风。

夜间的猫都是灰色

【溯源】 源自德国作家歌德的剧本《浮士德》。魔鬼靡菲斯特向皇帝建议挖掘地下宝藏,以挽救帝国经济的崩溃。皇帝迫不及待地说道:"神秘且由你! 黑暗又有何益? 有点价值的,总得见见天日。深夜里谁能把恶人辨认出来? 母牛是黑色,猫儿都是灰色。地下如有装着金币的宝壶,快拿你的锄头把它挖出。"

【释义】 形容在夜间辨别不清事物,或不惹人注目。

夜莺 我听到了你的脚步声

【溯源】 夜莺是一种体态轻盈的小鸟。人们认为,能听到夜莺脚步声的人,一定是感觉特别灵敏,能猜透别人心思的人。所以当民歌《夜莺夫人》出现以后,其中的一句歌词"夜莺,我听到你歌唱"就被改为"夜莺,我听到了你的脚步声"。

【释义】 表示知道某人在想什么,打什么主意。

医生 你医治自己吧

【溯源】 语出《圣经·新约·路加福音》。耶稣在故乡拿撒勒传道时,知道自己不会受到欢迎,便对当地人说道:"你们必引这俗语向我说:'医生,你医治自己吧! 我们听见你在迦百农所行的事,也当行在你家乡里。'没有先知在自己家乡被人悦纳的。"

【释义】 喻指欲正人必先正己。

⊛ 衣服里子

【溯源】 语出英国作家莎士比亚的悲剧《奥赛罗》。奥赛罗轻信伊阿古的谗言，认定新婚妻子苔丝德蒙娜与副将凯西奥私通，便用最恶毒的言语辱骂她。伊阿古的妻子爱米利娅为苔丝德蒙娜叫屈，断言一定有个万劫不复的恶人在造谣中伤，挑拨离间。可她不知道，这个恶人竟是自己的丈夫，她对正站在旁边的伊阿古说道："哼，可恶的东西！前回弄得你这鬼头也露出衣服里子来，疑心我跟这摩尔人关系暧昧的，就是这种家伙。"

【释义】 喻指事物的阴暗面，不光彩的一面。

⊛ 衣袖里藏着一张爱司牌

【溯源】 在大多数的纸牌游戏中，爱司通常是最大的一张牌。玩牌时，常有些人作弊，将此牌藏在衣袖中作为应急的王牌，伺机用之取胜。

【释义】 喻指握有制胜的妙计、计划。

⊛ 伊阿古

【溯源】 英国作家莎士比亚的悲剧《奥赛罗》中的反面人物。伊阿古不仅贪婪凶狠而且工于心计、巧舌如簧、善于伪装。他在奥赛罗面前，把自己伪装成一个极其诚实的人，以至于奥赛罗极为信任他，在外出时，竟委托伊阿古替他照看心爱的苔丝德蒙娜。

【释义】 指代阳奉阴违、狡诈奸恶的奸佞小人。

⊛ 伊甸园

【溯源】 源自《圣经·旧约·创世记》。上帝创造天地、大海、万物后，又按照自己的外形造了男人亚当，在东方的伊甸建了一个园子，把亚当安置在伊甸园中。园里有各种赏心悦目的树木，树上结满可以做食物的各种各样的果子，还有两棵奇特的树：生命树和知善恶树。园中有一条河滋润着花草树木，上帝又造出各种飞禽走兽陪伴着他。后来，上帝觉得亚当很孤独，就取了他的一根肋骨，造成一个女人，作为亚当的妻子，取名为夏娃，与亚当在伊甸园里过着幸福快乐的生活。

【释义】 喻指乐园、天堂、丰裕质朴的地方。

⊛ 伊里斯

【溯源】 古希腊神话中的彩虹女神。古代人认为，彩虹是连接天和地的，因此伊里斯被认为是神和人的中介者，神音的传达者，但她只执行主神宙斯和赫拉的命令。其艺术形象是个手捧一只杯子,生有双翅的少女。

【释义】 指代彩虹或送信的女信使。

◎ 伊利亚特

【溯源】 《伊利亚特》是荷马史诗中直接描写特洛亚战争的英雄史诗。希腊联军主将阿喀琉斯因喜爱的一个女俘被统帅阿伽门农夺走,愤而退出战斗,特洛亚人乘机大破希腊联军。在危急关头,阿喀琉斯的好友帕特洛克罗斯穿上阿喀琉斯的盔甲上阵,被特洛亚大将赫克托尔杀死。阿喀琉斯悔恨至极,重上战场杀死赫克托尔。《伊利亚特》塑造了一系列古代英雄形象,赞美了他们的刚强威武、机智勇敢,讴歌他们在同异族战斗中所建立的丰功伟绩和英雄主义、集体主义精神。

【释义】 指代描写保卫祖国、抗击侵略的英雄业绩的文学佳作。

◎ 伊洛斯

【溯源】 古希腊诗人荷马的史诗《奥德修记》中的人物,是伊塔刻岛上一个著名的乞丐。伊洛斯身材高大、虎背熊腰,而且食量极大。可他的肌肉却松软无力,只能靠为别人传递消息赚几个小钱。伊塔刻岛国王俄底修斯在特洛亚战争结束后,经过了十年的漂泊和磨难,最后化装成乞丐回到故乡。伊洛斯听说又有乞丐来到城里,便心怀嫉妒,在别人的怂恿下与俄底修斯决斗,被俄底修斯击碎了头骨,扑倒在地。

【释义】 常作为穷人或乞丐的代名词。

◎ 伊西斯的面纱

【溯源】 伊西斯是古代埃及最重要的女神,是母性和丰产的庇护者,主司生命和健康,也是秘密的保护者。在埃及尼罗河三角洲的古都赛伊斯的伊西斯的神庙里,镌刻着一句话:我乃往事、今事和未来之事。任何死者都未能揭开我的面纱。

【释义】 喻指未揭开的秘密或隐藏着的真理。

◎ 一半无花果 一半葡萄

【溯源】 科林斯是古代希腊的一座城市。据传,科林斯人与意大利人做生意时,经常把当地盛产的葡萄发往意大利的威尼斯。为了获取更多的利润,科林斯人竟然毫无顾忌地欺骗买主,把无花果掺杂在葡萄里,"一半无花果,一半葡萄"即由此而来。

【释义】 原意为好坏参半、半真半假,现引申为半喜半怒、半推半就。

一磅肉

【溯源】 源自英国剧作家莎士比亚的讽刺喜剧《威尼斯商人》。威尼斯富商安东尼奥为了成全好友巴萨尼奥的婚事，向犹太人高利贷者夏洛克借债。由于安东尼奥贷款给人从不要利息，并帮夏洛克的女儿私奔，怀恨在心的夏洛克乘机报复，佯装也不要利息，但若逾期不还就要从安东尼奥身上割下一磅肉。后来，安东尼奥因商船失事，无力偿还贷款。夏洛克去法庭控告，根据法律条文要安东尼奥履行诺言，要在安东尼奥心口附近割一磅肉。为了救安东尼奥的性命，巴萨尼奥的未婚妻鲍西娅假扮律师出庭，为安东尼奥辩护。她答允夏洛克的要求，但要求所割的一磅肉必须正好是一磅肉，不能多也不能少，更不准流血，导致夏洛克因无法执行而败诉，害人不成反而失去了财产。

【释义】 指代无理苛刻的要求。

一杯凉水

【溯源】 语出《圣经·新约·马太福音》。耶稣派十二使徒外出传道时，告诉他们说："人们接待你们，就是接待我；接待我，就是接待那差我来的。人因为先知的名接待先知，必得先知所得的赏赐；人因为义人的名接待义人，必得义人所得的赏赐。无论何人，因为门徒的名，只把一杯凉水给这小子里的一个喝，我实在告诉你们，这人不能不得赏赐。"

【释义】 喻指微不足道的往事或礼物。

一点不疑惑

【溯源】 俄语成语，源自《圣经·新约·雅各书》。原文为："你们中间若有缺少智慧的，应当求那厚赐与众人、也不斥责人的上帝，主就必赐给他，只要凭着信心求，一点不疑惑。因为那疑惑的人，就像海中的波浪，被风吹动翻腾。这样的人不要想从主那里得到什么。心怀二意的人，在他一切所行的路上都没有定见。"

【释义】 原指对上帝的信仰要一心一意，现常用来表示做某事不顾一切、毫不犹豫、决不动摇。

一粒芥菜种

【溯源】 语出《圣经·新约·马太福音》。耶稣在故乡加利利向门徒传道时，讲道天国的奥秘，他设个比喻对门徒说："天国好像一粒芥菜种，有人拿去种在田里。这原是百种里最小的，等到长起来，却比各样的菜都大，而且成了树，天上的飞鸟来宿在它的枝上。"

【释义】 喻指能迅速成长、壮大起来的事物。

◎ 一粒麦子

【溯源】 语出《圣经·新约·约翰福音》，耶稣在受难前最后一次对民众们说："人子得荣耀的时候到了。我实实在在地告诉你们，一粒麦子不落在地里死了，仍旧是一粒。若是死了，就会结出许多粒来。爱惜自己生命的，就丧失生命；在世上憎恨自己生命的，就要保守生命到永生。"

【释义】 比喻用牺牲个人生命来唤醒多数人觉醒的献身精神。

◎ 一仆二主

【溯源】 源自《圣经·新约·马太福音》。原文为："一个人不能侍奉两个主，不是恶这个爱那个，就是重这个轻那个。你们不能又侍奉上帝，又侍奉玛门。"

【释义】 喻指心怀二志、左右逢源的两面派。

◎ 一千零一夜

【溯源】 又译为《天方夜谭》，是一部古代阿拉伯民间故事集。全书共有故事一百三十四个，大都生动描绘了中世纪阿拉伯社会生活的复杂画面，反映了平民大众的思想感情，情节离奇曲折、变幻莫测，想象力丰富，具有浓厚的浪漫主义色彩。

【释义】 喻指非比寻常、奇妙无比的事物。

◎ 一时的哈里发

【溯源】 源自阿拉伯民间故事集《一千零一夜》中的《睡着的人和醒着的人的故事》。"哈里发"是伊斯兰教和伊斯兰教国家领袖的称号。哈里发何鲁德·拉斯德在一次微服私访时，受到富商之子艾博·哈桑的殷勤款待。哈桑表示自己日思夜想有一天能当上哈里发，哪怕只能当一天。哈里发答应帮他实现这个愿望。他偷偷在哈桑的酒杯里放了一块蒙汗药，将他麻醉后，吩咐手下将他背到宫中，换上哈里发的衣服。哈桑醒来后，发现自己真的成了哈里发，便兴高采烈地以哈里发自居，向其他人发号施令。到了夜里，哈里发故伎重施，将哈桑送回家。就这样，哈桑当了一天的哈里发。

【释义】 喻指任期极短、昙花一现似的大人物。

◎ 一双鞋子她还没有穿坏

【溯源】 语出英国剧作家莎士比亚的悲剧《哈姆莱特》。丹麦王子哈姆莱特的叔父毒死了国王，篡夺了王位，王后未等葬礼完毕就改嫁给杀夫仇人。在德国求学的哈姆莱特回国奔丧，在得知母后改嫁的事情后，他非常气愤："……一个月以前，她哭得像个泪人儿似的，送我那可怜的父王下葬。她送丧时穿的那双鞋子还没有穿坏，她就，她就，哦，上帝啊！"

【释义】 用来形容朝三暮四、朝秦暮楚，或比喻时间很短暂。

◎ 一物在手胜于两物在望

【溯源】 语出法国作家拉封丹的寓言诗《小鱼和渔夫》。有位渔夫在河边捉到一条鲤鱼，虽然鱼很小，但他认为这是顿美餐和盛宴的第一步。可怜的小鱼对渔夫说道："你要我有什么用呢？我顶多只够你吃半口！要是你让我长成大鲤鱼，你会重新钓到我的，有个大税官会出高价把我买走。否则，你还得去找上百条像我这样小的鱼，才能做成一盘菜。不过，这又算是什么菜呢？"渔夫没有被小鱼骗住，最后将它下了煎锅。作者评论道："这就是一物在手胜于两物在望，这一个是可靠的，另一个却不是这样。"

【释义】 喻指要善于抓住眼前的机会。

◎ 一燕不成春

【溯源】 源自伊索寓言《浪子和燕子》。有位浪子将父亲的遗产挥霍殆尽，只剩下一件外衣。有一天，他见到一只燕子，以为春天已经来临，便把外衣也卖掉了。严冬来临时，燕子被冻死了。浪子对燕子说："朋友，你毁了我，也毁了你自己。"

【释义】 比喻不能根据个别现象去推测事物的整体。

◎ 一只兔子在我面前蹿过街

【溯源】 在德国民间传说中，兔子和猫是女巫的化身，所以代表着不幸，特别是一清早遇到兔子更是倒霉，而熊、狼和公猪以前在德国却是幸福的象征。如果猎人出门遇到了兔子，就得转身回家。

【释义】 喻指遇到不愉快、很倒霉的事情。

◎ 以利亚的外衣

【溯源】 源自《圣经·旧约·列王纪》。希伯来先知以利亚离开何烈山后，在大马士革遇见农民沙法的儿子以利沙在田里耕地。以利亚遵上帝之命，走上前将自己的外衣搭在以利沙的身上，以示收他为徒。以利沙回到家里，宰了两头牛，招待了众乡亲，又吻别了父母，跟着以利亚走了。

【释义】　泛指传授下来的思想、学术和技能。

以色列出了埃及

【溯源】　语出《圣经·旧约·诗篇》。"以色列出了埃及,雅各家离开说异言之民。那是犹太为主的圣所,以色列为他所治理的国度。沧海看见就奔逃,约旦河也倒流。大山踊跃如公羊,小山跳舞如羊羔。沧海啊,你为何奔逃?约旦河啊,你为何倒流?大山啊,你为何踊跃如公羊?小山啊,你为何跳舞如羊羔?大地啊,你因见主的面,就是雅各上帝的面,便要震动。他叫磐石变为水池,叫坚石变为泉源。"

【释义】　比喻摆脱了奴役和压迫,走向自由和光明。

以实玛利

【溯源】　《圣经》中的人物,为犹太人始祖亚伯拉罕与其妻撒莱的侍女夏甲所生之子。夏甲怀孕后,为主母撒莱所不容,被迫逃往旷野。上帝让夏甲回到主母身边,并答应使她的后裔及其繁多,先使她生一个儿子,起名以实玛利,并形容以实玛利"为人必像野驴,他的手要攻打人,人的手也要攻打他,他必住在众弟兄的东边。"

【释义】　因为"他的手要攻打人,人的手也要攻打他",使这个名字成为与社会格格不入、为社会所不容之人的代名词。

以眼还眼　以牙还牙

【溯源】　源自《圣经·旧约·出埃及记》。摩西率领以色列人离开埃及后,耶和华上帝在西乃山向摩西晓谕十条诫命,还宣布了许多律例,具体规定了各种刑罚的细则。在谈到杀人之律例时,上帝说道:"人若彼此争斗,伤害有孕的妇人,甚至堕胎,随后却无别害,那伤害他的总要按妇人的丈夫所要的,照审判官所断的受罚。若有别害,就要以命偿命,以眼还眼,以牙还牙,以手还手,以脚还脚,以烙还烙,以伤还伤,以打还打。"

【释义】　指必须给犯罪者以相应的惩罚。

因胃口不清

【溯源】　语出《圣经·新约·提摩太前书》。使徒保罗在写给小亚细亚的一位青年基督徒提摩太的信中,告诫提摩太:"因你胃口不清,屡次患病,再不要照常喝水,可以稍微用点酒。"这句话后来成为古代修道院的规矩,在允许饮酒吃油的日子里,修道士们也可以饮酒。

【释义】　现成为人们饮酒或劝酒的理由。

◎ 音乐血管

【溯源】 从古希腊时代至中世纪,西方人始终把血管看作是心灵和气质的归宿和根源,因此常把具有某种艺术天赋和气质的人,说成是具有某种血管的人。例如世界著名音乐家莫扎特从六岁起就能谱写乐曲,显现了非凡的音乐天赋,被称为具有音乐血管的人。

【释义】 对音乐天才或天赋的谑称。

◎ 银叉派

【溯源】 语出英国作家威廉·梅克庇斯·萨克雷的散文集《势利人脸谱》。在古埃及,最初白银的价格比黄金昂贵,因此白银制品被贵族上流社会所垄断,成为财富及权势的标志。作者在文中借"银叉"喻指上流社会的生活和礼仪,讽刺那些只会描写上流社会奢靡生活的文学创作,称这类作家为"银叉派"。

【释义】 指代热衷描写上流社会生活情趣的作家。

◎ 引起纠纷的苹果

【溯源】 在特洛亚战争爆发前夕,忒萨利亚英雄帕琉斯和海洋女神忒提斯结婚时,奥林波斯诸神都被邀请参加了婚礼,唯独忘了请不和女神厄里斯。为了报复,厄里斯在婚宴上丢下一只金苹果,上面写着"赠给最美丽的女神"。天后赫拉、智慧女神雅典娜、爱神阿佛洛狄忒都认为这只苹果是送给自己的,互相争执不下,便请天神宙斯裁决。宙斯让她们请特洛亚王子帕里斯公断,三位女神分别许给他富贵、智勇、美女,希望他能把金苹果断给自己。帕里斯想获得绝代佳人的爱情,就把苹果判给了爱神。于是,爱神帮他拐走了斯巴达王的妻子海伦。为了夺回海伦,希腊人远征特洛亚,开始了长达十年的特洛亚战争。

【释义】 喻指引起争执和纠纷的根源。

◎ 引起争端的石块

【溯源】 据传在 1822 年,德国的皮尔卡伦地区有两个亲戚为了一块石块的归属闹到了法院,请求法官裁决。原来,这块石头在两家土地的分界处,双方都想据为己有。法官裁决该石块不属于任何人,而应埋在法院门前,并在露出地面部分刻上"引起争端的石块"几个字,以使每个看到石块的人都能得到启示,不要因这样的小事来烦扰法院。

【释义】 现用来喻指引起麻烦和不愉快的事情。

⊛ 印第安之夏

【溯源】 据传,初期来到美洲定居的欧洲人,在第一次霜冻后便开始做过冬的准备。当地的印第安人告诉他们不必着急,天气还会转暖。果然不久后又出现了阳光灼热、异常温暖如夏日般的天气,移民们便将这种天气称为"印第安之夏"。

【释义】 指深秋或初冬时出现的温暖天气,或喻指人生暮年时的回春期。

⊛ 樱草花间的小径

【溯源】 语出英国作家莎士比亚的悲剧《哈姆莱特》。丹麦王子哈姆莱特与御前大臣波洛涅斯的小女儿奥菲利娅热恋着。奥菲利娅的哥哥雷欧提斯规劝妹妹不要把丹麦王子的献媚求爱当作真情,他认为那不过是青年人一时的感情冲动,即使王子真的钟情于她,王子目前的状况也不允许他自由地选择心上人。他奉劝妹妹一定要自珍自爱,不要让宝贵的贞洁受到欲望的玷污。听罢哥哥的劝诫,奥菲利娅答道:"我将要记住你这个很好的教训,让它看守着我的心。可是,我的好哥哥,你不要像有些牧师那样,指点我上天去的险峻荆棘之途,自己却在樱草花间的小径上流连忘返,忘记了自己的箴言。"

【释义】 喻指寻欢逐乐的去处,或使人堕落的生活道路。

⊛ 硬币终于落下

【溯源】 购物者向自动售货机投入硬币后,有时会遇到售货机失灵的时候。这时,顾客往往会用拳头敲击售货机,在震动之下硬币也许会落下去,使售货机恢复正常。后来,德国人便用自动售货机比喻一个人的接受能力。"硬币落得快"表示接受能力强,"硬币落得慢"表示接受能力差,"硬币上有降落伞"表示接受能力特别缓慢。

【释义】 "硬币终于落下"喻指恍然大悟、茅塞顿开。

⊛ 永世流浪的犹太人

【溯源】 指中世纪基督教传说中的人物阿哈斯佛卢斯。他在耶稣被押赴刑场的途中辱骂耶稣,而被罚永世流浪直至世界末日。耶稣对他说道:"我站着并得安息,而你将永世流浪。"

【释义】 喻指终生漂泊,永远流浪的人。

⊛ 用发烫的针缝

【溯源】 德语成语,源自德国民间传说。有位裁缝为了赶活,已经不停地忙了个通宵,连缝衣针都被用得发烫。天快亮时,他突然想起还有件外套已经到了交货日期,赶紧用发烫的针把这件衣服赶制出来。没想到,这件衣服穿到顾客身上,纽扣很快就掉了下来。

【释义】 喻指匆匆忙忙、粗制滥造地加工衣服。

◎ 用浮石磨光某人

【溯源】 德语成语。在古代的德国,人们常用浮石磨光兽皮做衣服,僧侣也用这种方法磨光羊皮用于书写。"用浮石磨光某人"一语即由此而来,原为旧时德国兵营用语,意为用严格的操练来造就合格的士兵。

【释义】 表示用尽一切办法造就理想的人才。

◎ 用钩刀或弯头牧杖

【溯源】 钩刀是旧时英国农民修剪树枝用的工具,弯头牧杖是牧羊人用的牧羊工具。英国封建时期的领主规定,佃农只能采伐牧羊杖能够得着、钩刀能砍得下的树枝作为烧柴。也就是说,佃农只能折取生长在树干下部的一些细树枝。

【释义】 转义为想方设法、不择手段去做某事。

◎ 用钩子钩上鼻子

【溯源】 语出《圣经·旧约·以赛亚书》。亚述王率兵攻到耶路撒冷城下时,上帝耶和华咒诅亚述王说:"你岂没有听见我早先所做的、古时所立的吗? 现在藉你使坚固城荒废,变为乱堆。所以其中的居民力量甚小,惊慌羞愧。他们像野草、像青菜,如房顶上的草,又如田间未长成的禾稼。你坐下,你出去,你进来,你向我烈怒,我都知道。因你向我发烈怒,又因你狂傲的话达到我耳中,我就要用钩子钩上你的鼻子,把嚼环放在你口里,使你从原路转回去。"

【释义】 意为能够完全支配、控制某人。

◎ 用帽子表态

【溯源】 十五世纪时,法国出现了一种无沿软帽,深受男女喜爱。到了十七世纪,法官和政府官员也戴起了这种帽子。在开司法会议或其他会议时,到会者常举起帽子来表示赞同某项决定,因此,"举帽子"逐渐成了表态的一种方式。

【释义】 指随声附和、同意他人意见。

◎ 用木棍敲打脑壳

【溯源】 语出英国作家莎士比亚的悲剧《哈姆莱特》。两个掘墓人在为溺水身亡的奥菲利娅掘墓穴。其中一位给另一位出了个难题:"谁造出的东西比泥水匠、船匠或木匠更坚固?"对方想了想,回答不出。出题的便挖苦他说:"别再用木棍敲打你的脑壳了!懒驴打死也走不快。下次有人问你这个问题的时候,你就回答'掘坟的人'。因为他造的房子是可以一直住到世界末日的。"

【释义】 形容冥思苦想、绞尽脑汁。

用石头做面包

【溯源】 源自古代德国的婚俗。古代德国人认为,祖先墓穴中的石头具有神奇的力量,能给新娘带来幸福和希望,同样也会带给其他人难以言说的好处。于是,一些急于出嫁的姑娘,会站在或坐在从祖先墓穴中取出来的石头上,然后说道:"我站在热乎乎的石头上,谁爱我,就把我带回家去吧。"可尽管石头拥有如此的魔力,却不能将其做成面包。

【释义】 比喻无法实现的事情。

用拖缆系住某人

【溯源】 源自德国海员用语。船只在航行途中,因无风或缺乏燃料而无法继续前进时,只能靠有动力的船把它拖进港口,这时就要用拖缆把两条船系住。后来,人们将这一做法用于比喻人际关系,"用拖缆系住某人"一语即由此而来。

【释义】 表示在学习或工作上帮助别人,拉别人一把。

用言语把人心燃亮

【溯源】 语出俄国诗人普希金的《先知》。普希金采用《圣经》语言,模仿上帝差遣先知以赛亚,使背弃上帝的以色列人遭受灾难的形式,表达了自己向人民宣传革命真理的决心。"……然后,他用剑剖开我的胸膛,挖出一颗颤抖的心脏,又往裂开的胸中,塞进一块熊熊燃烧的火炭。我像一具死尸躺在荒野上。于是上帝的声音向我呼唤:'起来吧,先知! 要听,要看,让我的意志附在人的身上。去吧,走遍大地和海洋,用我的言语把人心燃亮。'"

【释义】 喻指满怀激情地进行宣传教育工作。

犹大

【溯源】 耶稣的十二使徒之一,负责为耶稣及使徒掌管钱囊。有一次,伯大尼的马利亚用极珍贵的香膏抹耶稣的脚时,他问道:"这香膏为什么不卖三十个银币周济穷人呢?"犹大说这话,并不是挂念穷人,而是因为他是个贼,常取钱囊中所存的钱。后来,犹大以三十个银币将耶稣出卖给犹太教当局。耶稣死后,犹大悔恨莫及,把三十个银币掷于殿中,自缢而死。

【释义】 常用作叛徒的代名词。

◎ 犹大的亲吻

【溯源】 犹大是《圣经》中耶稣基督的亲信子弟十二门徒之一。耶稣传布新道虽然受到了百姓的拥护,却引起了犹太教长老祭司们的仇恨。他们用三十个银币收买了犹大,要他帮助辨认耶稣,犹大与他们约好暗号,他跟谁接吻,谁就是耶稣。当他们到客西马尼园抓耶稣时,犹大假装请安,拥抱和亲吻耶稣。耶稣随即被捕,后被钉死在十字架上。

【释义】 比喻用花言巧语掩饰的叛卖行为。

◎ 犹杜什卡·戈洛夫廖夫

【溯源】 俄国作家萨尔蒂科夫·谢德林的长篇小说《戈洛夫廖夫老爷们》中的主要人物,原名为波尔菲里·弗拉季米罗维奇·戈洛夫廖夫。他从小就会察言观色,花言巧语,而且特别阴险狡诈,被人称为"犹杜什卡",即"小犹大"。

【释义】 贪婪、无耻、伪善、阴险、残暴等各种丑恶品质的代名词。

◎ 有九条命的猫

【溯源】 猫的大脑大而发达,嗅觉和听觉都十分灵敏。它的脊椎骨以肌肉相连,不靠韧带固着,因而身体十分柔软,可以自由屈伸。猫上跳和前蹿时永远以四足先着地,且仅以脚趾着地行走,所以走路异常轻盈。它的足底生有厚软的肉趾,即使从很高的地方跌落下来,也不会受伤。正因为猫具备很多优异的自然属性,所以不易遭到其他动物的攻击和伤害。旧时的英国人不解其中奥妙,迷信地认为猫是长生不老之物,有九条命。"九"乃极言猫生命力的强大,其实猫的自然寿命仅为九至十年。

【释义】 喻指生命力极强的人。

◎ 有人打你的右脸 连左脸也转过来由他打

【溯源】 语出《圣经·新约·马太福音》。耶稣登山训众,在宣讲"要爱仇敌"的信条时说:"你们听见过'以眼还眼,以牙还牙',只是我告诉你们,不要与恶人作对。有人打你的右脸,连左脸也转过来由他打。有人想要告你,想要拿你的里衣,连外衣也由他拿去。有人强逼你走一里路,你就同他走二里。有求你的,就给他;有向你借贷的,不可推辞。"

【释义】 比喻为人慈悲,宽容大度。

有手有脚

【溯源】 源于德国古代的一种刑罚。对于骑士来说,要用右手执剑,左脚踩镫上马,因而右手和左脚非常重要。如果一个人被砍去右手和左脚,无异于使他成为一个废人,所以在当时是一种极其残忍的刑罚。"有手有脚"便衍生为健全和完满的标志。

【释义】 比喻考虑周全或理由充分。

有我自己酿造的一滴蜂蜜

【溯源】 语出俄国作家克雷洛夫的寓言《鹰和蜜蜂》。鹰嘲笑在花丛里忙碌的蜜蜂道:"凭你的智慧和勤劳,做这样的苦工,真叫人可怜。你们成千上万的蜜蜂,仅为酿蜜忙上一个夏天,可谁能证明你的劳动,谁又能理解你的艰辛? 到头来还不是忙碌一辈子,无声无息地死去! 我跟你们不同,当我在天空中翱翔的时候,百鸟不敢起飞,山鹿不敢露面,牧童不敢离开畜群!"蜜蜂回答说:"光荣归于你,愿天神宙斯对你仁慈! 我生来就是为了大众的利益,从不想炫耀自己的业绩。能看到蜂箱里有我自己酿造的一滴蜂蜜,我也就感到欣慰了。"

【释义】 用来赞扬不计较个人名利,默默无闻的普通劳动者。

幼年的罪孽

【溯源】 语出《圣经·旧约·诗篇》中祈求带领保护的祷告词:"耶和华啊,求你记念你的怜悯和慈爱,因为这是亘古以来所常有的。求你不要记念我幼年的罪孽和我的过犯。耶和华啊,求你因你的恩惠,按你的慈爱记念我。"

【释义】 指因年轻时的幼稚无知而铸成的过错。

于连

【溯源】 法国作家司汤达的长篇小说《红与黑》中的主人公。于连出生于小私有者家庭,两个哥哥都是粗俗之辈。瘦小清秀的于连曾崇拜拿破仑,但是他看到拿破仑的时代已经终结,为了尽快飞黄腾达,他只得从事神职工作。凭着自己的聪明才智和坚韧不拔的毅力,他被市长雷纳尔选作家庭教师,并赢得雷纳尔夫人的爱慕。后来为避免事情败露,他不得不到神学院学习。后来,神学院院长推荐他到德·拉穆尔府任秘书,得到了德·拉穆尔小姐的爱情。正当他以为自己将要获得成功时,雷纳尔夫人来信告发了他。愤怒的于连疯狂地在教堂打伤了雷纳尔夫人,也因此被判死刑。

【释义】 指代出身低微,想方设法一心要进入上层社会的人。

愚拙的童女和聪明的童女

【溯源】 源自《圣经·新约·马太福音》。耶稣向门徒布道时,在说明无法预知天国的到来,所以要时刻警醒地预备着时,打了一个比喻:有十个童女手里拿着油灯,出去迎接新郎。其中五个是愚拙的,五个是聪明的。愚拙的带着灯,却没有预备足够的油;聪明的带了灯,另外又带了整瓶的油。新郎来迟了,童女们都睡着了。到了半夜,有人喊道:"新郎到了,你们都出来迎接他!"愚拙的童女向聪明的童女要灯油,没有要到,只好去铺子里买。这时新郎到了,聪明的童女与新郎一起去赴宴席。愚拙的童女随后也到了,她们叫门,新郎却回答不认识她们。

【释义】 喻指做事情有准备和没有准备,有心计和没有心计的人。

与其学夜莺 还不如学金翅雀

【溯源】 源自俄国作家克雷洛夫的寓言《椋鸟》。椋鸟从小就学会了金翅雀的叫声,而且学得惟妙惟肖,受到林中鸟儿的欢迎。然而它却不知足,听到别人夸夜莺唱得好听,就去学夜莺。可是,当它唱夜莺的歌时,那声音简直不堪入耳,时而听着像猫的喵喵声,时而听着像山羊的咩咩声,吓得四周的鸟儿都纷纷飞走了。

【释义】 比喻人要有自知之明,做任何事情都应该量力而行,切不可图慕虚荣。

原罪

【溯源】 基督教认为,人类始祖亚当和夏娃因为受到诱惑,违背了上帝的命令,偷食了伊甸园内的禁果,这个罪过成为人类的原始罪过,一直传至亚当的所有后代,成为人类一切罪恶和灾祸的根由。即使是刚出世就死去的婴儿,虽未犯任何罪,但因为有与生俱来的原罪,仍然是罪人,需要基督的救赎。

【释义】 泛指一切罪恶的根源。

圆桌会议

【溯源】 源自西欧中世纪有关英国国王亚瑟的传奇。亚瑟王在与他的骑士们共商国事时,大家都围坐在一张圆形桌子的周围,骑士和君主之间不排位次,"圆桌会议"由此得名。圆桌会议是一种平等对话的协商会议形式,至今仍在许多国际会议中使用,在英国的温切斯特堡还保留着一张这样的圆桌。

【释义】 平等交流、意见开放的代名词。

◎ 约伯

【溯源】 《圣经》中的人物。约伯原为马斯人，有七个儿子和三个女儿，家中奴仆成群，牲畜满园。约伯虽然财产丰厚，却为人正直，虔信上帝。有一天，众天使都聚集在上帝面前，魔鬼撒旦也在其中，上帝问撒旦："你曾用心察看我的仆人约伯没有？地上再没有人像他诚实正直，敬畏上帝，远离恶事。"撒旦认为约伯敬畏上帝，是因为得到了上帝的庇护，如果上帝毁掉他现在拥有的一切，他一定会抛弃上帝。于是上帝同意考验约伯，并让撒旦去执行。于是撒旦先让约伯变得一贫如洗、儿女全亡，又让他的身体承受疾病的苦痛，还有朋友的误解。可约伯从未曾失去信心，仍渴望得到上帝的嘉许，重享义人的光荣。最后，上帝鉴于他的诚心，使他脱离苦境，又赐予他儿女及更多的财产。

【释义】 喻指多灾多难，一贫如洗的人，或忍耐力极强的人。

◎ 约伯的安慰者

【溯源】 《圣经》中约伯的三位朋友。他们听说约伯遭难后，便远道赶来探望约伯。他们从传统的宗教观念出发，认为约伯之所以遭此大难，一定是他获罪于上帝而受到了惩罚，因而劝约伯向上帝忏悔。朋友们对约伯无端的指责使他感到更加痛苦，他说道："你们为什么无休止地使我悲伤，用言语一再地折磨我？你们不停地侮辱我，你们虐待我却不以为耻。纵使我错了，我的错误自己承担，你们自以为比我良善，把我的祸患当作我犯罪的证据，难道你们看不出这是上帝的作为吗？"

【释义】 喻指那些安慰不成，反使别人增加痛苦的人。

◎ 约柜

【溯源】 也称为"结约之柜"，《圣经》中古犹太人存放上帝的约法的圣柜。摩西奉上帝之命，用贵重的木材制成方柜，内外包金，用来保存上帝与以色列人所立的约法。柜内藏两块刻有"十诫"的石板，还有藏着"吗哪"的金盒及亚伦的手杖。传说约柜起初放在圣墓殿的至圣所中，所罗门王在耶路撒冷建立圣殿后，将它移供于殿内。后来，圣殿被巴比伦王尼布甲尼撒二世所毁，约柜下落不明。

【释义】 喻指保存着贵重物品的精致匣子或箱子，也喻指神圣不可侵犯的东西。

◎ 约翰·汉考克

【溯源】 约翰·汉考克(1737 年 1 月 12 日~1793 年 10 月 8 日)为富商出身,美国独立战争的领袖,《独立宣言》的第一个签署人。据传,他在《独立宣言》上的签名写得要比别人的大两倍,签完后还风趣地说道:"好啦,现在英国国王不用戴眼镜就可以看清我的名字了。"以致他的签名在当时成为一个重大事件,并广为人们所传颂。

【释义】 亲笔签名的代名词。

◎ 约翰牛

【溯源】 原是十八世纪英国作家约翰·阿布什诺特在《约翰·布尔的历史》中所创造的一个矮胖愚笨的绅士形象,用来讽刺当时辉格党的战争政策。由于"布尔"在英文中是牛的意思,故译为"约翰牛"。随着《约翰·布尔的历史》一书的畅销,人们便用"约翰牛"来称呼英国人。

【释义】 泛指英国或英国人。

◎ 约拿

【溯源】 源自《圣经·旧约·约拿书》。约拿是上帝的仆人,心胸非常狭窄。上帝派他去尼尼微城,向那里的居民宣告厄运即将降临。可约拿却在中途搭乘海船前往他施,以躲避耶和华。上帝非常气愤,令海上狂风大作,波涛翻滚,船上的水手们都被吓得失魂落魄。大家决定抽签来看看是谁带来的灾难,结果约拿的名字被抽中。约拿只好承认自己信仰的是上帝,因为不听上帝的吩咐而使上帝发怒,只要将他抛入大海,风暴就会平息。约拿落水后,上帝又让一条大鱼吞进约拿。约拿在鱼腹中不断向上帝祷告,并发誓忠于上帝。三天三夜后,大鱼遵从上帝的旨意,将约拿吐到海滨的沙滩上。

【释义】 喻指给大家带来不幸和灾难的人。

◎ 约拿的蓖麻

【溯源】 源自《圣经·旧约·约拿书》。约拿奉上帝之命,前往尼尼微城宣告该城在四十天后将被毁灭。尼尼微城里的人相信上帝的话,从国王到贫民纷纷停止邪恶的行为,并披麻坐灰,禁食,以示痛悔。上帝见他们诚心忏悔,便改变主意,不再降灾祸于尼尼微城。约拿认为上帝出尔反尔,非常愤慨,便到城外搭了个凉棚,坐在阴影下,静观尼尼微会发生什么事。这时,上帝在他面前长起一棵高高的蓖麻树,使树荫遮住约拿的头,让他感到凉爽无比。到了第二天清晨,上帝又让一条虫子咬死这棵蓖麻树。太阳升起后,灼热的东风吹过来,约拿在日晒风曛的折磨下几欲昏厥过去。这时,上帝对约拿说道:"那棵蓖麻树不是你栽种的,你也没有使它生长,可你却为它感到可惜,那么,我不是更应该怜悯尼尼微这座大城吗? 毕竟城里有十二万无辜的孩子,还有许多牲畜呢! "

【释义】 喻指朝生暮死,长得快凋谢得也快的东西。

约瑟的彩衣

【溯源】 源自《圣经·旧约·创世记》。约瑟是雅各与拉结之子,有弟兄十二人,排行第十一。雅各因是老来得子,特别宠爱约瑟,特别为他做了件彩衣,使其他兄长们非常嫉恨约瑟。有一天,兄长们在外牧羊,雅各让约瑟去看看他们和羊群。兄长们见到约瑟,想乘机把他杀死,遭到兄长流便的反对。他们只好剥去约瑟的彩衣,将他卖给外地的商人,然后杀了只公山羊,把羊血涂在约瑟的彩衣上,派人拿着回家给父亲雅各报信,说约瑟被野兽吃掉了。雅各信以为真,竟撕裂了自己的衣服,围上麻布,为约瑟哀哭了许多日子。

【释义】 喻指显示荣誉的服装,或受到宠爱的标志。

越过树桩和石块

【溯源】 德语成语。在中世纪时,德国的道路高低不平,遇到下雨时更是泥泞难行。后来,人们在松软泥泞的路段铺上圆木,在沼泽地带打下树桩,垫上石块,以便于行人和车辆通过。

【释义】 喻指克服重重困难,越过种种障碍。

越过栅栏

【溯源】 在古代的德国,法庭审判犯人都在露天公开进行。为了防止人群拥挤,保证公审的顺利进行,便在法庭与人群之间打了许多木桩,并用绳子圈起来,后来又用固定的木栅栏代替临时的木桩和绳子。如果有人在审判时越过栅栏,就要受到相关的惩罚。

【释义】 比喻超过了规定的限度。

◎ 砸烂银行

【溯源】 德语成语。早在欧洲古代,就出现了银行的雏形,主要从事金银块和硬币的买卖。1500年时,意大利南部已出现在露天设摊,从事货币兑换、接受存款等业务的商人。当这些商人失去支付能力时,气愤的债主常常在盛怒之下将其摊位砸烂。"砸烂银行"一语即由此而来。

【释义】 喻指失去所有财物,破产。

◎ 载入伯克系谱

【溯源】 英国系谱学家约翰·伯克(1787~1848)曾在1826年出版了一本关于系谱的专著。书中收录了新颁布或修订的纹章,王室、王族等贵族世系,王室授权证书持有者,主教、大主教等高级神职人员的传记,骑士名录,爵位一览表,以及废除的各类称号等。后来,他的儿子继承父业,开始出版年度修订本,而且一直被公认为是最具权威性的英国所有贵族世系系谱的专著。因此,如果能被收入伯克氏的贵族世系系谱专著中的人,必为贵族无疑。

【释义】 喻指出身于贵族世家。

◎ 载入德布雷特名鉴

【溯源】 约翰·德布雷特曾于1802年在伦敦出版了《英格兰、苏格兰、爱尔兰贵族名鉴》一书,简称为《德布雷特名鉴》。书中记载了有关王室、枢密院顾问官、苏格兰最高法院法官、男爵,以及苏格兰家族、氏族领袖的资料。能被收入此名鉴的人,一定是贵族。

【释义】 喻指出身于贵族世家,或出身于有爵位和官职的世家。

◎ 在埃癸斯神盾之下

【溯源】 埃癸斯神盾是古希腊神话传说中主神宙斯和智慧女神雅典娜的标志,有时也是太阳神阿波罗的标志。神盾象征雷电交加时的乌云,它时而光芒四射,时而漆黑一团,不可抗拒,令人惊惧。在现代语中,"埃癸斯神盾"转义为庇护或保护。

【释义】 喻指在庇护之下，处在保护之下。

◎ 在贝尔特王后劈麻时代

【溯源】 贝尔特王后是法兰克国王丕平的妻子，查理大帝的母亲。据传，丕平去世后，贝尔特王后曾将大麻和亚麻劈成一股股细麻，为自己和儿子做成一种中间分开、紧贴两鬓的假发戴在头上。许多妇女见后也争相效仿，使这种假发在当时极为流行，并被称为"贝尔特假发"。"在贝尔特王后劈麻时代"一语即由此而来。

【释义】 用来表示在很久以前，很早的时候。

◎ 在城门的门扇上胡写乱画

【溯源】 语出《圣经·旧约·撒母耳记上》。以色列王扫罗要杀害大卫，大卫在其子约拿单的帮助下投奔迦特王亚吉。亚吉的臣仆对亚吉说："这不是以色列王大卫吗？那里的父与女跳舞唱歌，不是指着他说'扫罗杀死千千，大卫杀死万万'吗？"大卫听了有些害怕，就在众人面前改变了寻常的举动，在他们手下假装疯癫，在城门的门扇上胡写乱画，使唾沫流在了胡子上。亚吉对臣仆说："你们看，我岂缺少疯子，你们带这个人来我面前疯癫吗？这个人岂可进我的家呢？"大卫就离开那里，逃到亚杜兰洞。

【释义】 比喻某人举止反常、精神错乱。

◎ 在城门关闭之前

【溯源】 德语成语。在十二世纪初，德意志开始向东方移民。在移民的过程中，产生了许多新城市，各城市之间结成城市同盟，以对付诸侯的侵袭及维护共同的经济利益。因此在当时，每座城市都有十分坚固的城门，在天黑前要关闭城门。城门关闭后再想进城的人，必须交纳进城费，否则就被拒之城外。

【释义】 喻指及时赶到或在最后一刻赶到。

◎ 在纯金上镀金

【溯源】 语出英国剧作家莎士比亚的戏剧《约翰王》。原文为"……炫耀着双重的豪华，在尊贵的爵号之上添加饰美的谀辞，在纯金上镀金，替纯洁的百合花涂抹粉彩……实在是浪费而可笑的多事。"

【释义】 喻指多此一举或不必要的锦上添花。

◎ 在房顶被人宣扬

【溯源】 语出《圣经·新约·路加福音》。耶稣对门徒说："你们要防备法利赛人的酵,就是假冒为善。掩盖的事,没有不露出来的;隐藏的事,没有不被人知道的。因此,你们在暗中所说的,将要在明处被人听见;在内室附耳所说的,将要在房上被人宣扬。"

【释义】 喻指公开宣布,四处张扬。

◎ 在坟墓中翻身

【溯源】 德国有句成语:"如果他知道这个,他在坟墓里也会翻身。"人们都相信死后有灵魂存在,因此从事占卜算命的人便利用这种迷信,告诫活着的人,让某人的言行举止不可违背先辈生前的意志,否则死去的先辈知道后,会气得在坟墓中翻身。

【释义】 表示死后也不得安息。

◎ 在火山上跳舞

【溯源】 1830 年 6 月 5 日,法国驻那不勒斯大使萨尔旺迪伯爵出席了奥尔良公爵为欢迎那不勒斯国王在罗亚尔宫举行的舞会。在舞会上,人们纷纷恭维奥尔良公爵,唯有萨尔旺迪伯爵从他身边走过时,对他说了一句话:"这是地道的那不勒斯的节日……我们是在火山上跳舞。"这句喻指法国即将爆发推翻波旁王朝革命的话,第二天就出现在各大报纸上。

【释义】 形容情势非常危险,或正处于极度危险之中。

◎ 在玫瑰花下说话

【溯源】 从大海泡沫中生出来的爱神维纳斯以美貌俘获了诸神,曾与许多神祇和凡人相好,有关她的流言蜚语不胫而走,维纳斯的儿子小爱神丘比德为了维护母亲的声誉,给沉默之神哈尔波克剌斯送去一束玫瑰花,请求不要把他母亲的风流韵事张扬出去。接受了玫瑰花的沉默之神果真守口如瓶,成了名副其实的沉默之神。后来在德国,玫瑰花便被视作沉默和严守秘密的象征。

【释义】 喻指在谈论不该外传的事情。

◎ 在某人的药丸上涂金

【溯源】 法语成语。因为病人服用的药丸一般都是苦的,所以在中世纪的欧洲,制作药丸时常在外面裹上一层金色的糖衣,以改变药物的颜色和味道。

【释义】 喻指用甜言蜜语诱使某人做非同常理的勾当。

☺ 在某人头上折断棍棒

【溯源】 在中世纪的德国，法庭规定罪犯在被判处死刑之后，法官须将一根白色的或红色的棍棒在罪犯头上折断，扔在他的脚前，并说道："我对你爱莫能助，让上帝拯救你吧！"以此表示法庭做出的判决就像折断的棍棒一样无可挽回。

【释义】 原意为已经宣布判决死刑，现引申为严厉地谴责某人或完全否定某人。

☺ 在七重天

【溯源】 源自古希腊哲学家亚里士多德的著作《论天》。亚里士多德认为，宇宙以地球为中心，天穹则是由七重静止的晶体层组成。按照西方的迷信说法，离地最远的第七重天就是天堂。

【释义】 喻指事业或幸福达到了顶峰。

☺ 在深水中

【溯源】 语出《圣经·旧约·诗篇》中关于呼救的祷告词："上帝啊，求你救我，因为众水要淹没我。我陷在深淤泥中，没有立脚之地。我到了深水中，大水漫过我身。我因呼求困乏，喉咙发干；我因等候上帝，眼睛失明。"

【释义】 原指在灾难中，后用来表示陷入困境、蒙受灾难。

☺ 在天平上称过的硬币

【溯源】 旧时法国检验硬币时主要有两种方式：一是听硬币发出的声音，二是把硬币放在专用的精密天平上称一称，看重量是否符合法定标准。成色好的硬币刚冲制出来时，重量比法定标准要重一些，以使它在流通过程中被磨损后仍然达到标准重量。

【释义】 喻指新的硬币或几乎是新的硬币。

☺ 在同一船舷上

【溯源】 在古代的法国，社会等级制度非常森严，连战舰上也是如此。在当时，战舰上的人可分为两种：一种是不参加作战，只负责航行的水手；一种是不管航行，只管打仗的士兵。在战船上，每个人只能属于一个船舷，例如军官总是待在船的右舷，水手则待在船的左舷，驾驶人员也在右舷，背朝左舷。由于两边船舷的人等级不同，他们的想法自然也就不相同。

【释义】 喻指想法或意见相同的人。

◎ **在账单上画线**

【溯源】 古代德国人在账单上画一条线,表示账单开错了或账已付清,如果酒店主人或商人在账单上画一条线,就表示他的一笔生意落空或开出的账单无效。

【释义】 喻指破坏某人的计划,或抹煞某人的成绩。

◎ **造谣学校**

【溯源】 源自十八世纪英国戏剧家谢里丹的同名喜剧。出身寒微的提兹尔夫人嫁给了年迈的爵士后,一心想学贵妇人的派头,与一群道德败坏、专爱搬弄是非的人混在一起,以致差点失身给伪君子约瑟·萨尔菲斯,最后在丈夫的感化下才悔悟过来。

【释义】 指代专爱搬弄是非,造谣中伤的群体。

◎ **仄费洛斯**

【溯源】 古希腊神话中的西风神,提坦神阿斯特赖俄斯和黎明女神厄俄斯之子,北风神波瑞阿斯、东风神欧罗斯和南风神诺托斯的兄弟。据说,西风吹拂着永远是风调雨顺的"福岛",那里四季长春,生长着繁盛的花草。

【释义】 指代温暖和畅的轻风。

◎ **摘取金杯**

【溯源】 在旧时的法国农村,节日期间经常举行一项攀登夺彩杆的体育比赛。人们在广场上竖起一根很高的杆子,把杆子涂一层油脂或黑色肥皂,使它变得滑溜以增加登攀的难度。杆子顶端固定了一个半圆形的金属环,环上挂着比赛的奖品,谁能爬到顶端,谁就可以摘取上面的奖品。到了十九世纪,杆子顶端的奖品逐渐被金杯所代替。

【释义】 喻指夺得冠军或经过努力获得了成功。

◎ **窄门与宽门**

【溯源】 语出《圣经·新约·马太福音》。耶稣对门徒说道:"你们要进窄门,因为引到灭亡,那门是宽的,路是大的,进去的人也多;引到永生,那门是窄的,路是小的,找着的人也少。"

【释义】 指通往天堂之门和通往地狱之门,也表示正路与邪道。

斩断戈尔迪之结

【溯源】 戈尔迪是古希腊传说中弗里吉亚的国王。他原是个普通农民,有一天耕地时,牛轭上落了一只鹰。女预言家告诉他,这是他要当国王的吉兆。不久后,弗里吉亚国王驾崩,弗里吉亚人向神谕请示选谁为王。神示说:"你们在前往宙斯神庙的路上,最先遇到的乘牛车者。"弗里吉亚人按照神示遇见了坐在牛车上的戈尔迪,就奉他为王。戈尔迪即位后,将那辆改变他命运的牛车置于宙斯神庙之中,并用树皮绳把牛轭捆在牛车上,打了一个极难解开的绳结。神谕凡能解开此结者,便是全亚洲的主宰。

【释义】 喻指大刀阔斧地去解决复杂的难题。

占据街道的高处

【溯源】 古代法国的街道是两边高,中间低,在街道中央形成一条小沟,以便排除雨涝或各种污水。因此,人们上街时总喜欢走在高的地方。当时有一种礼节,如果两个身份不同的人在街上相遇,身份卑微者要让身份高贵者走在高处。

【释义】 喻指在社会上占据显要的地位。

折颈断腿

【溯源】 德国古代的人们曾迷信地认为,祝福别人时,如果说"正话",就会把恶魔招来,酿成灾祸;如果说"反话",反而能迷惑恶魔,使诸事顺遂。所以在举行颇有冒险性的飞行、登山、航海等活动,或前途未卜的演出、考试时,常用"折颈断腿"来祝福对方。

【释义】 表示对别人的衷心祝愿。

哲人石

【溯源】 又称为点金石,是古代炼金术士所追求的,据说能将其他物质变成黄金的炼金药或炼金丹。炼金术不仅研究点石成金的方法,还研究用哲人石医治百病,使人长生不老。实际上,自然界根本不存在这种哲人石,也不能用合成的方法制取黄金。

【释义】 原用来嘲讽荒诞离奇、无法实现的幻想,后转义为一切事物的起点或开端、医治百病的灵丹妙药等。

这就是狮子狗的原形

【溯源】 语出德国诗人歌德的剧本《浮士德》。魔鬼变作一条黑狗来到浮士德的书斋,浮士德以为它是条普通的狗,并没有注意它。可是,这条狗忽而跑动,忽而咆哮,不断给潜心翻译《圣经》的浮士德制造麻烦。一会儿,魔鬼又变作体大如河马、眼冒火焰、口吐獠牙的怪物。浮士德念起咒语,魔鬼又变成一位浪荡的学生,出现在火炉后边,浮士德恍然大悟地说道:"这就是狮子狗的原形!浪荡学生!这种事真笑煞人!"

【释义】 喻指事物的本质或问题的关键。

☺ 这是另一副衣袖

【溯源】 法语成语。中世纪时,法国人衣服上的袖子是一种装饰,可以随时取下来,根据需要装上另一种色彩或式样的袖子。情侣之间、夫妻之间还可以像交换戒指那样,交换衣袖作为信物,表示忠贞不渝的爱情。

【释义】 意为这是另一回事或另一个问题。

☺ 这是上帝的手段

【溯源】 语出《圣经·旧约·出埃及记》。摩西按照上帝的意旨,决定率领以色列人离开埃及,返回迦南地,却遭到埃及法老的阻拦。于是,摩西便行法术惩罚埃及,使埃及的水变成血,使青蛙遍布埃及,使尘土变成密麻的虱子。法老手下行法术的术士也想用邪术生成虱子,却没有成功。术士便对法老说:"这是上帝的手段。"

【释义】 用来表示上帝的旨意、天意、天命之意。

☺ 这事有钩子

【溯源】 德语成语。当鱼儿扑向鱼钩上的饵料时,它并不知道要为此付出生命,所以在德语口语中,钩子常用来表示隐藏着的困难或麻烦。传说有个小伙子找到牧师,让教堂公布他的婚姻,并表示事情还有点麻烦。牧师询问麻烦是什么,小伙子回答说女方不喜欢他。牧师听后说道:"我亲爱的朋友,你这可不是小钩子,而是大钩子。"

【释义】 喻指隐藏着困难或麻烦。

☺ 这种烟草味道很浓

【溯源】 源自中世纪德国有关魔鬼的传说。有一回,魔鬼在森林里遇到一个手持猎枪的猎人。他询问猎人手里拿的是什么,有什么用处。猎人骗魔鬼说是烟斗。魔鬼信以为真,便请求给他吸一口,猎人随即朝魔鬼脸上放了一枪。谁料到,毫发无损的魔鬼满不在乎地说道:"这种烟草味道很浓!"

【释义】 用来比喻过分要求或厚颜无耻等意。

真正的斯洛文尼亚人

【溯源】 斯洛文尼亚人在奥地利是少数民族,旧时常处于被压迫的地位,生活十分贫苦。可是他们很聪明,善于经商,多以小商贩为业,穿着破衣烂衫,挨家挨户地兜售自己的货物。

【释义】 喻指机灵狡黠或不修边幅、衣衫褴褛的人。

镇静地说出重要的话

【溯源】 语出德国作家歌德的剧本《伊菲革涅亚》。阿伽门农率领舰队远征特洛亚,途经奥利斯港时,在狩猎中射死一只献给阿尔忒弥斯的赤牝鹿。女神因此使奥利斯港风平浪静,舰队无法远航。祭司和预言家卡尔卡斯告诉阿伽门农,只有把他的爱女伊菲革涅亚献祭给阿尔忒弥斯,他们才能够出发。阿伽门农只得忍痛将女儿送上祭坛。当卡尔卡斯挥刀砍向伊菲革涅亚的千钧一发之际,女神赦免了她,并将她掳走,送到陶里刻的阿尔忒弥斯神庙里当了女祭司。陶里刻国王托阿斯爱上美丽温柔的伊菲革涅亚,要娶她为妻。伊菲革涅亚婉言拒绝了托阿斯的求婚,向他叙述了自己的身世,并倾吐了思乡之情。国王听后非常震惊,说道:"你如此镇静地说出了重要的话。"

【释义】 形容泰然自若、从容不迫地叙述一件极其震撼人心的事情。

肢解者杰克

【溯源】 1888 年 8 月 7 日至 11 月 10 日间,在伦敦东区陆续发生杀害妓女案件。罪犯手段极其残忍,被害人均被割断喉管,并被残暴地肢解尸体。案发后,凶手多次写信给市政当局,嘲笑政府的无能,署名为"肢解者杰克"。警方全力追查凶手,却始终未能破案,引起公众的不满,最终导致警察署专员及内政大臣的下台。

【释义】 杀人犯或强奸杀人犯的代名词。

知道老鹰和苍鹭的不同

【溯源】 语出英国作家莎士比亚的悲剧《哈姆莱特》。弑兄霸嫂、篡夺王位的克劳狄斯发现侄儿哈姆莱特回国后一直精神恍惚,不禁心生疑窦,便派遣王子少年时代的两位朋友前去窥探王子心神不定的原因。王子见朋友突然来访,料到是奸叔的安排,为了迷惑他们,就故意装作疯癫地说道:"我欢迎你们,可是我的父亲叔父和母亲婶母可弄错啦。"朋友急忙追问究竟弄错了什么。哈姆莱特回答道:"天上刮着西北风,我才发疯。风从南方吹来的时候,我知道老鹰和苍鹭的不同。"老鹰与苍鹭无论在形体、生活习性方面都有显而易见的不同,极易区别。

【释义】 暗指具备起码的、最根本的辨别能力。

知道兔子怎样逃跑

【溯源】 德语成语。兔子听觉灵敏,善于奔跑。兔子在被猎犬追赶时,常在逃窜时突然改变方向,致使猎人很难捕捉到它。然而,有经验的猎人却不会被它迷惑,总是注意兔子逃跑的主要方向,因而能一举抓获它。

【释义】 喻指了解事物的发展规律,对事态发展掌握得一清二楚。

知识的钥匙

【溯源】 语出《圣经·新约·路加福音》。耶稣在传道时谴责犹太教的律法师时说道:"你们律法师有祸了,因为你们把知识的钥匙夺了去,自己不进去,正要进去的人,你们也阻挡他们。"

【释义】 指获取知识的秘诀、途经、方法等。

知识就是力量

【溯源】 英国哲学家弗兰西斯·培根(1561~1624)的名言。培根坚信以掌握自然界发展规律为内容的人的知识本身就是一种巨大的力量,他在《新工具》一书中提出"人的知识和人的力量合而为一",即知识就是力量,力量就是知识。

【释义】 常用来激励人们去探索新知识,开拓新的未知领域。

只不过是个腓尼基人

【溯源】 古代腓尼基人为迦南人的一支,以善于航海经商闻名。古代腓尼基人信奉摩洛神,在信奉上帝的古希伯来人的眼中,尊崇摩洛神的腓尼基人是异教徒及为上帝所诅咒的人,"只不过是个腓尼基人"是希伯来人对其的蔑称。

【释义】 原指粗俗愚昧的人,后用来指对文学、艺术一无所知的人。

只可到这里,不可越过

【溯源】 语出《圣经·旧约·约伯记》。约伯因受上帝的试探而家破人亡,他不明白上帝为什么让这么多灾难降临在他身上,他质问上帝,并表示愿与上帝理论。上帝没有回答约伯的问题,而是以诘问的方式,通过对自然界神秘性的描写来显现自己神圣的权力。上帝对约伯说道:"海水的冲击,如出胎胞,那时谁将他关闭呢?是我用云彩当海的衣服,用幽暗当包裹它的布,为它定界限,又安门和闩,告诉它说:'你只可到这里,不可越过。你狂傲的浪要到此止住。'"

【释义】 喻指绝对的界限,不可超越半步。

⚛ 只剩牙皮逃脱了

【溯源】 语出《圣经·旧约·约伯记》。约伯家破人亡后,他的朋友们认为约伯受难的原因是上帝赏善罚恶的结果。约伯认为自己是敬畏上帝且善良正直的人,所以不同意这种解释。他向朋友述说自己承受的痛苦,恳求他们可怜他,不要像上帝那样惩罚他,增加他的痛苦:"……我的皮肉紧贴骨肉,我只剩牙皮逃脱了。我的朋友啊,可怜我,可怜我,因为上帝的手攻击我。你们为什么仿佛神逼迫我,吃我的肉还以为不足呢?!"

【释义】 原意为"只剩下一口气了",现转义为死里逃生、幸免于难。

⚛ 至圣所

【溯源】 古代以色列人祭献上帝的圣殿分内外两层:外层为一般的圣所,设奉香台、献饼台、七莲灯台、常明灯等,只许祭司进入。内层为至圣所,设置约柜,用帷幔悬于门口, 与外界隔开, 只有大祭司在一年一度举行的公众赎罪典礼时可以进入。基督教教堂最里面的部分也称为圣所,圣所最里面的部分也称为至圣所,设有圣台和圣桌,只有受过圣职者可以进入。

【释义】 喻指最神圣、最宝贵、最神秘的东西或地方。

⚛ 置某人于墙脚之下

【溯源】 在古代战争中,有些下级军官常因攻城而闻名。他们带领为数不多、训练有素的士兵,灵活地翻越城墙,扼死哨兵,达到攻城的目的。他们的事迹总是长时间地被人们传颂。在传颂过程中,难免有些夸张的成分,尤其是喝了酒的士兵,说起攻城的同伴更是添油加醋,说得神乎其神,使听的人似信非信。唯一能证实他们说的话的办法,就是将他们置于城墙脚下,看他们究竟如何攀上墙头。"置某人于墙角之下"即由此而来。

【释义】 现转义为把某人难住,逼得某人走投无路或迫使某人做出决定。

⚛ 仲夏的疯狂

【溯源】 源自英国作家莎士比亚的喜剧《第十二夜》。伯爵小姐奥丽维娅府上的管家马伏里奥是个惯于媚上欺下的奴才。女仆玛利娅为了狠狠教训这个可恶的奴才,便模仿伯爵小姐的笔迹和口吻,给他写了一封表示爱慕的信。马伏里奥看后心神荡漾,不由得做起富贵梦来。他依照信上的吩咐,穿上黄袜子,扎上十字交叉式的袜带,出现在伯爵小姐面前。奥丽维娅见马伏里奥令人厌恶的装束和忸怩作态的神情,顿时心生不快地惊呼道:"哎哟,这家伙简直是得了仲夏的疯病!"

【释义】 喻指狂热、毫无理智、十足的疯狂。

种的是风 收的是暴风

【溯源】 语出《圣经·旧约·何西阿书》。先知何西阿谴责以色列人崇拜偶像、背弃上帝的行为,指出他们必将遭到惩罚:"他们立君王却不由我,他们立首领我却不认。他们用金银为自己制造偶像,以致被剪除。撒玛利亚啊,耶和华已经丢弃你的牛犊,我的怒气向拜牛犊的人发作,他们到几时才能无罪呢?这牛犊出于以色列,是匠人所造的,并不是神。撒玛利亚的牛犊必被打碎。他们所种的是风,所收的是暴风。所种的不成禾稼,就是发苗也不结实,即便结实,外邦人必吞吃。"

【释义】 比喻所犯的过失或罪行将受到加倍的惩罚。

众人虽然跌倒 我总不能

【溯源】 语出《圣经·新约·马可福音》。耶稣与十二使徒共进逾越节的晚餐后,便前往橄榄山客西马尼园做祷告。在途中,耶稣对众门徒说:"你们都要跌倒了,因为经上记着说'我要击打牧人,羊就分散了。'但我复活以后,要在你们之前到加利利去。"彼得说:"众人虽然跌倒,我总不能。"耶稣对他说:"我实在告诉你,就在今天夜里,鸡叫两遍之前,你就要有三次不认我。"彼得却极力地说:"我就是必须和你同死,也总不能不认你。"

【释义】 表示对某人、某种信仰、某种事业始终不渝的忠诚。

宙斯

【溯源】 古希腊神话传说中奥林波斯诸神的领袖,克洛诺斯和瑞亚之子,第三代神王。他主宰天空,以雷电为武器,维持着天地间的秩序,拥有无上的权力和力量,公牛和鹰是他的标志。他的兄弟波塞冬和哈得斯分别掌管海洋和冥界,女神赫拉是他的最后一位妻子。

【释义】 常被用来比喻最伟大的、无与伦比的人物,也用来喻讽凶恶的长官和威严的首长。

朱庇特 你发怒了

【溯源】 朱庇特是古罗马神话中的主神,即古希腊神话中的宙斯。他威力无比,能随意降祸赐福,并掌管云雨雷电,是众神之王和人类的主宰。普罗米修斯窃取天火送到人间,朱庇特大为震怒,他要降雷霆闪电击灭那些不顺从他的人。普罗米修斯对他说:"朱庇特,你发怒了,就是说,你错了!"

【释义】 指在论战中的发怒,正是自认理屈的表现。

◉ 煮沸冰雹

【溯源】 德语成语。古代德国人认为,冰雹和雷鸣闪电一样,都是上帝显灵或妖怪作法的结果。传说女妖会呼风唤雨,天上下的冰雹就是这些女妖煮出来的,所以冰雹被视为不幸和灾难的象征。

【释义】 喻指不幸或灾难即将来临。

◉ 助理牧师的鸡蛋

【溯源】 语出英国著名讽刺杂志《笨拙》于 1895 年 11 月登载的一则小故事。有个生性懦弱的助理牧师去主教大人家里吃早点。主人端来一只鸡蛋招待他,并问他这只鸡蛋是不是很好吃。谁知道,这个鸡蛋竟然是只坏鸡蛋。胆小怕事的助理牧师担心说实话会冒犯主教大人,便吞吞吐吐地回答:"有一部分还是挺好的。"

【释义】 喻指好坏参半或只有一部分是好的。

◉ 抓住机运女神的头发

【溯源】 机运女神为古希腊神话中的堤刻,传说为大洋神俄刻阿诺斯和万物之母忒堤斯的女儿。在造型艺术中,堤刻常被表现为长有双翼、头戴王冠、手持权杖和丰裕之角的青年女性。她的头后部的头发被剃光,前部垂着一条长长的辫子,表示这是唯一能抓住机运女神的地方。

【释义】 指要及时抓住机会,不要让机遇错过。

◉ 抓住魔鬼的尾巴

【溯源】 旧时法国的钱币,正面是国王的头像,反面是十字架。作为邪恶化身的魔鬼非常害怕基督信仰标志的十字架,所以尽管魔鬼无处不在,却不敢与钱币一起待在钱袋里,只有钱袋空空的时候,魔鬼才敢驻足其中。旧时的钱袋多用一根带子封口,当钱袋中无钱时,表示魔鬼在里面藏身,抓住钱袋的带子,就相当于抓住魔鬼的尾巴。

【释义】 意为走投无路,陷入穷途末路的境地。

抓住烧红的铁块

【溯源】 源自中古时期的神明裁判,就是假借"神"的力量,证实诉讼当事人是否有罪。在施行神明裁判时,要对诉讼双方进行火的考验、水的考验、决斗等各种考验。其中火的考验是从盛满沸水的锅中取出某种物体,或把烧红的铁块拿在手中一段时间。到了规定的时限,如果手上的伤愈合,就证明受考验者无罪,反之则有罪。

【释义】 现引申为对付非常复杂、棘手的问题。

抓住姨妈的小尾巴

【溯源】 语出十九世纪俄国一位名叫弗兰克的作家写的幽默诗《小尾巴》。兽中之王狮子命令所有的野兽都到树林里来开会。有只小猪崽也夹在群兽中匆匆向树林里赶去,眼看就要被兽群挤伤。这时,它遇到了野猪姨妈,姨妈在前面打开一条道路,小猪崽抓住姨妈的小尾巴,竟成为最早到达会场的野兽中的一个。

【释义】 用来表示在别人的庇护下,或靠徇私情达到某种目的。

抓住自己的鼻子

【溯源】 德语成语,源自德国古代的法律习俗。诽谤者在被判刑或被撤销判决时,要在法官面前抓住自己的鼻子,以示有自知之明,已经悔过自新。

【释义】 表示要有自知之明,经常作自我批评和自我谴责。

装作负鼠

【溯源】 负鼠产于美洲,是一种有袋类野生动物,主要生活在近水林地的树木上。负鼠在遇到攻击时,常常会顺势倒在地上,双眼紧闭,将舌头从半张的嘴中伸出,佯装死去,任凭攻击者如何动作,决不理会。一旦危险过去,它便一跃而起,逃之夭夭。

【释义】 比喻装睡、装糊涂、装死,也喻指为了掩盖真实目的而做出口是心非的行为。

追猎白鹿

【溯源】 德语成语。传说白鹿总是把猎人引进深山老林,使猎人迷失方向,最终一无所获,无功而返。因此猎人遇见白鹿,常常不敢贸然追逐,只能将其放过。

【释义】 转义为旷日持久且毫无收获的跟踪或追求。

自在之物

【溯源】 源自德国古典哲学家康德(1724~1809)的哲学用语。康德是德国古典唯心主义的创始人,终身未娶,一生致力于研究事业。他主张在人的意识之外,存在着不可知的"自在之物",它不依赖于感觉,但能刺激感官,引起感觉。康德宣称"自在之物"是不可认识的"本体",人们认识的只是"现象"。

【释义】 喻指某种不可知的事物或未知数。

走进灯心草

【溯源】 德语成语。灯心草是一种几乎遍布全球的草本植物,大都生长在沼泽地或水边。在普鲁士地区,人们经常用灯心草编织捕鱼捉虾的漏斗形鱼笼。鱼儿游进鱼笼后,便再也无法游出来。

【释义】 喻指消失、落空、幻灭、丢失等意。

走开吧 撒旦

【溯源】 语出《圣经·新约·马太福音》。魔鬼撒旦试探耶稣,先要耶稣把石头变成粮食,又要他从圣殿的顶上跳下去,都被耶稣引经据典加以驳斥。后来,魔鬼又带耶稣上了一座最高的山,将世界万国的荣华都指给他看,对他说:"你若俯伏拜我,我就把这一切都赐给你。"耶稣说道:"走开吧,撒旦!因为经上记着说:'当拜主你的上帝,单要侍奉他。'"于是,魔鬼离开了耶稣,有天使来伺候他。

【释义】 用来表示拒绝某种诱惑。

走马观欧洲

【溯源】 上个世纪二十年代末,苏联诗人扎罗夫、乌特金、别泽缅斯基去捷克斯洛伐克和奥地利旅行。由于这两个国家内具有反苏情绪,警方要求他们尽量缩短逗留时间,尽快出境。回国以后,扎罗夫把在西欧旅行时得到的浮光掠影的印象写成了游记,题为《走马观欧洲》。

【释义】 形容非常粗略地观察一下。

走运的汉斯

【溯源】 德国作家格林兄弟同名童话中的主人公。汉斯是个非常忠诚的奴仆,他辛辛苦苦地为主人干了七年的活,渴望能回家看望下母亲。临行前,主人给了他一块金子作为酬报。在回乡途中,汉斯越走越累,所以用金子换了一匹马,骑上赶路。走了一阵,他又觉得饥饿难耐,就用马换了头母牛。就这样,他接着换下去,母牛换成小猪,小猪换成白鹅,白鹅换成磨刀石,最后连磨刀石都不小心掉进井里。然而,汉斯并不觉得可惜,反倒觉得既轻松又愉快,唱着歌回到了母亲身边。

【释义】 谑指对什么都感到满足的幸运儿。

嘴衔银匙降生

【溯源】 在古代,银质器皿一直是豪门贵族的专有品,是财富和权势的标志。在旧时英国的上流社会中,新生儿接受洗礼时,其教父和教母通常要向他赠送银质汤匙,祝愿他吃穿不愁、享尽荣华富贵。"嘴衔银匙降生"一语即由此习俗衍生而来。

【释义】 喻指某人生来富贵,或出身于富贵之家。

最后的晚餐

【溯源】 源自《圣经·新约》,耶稣被钉上十字架前夕,与十二门徒共进的最后一次晚餐。吃晚饭的时候,耶稣说道:"我实在告诉你们,你们中间有一个要出卖我了。看哪,那叛徒之手,与我同在一张桌子上!人子固然要照所预定的去世,但出卖人子的人有祸了!"门徒们面面相觑,猜不透耶稣说的是谁。约翰问道:"主啊,是谁呢?"耶稣回答说:"我蘸一点饼给谁,就是谁。"说完,耶稣蘸了一点饼递给犹大。犹大吃了那一点饼,立刻就出去了。果然,当晚耶稣在客西马尼园祷告时,犹大以亲吻为暗号,将耶稣出卖。

【释义】 常用来谑指在某地或与某人吃的最后一顿饭。

左脚先着地

【溯源】 德语成语。古代的欧洲人都视"左"为不祥,把左手、左脚、左腿都当成不祥之物。古罗马占卜师认为,鸟从左边飞来,即预示着疾病无法医治。如果某人情绪不佳,人们便会开玩笑说,这个人一定是早晨起来时左脚先着地。

【释义】 谑指晦气、倒霉或心情沮丧。

左手婚

【溯源】 源自古代日耳曼王室和贵族沿袭的婚姻习俗。王室子弟或贵族子弟如果娶门第低微的女子为妻,在结婚时不按惯例举右手盟誓,而是必须举左手盟誓,所以称为"左手婚"。左手婚虽然在法律上认可,但并未被传统的贵族婚姻观念所接受。法律规定妻子无权继承丈夫世袭的爵位、封地和财产,其子女也不享有这种权利。

【释义】 喻指门第不相称的婚姻。

坐在盐钵上首

【溯源】 源自英国旧俗。古时因为食盐匮乏,价格昂贵,被视为奢侈品。在达官显贵的宴席上,食盐是款待客人的珍贵物品。盛盐的容器多为硕大的银钵,摆放在餐桌的中部或上首。尊贵的客人通常会被安排坐在离盐钵较近的席位上,以示尊重。"坐在盐钵上首"一语即由此而来。

【释义】 喻指受到重视,被奉作上宾,处在举足轻重的位置。